SIGILLOGRAPHIE

DE

LA NORMANDIE

SIGILLOGRAPHIE

DE LA

NORMANDIE

(ÉVÊCHÉ DE BAYEUX)

PAR

M. Paul de FARCY

MEMBRE DE LA SOCIÉTÉ DES ANTIQUAIRES DE NORMANDIE

Ouvrage orné de planches gravées à l'eau-forte par l'Auteur

« Sigilli nostri munimine roboravimus. »

CAEN

IMPRIMERIE DE F. LE BLANC-HARDEL, LIBRAIRE

Rue Froide, 2 *et* 4

—

M D CCC LXXV

Parmi les nombreux monuments que nous a légués le moyen-âge, il en est dont l'étude a été de tout temps négligée, sans doute à cause du peu de solidité de la matière dont ils étaient formés et aussi par ce qu'on n'en a pas suffisamment compris l'importance. Beaucoup ont étudié la Numismatique, presque personne n'a songé à la Sphragistique ou Sigillographie. Et cependant les sceaux de cire sont une des sources les plus curieuses et les plus fécondes à exploiter. Là on peut étudier la pensée de l'artiste, appropriant l'idée donnée aux inspirations du moment et la reproduisant toujours la même, quoique toujours variée. Presque tous offrent quelque intérêt, apportent quelque renseignement utile et souvent nouveau pour l'histoire, la forme des vêtements, l'architecture, les armoiries, etc., etc.

Depuis le XIe siècle, où l'usage de sceller les actes s'est beaucoup vulgarisé et dont nous avons un exemple dans le sceau d'Odon de Conteville, jusqu'au XVe, l'art de la gravure a été en se développant. Paris et le Nord furent les principaux centres de cette industrie artistique, et l'on ne peut, sans étonnement, contempler ces petits chefs-d'œuvre sortis des mains de tant de modestes ouvriers, qui maintenant feraient le désespoir des artistes modernes. Mais, chose extraordinaire! au moment même où la numismatique prenait son essor et avec le XVIe siècle atteignait la perfection, la gravure des sceaux commençait à déchoir. Une fois sur la pente, la décadence fut rapide : plus d'essais, plus d'idée particulière au graveur. Un type fut admis, et dès lors on le reproduisit; si bien que, d'imitations en imitations, on en est arrivé aux pâles gravures d'aujourd'hui, malgré les essais tentés par quelques artistes plus indépendants.

Après tant de siècles écoulés, on doit s'étonner de trouver encore un aussi grand nombre de matrices et de sceaux ; car tous les jours ils disparaissent, malgré toutes les précautions prises dont nous avons pu constater nous-même l'insuffisance. D'ailleurs le XVIII° fut pour la sigillographie une époque néfaste. Les uns, voulant relire méthodiquement les archives des abbayes, ont impitoyablement coupé et arraché tous les sceaux, ou les ont exposés à un frottement continuel ; d'autres, plus profanes encore, ont, il y a quarante ans à peine, vendu avec le parchemin les sceaux, en si grand nombre que des ciriers ont pu fabriquer des cierges de couleurs assorties.

Hâtons-nous donc de réunir ces documents afin d'en assurer au moins le souvenir et de faciliter les recherches de ceux qui, plus tard, étudieront l'histoire locale ailleurs que dans les livres déjà faits !

Aujourd'hui nous ne nous occuperons que de la Sigillographie ecclésiastique de la Normandie, nous réservant d'étudier plus tard les sceaux des laïques. Ce champ d'ailleurs est tellement vaste qu'il nous faudra le diviser. La province de Normandie comprenait, en effet, outre l'archevêché de Rouen, six évêchés : Bayeux, premier suffragant, Avranches, Coutances, Evreux, Lisieux et Sées. Nous verrons passer devant nous en foule, des personnages dont le souvenir est souvent ignoré et dont les œuvres méritent le respect et la reconnaissance ; car il nous a semblé que l'on ne pouvait décrire les sceaux des évêques, sans dire quelques mots de leur vie, sans ajouter à leur histoire quelque pièce inédite ou rectificative. Aussi, à la suite de chaque épiscopat, nous indiquerons les chartes principales, les documents inédits ou autres que nous aurons pu trouver dans les collections publiques et privées, cataloguant pour ainsi dire les preuves encore existantes d'une histoire bien incomplète pour ces diocèses, jusqu'au XVII° siècle.

Nous avons parcouru les archives nationales et départementales, puisé largement aux manuscrits de la Bibliothèque nationale et dans les collections privées qui nous ont été si obligeamment ouvertes. C'est ainsi que nous avons pu réunir quarante sceaux d'évêques de Bayeux sur les cinquante-quatre qui ont occupé ce siége depuis 1050 jusqu'à nos jours.

Il ne faut pas croire que ce soient les plus anciens qui soient les plus difficiles à trouver. Le XVI° siècle, à cause des guerres de religion, le commencement même du XVII° nous laissent de regrettables lacunes. Espérons cependant qu'en faisant connaître notre but, nous arriverons à les combler ! Déjà nous avons trouvé dans les titres scellés de la Bibliothèque nationale des renseignements inédits ou incomplètement connus. Mentionnons, entre autres pièces curieuses, un don fait en 1355 au chapitre de Bayeux par le roi Jean, de 200 livres, pour contribuer aux fortifications de la cathédrale; un autre, de 1415, fait au chapitre d'Evreux, de 10 deniers à prendre sur chaque minot de sel pour réparer l'église, droit qui se percevait encore en 1508 ; enfin cet autre de Charles V, donnant, en 1377, à Nicolas Oresme, évêque de Lisieux, une somme de 390 fr. d'or pour le paiement de deux anneaux d'or enrichis de pierres précieuses, donnés à l'occasion de son sacre, etc..... Les sceaux d'ailleurs nous permettront de rétablir d'une manière certaine les armoiries des évêques qu'une main plus féconde que scrupuleuse a placées sur les portraits qui, depuis le XVI° siècle, décorent une des salles de l'évêché de Bayeux.

Au siècle dernier, peu de personnes se sont occupées de la sigillographie. Parmi ceux qui ont le plus fait pour en faciliter l'étude, il faut citer Gaignères, cet infatigable chercheur que Louis XIV envoya parcourir la France. Il réunit ainsi plus de deux cents volumes où il classa les titres scellés pour servir à l'histoire de France, et ces cartons, aujourd'hui sans prix où il dessina avec soin les chefs-d'œuvre de toute sorte qu'il rencontrait encore dans les églises et les abbayes, chefs-d'œuvre que l'ignorance, plus encore que la Révolution, a partout détruits avec tant d'acharnement. Ne vit-on pas, pour n'en citer qu'un exemple, le chapitre d'Angers vendre, pour 300 liv., la statue de cuivre qui décorait, dans le chœur, le tombeau de l'un des évêques, Guillaume de Beaumont, mort vers 1240. Il est vrai que la délibération porte que les parties bosselées gênaient ! Et l'on vota pour la remplacer une plaque de pierre unie. Du reste, cette recherche d'un âge qu'on qualifiait ironiquement de Gothique, ne pouvait plaire aux esprits forts du XVIII° siècle, et ce n'était point là où ils allaient puiser leurs documents pour écrire l'histoire. Les Bénédictins, il est vrai, tentèrent de reproduire, à titre de curiosité les sceaux par la gravure; mais les artistes qu'ils employèrent, ne comprenant rien à ce qu'ils reproduisaient, ne firent que d'informes dessins souvent grotesques et presque toujours fantaisistes. Dans le Calvados, un homme, s'inspirant de celui qui a été, en Normandie, l'instigateur de tant de recherches historiques et archéologiques, de M. de Caumont, entreprit de dessiner les sceaux que renfermait la collection des archives départementales. Mais l'exécution, je dois le dire, laisse beaucoup à désirer. L'imagination a trop souvent suppléé aux ravages du temps, et l'on ne peut attacher une sérieuse importance à ce travail fait en 1834, c'est-à-dire avant qu'on eût suffisamment étudié le moyen-âge.

Après quelques essais infructueux tels que le procédé Colas, etc., les Archives de l'empire ont publié le Recueil des sceaux qu'elles renferment, mais malheureusement les planches manquent et laissent un vide bien regrettable dans un ouvrage d'une telle importance. La photographie, que l'on se proposait d'employer, nous semble impuissante à reproduire des empreintes effacées, et inutile quand il s'agit de restituer un sceau à l'aide de plusieurs modèles. Nous publions aujourd'hui des eaux-fortes où nous nous sommes astreint à ne reproduire que ce que nous avons pu trouver, dessinant avec soin les sceaux brisés et mutilés, comme ils sont, n'osant restituer les parties qui n'existent plus.

Ensuite, nous passerons en revue ceux des Chapitres et des Abbayes nombreuses qui, autrefois, ont eu une place si grande dans le développement de l'intelligence et de l'industrie dans ces contrées!

ÉVÊQUES DE BAYEUX.

I.

SAINT EXUPÈRE.

Ier SIÈCLE.

Le premier apôtre de la foi catholique dans le Bessin, fut saint Exupère, connu sous différents noms : *Exuperius*, *Spirus*, *Souspirius*. Il était, dit-on, issu d'une famille patricienne de Rome. La tradition constante de l'église de Bayeux nous le montre envoyé en Neustrie par le pape saint Clément successeur immédiat de saint Pierre, vers l'année 74. Il est vrai qu'un grand nombre d'écrivains le font vivre au Ve siècle seulement. Quoi qu'il en soit, Bayeux était alors célèbre par son collége de Druides établi sur le mont *Phaunus*. Là se trouvait, suivant l'usage, un temple élevé aux faux dieux et placé au milieu d'un bois de chênes.

Exupère vint donc s'établir dans cette ville, afin de combattre l'erreur pour ainsi dire à sa source. Bientôt l'éclat de ses vertus, les nombreux miracles qu'il opérait par la permission divine lui gagnèrent des cœurs. C'est ainsi qu'il baptisa Zanon l'un des druides, Regnobert, fils d'un officier de distinction, et Révérend d'une famille illustre de Bayeux.

Peu à peu son église naissante s'accrut et il éleva un petit oratoire dédié à la Sainte-Vierge, sur l'emplacement de la cathédrale actuelle. Il l'enrichit de dons précieux, témoin le plateau d'argent aux bas-reliefs antiques et d'un travail romain, pillé en 1105 par les troupes du roi Henri I et retrouvé en 1729 dans le parc du château de Risley, comté de Derby. On y lisait ces mots : EXSVPERIVS · EPISCOPVS · ECLESIÆ · BAGIENSI · DEDIT (1).

Après dix années d'un laborieux apostolat, saint Exupère mourut et fut enterré au mont *Phaunus*, appelé depuis *Mont Templorum*, dans une chapelle bâtie en son honneur par Regnobert son disciple et son successeur. Il y demeura jusqu'au moment où son corps, avec ceux de saint Regnobert et de saint Rufinien, fut placé en grande pompe par son successeur nommé Baltfridus, derrière l'autel de la cathédrale nouvelle, élevée sur la place qu'avait occupée l'oratoire de saint Exupère. C'est de là qu'à la fin du IX⁰ siècle, pour les soustraire à la fureur des *Nordmans*, ses reliques et celles de saint Loup furent portées à Palaiseau, dans le comté de Corbeil, à l'exception du chef qui était encore pieusement conservé au XVI⁰ siècle dans le trésor de la cathédrale et disparut avec un très-grand nombre d'objets précieux lors du pillage des protestants. Haimon, comte de Corbeil, ayant détruit Palaiseau, s'empara des corps de saint Exupère et de saint Loup qu'il déposa religieusement à Corbeil où il leur fit construire une église dans laquelle il établit, en 947, douze chanoines. Ils y furent conservés avec vénération jusqu'en 1793.

Au XIII⁰ siècle son buste et son nom furent peints les premiers du côté de l'Évangile à la voûte de l'église actuelle. Il existait autrefois dans la chapelle de l'Évêché des peintures fort anciennes représentant saint Exupère. Enfin, aux pieds de son image, dans les vitres de la cathédrale qui ont disparu lors de l'incendie du 13 février 1676, on lisait ces deux vers :

Primitus hic pastor templi fuit hujus et autor.
Catholicamque fidem Northmannis attulit Idem.

Le nom de saint Exupère a toujours été en grande vénération

(1) Prise et incendie de Bayeux, en 1105, par M. le vicomte de Toustain.

dans le diocèse et plusieurs paroisses ou chapelles ont été érigées en son honneur.

Quoique ses reliques aient été dispersées, sa fête fut de tout temps célébrée. Au XV⁰ siècle, l'un des vicaires de la cathédrale, nommé Jean du Chemin, obtint qu'elle se ferait avec plus de solennité et qu'à l'office il y aurait quatre chapes. Mgr de Nesmond en fit une fête chômée pour les villes de Bayeux, Caen et Vire, avec office solennel de première classe et octave double pour tout le diocèse. Elle se célèbre actuellement le 1er dimanche d'août. La prose du jour raconte la vie et les miracles du premier apôtre du Christianisme dans nos contrées.

La cathédrale de Bayeux et l'église de Corbeil possèdent encore chacune un ossement du corps de saint Exupère.

II.

SAINT REGNOBERT.

vers 78-168.

Saint Regnobert, que presque tous les auteurs du XVIII° siècle ont confondu avec saint Ragnebert, XII° évêque de Bayeux, doit être considéré suivant la tradition et la liturgie du diocèse comme le successeur immédiat de saint Exupère. Il naquit au château de Noron, près Bayeux, et son père était, dit-on, comte de cette ville. Converti par saint Exupère, baptisé et ordonné par lui, il lui succéda sur le trône épiscopal, où il monta à l'âge de trente ans environ. Né de parents riches et puissants, Regnobert consacra ses biens à construire de nombreuses églises. Il en bâtit une à Bayeux sur l'emplacement du petit oratoire édifié par saint Exupère, qu'il agrandit sans doute. Trois paroisses de Bayeux lui doivent aussi leur origine, mais il y a déjà longtemps qu'elles n'existent plus. *Saint-Etienne* tombait en ruines et fut démoli en 1670. *N.-D.-des-Fossés* fut détruite de fond en comble par les protestants, en 1562. Enfin *Saint-Michel* était situé sur la paroisse actuelle de Saint-Patrice. A Caen, qui existait au temps des Romains, la paroisse *N.-D. de Froide-Rue* le reconnaît pour son fondateur. C'est également à lui qu'on attribue l'établissement de *Saint-Sauveur*, *de Saint-Pierre et de Saint-Jean*. La tradition veut aussi qu'il ait élevé la chapelle de *N.-D. de La Délivrande* et de *Saint-Nicolas de Bur-le-Roy*, construite sans doute sur ses terres et près de laquelle devait, quelques siècles plus tard, s'élever ce château royal témoin de tant de fêtes, de tant d'actes importants dont M. le vicomte H. de Toustain a retracé la curieuse histoire.

A Bayeux, près de la cathédrale, qu'il avait dédiée à *Notre-Dame*, il éleva le palais épiscopal dont une salle basse conserve encore son nom. Les murs, il est vrai, furent repris et relevés au XV⁰ siècle par un de ses successeurs qui fit placer au-dessus de la porte cette inscription écrite en caractères gothiques : 𝔏a salle 𝔖aint 𝔑egnobert, second eveque de 𝔅aieux, reedifiée par 𝔐onsieur 𝔍anon, de present 𝔈veque de ceans en l'honneur et reuerance du dixt 𝔖aint, l'an de grace mil⁰ cccc⁰ xliiii⁰. *Cette plaque, brisée sans doute, a été remplacée, il y a quelques années, par une nouvelle dont les lettres n'ont plus le même caractère.*

Non content d'avoir élevé au Seigneur un si grand nombre de temples, saint Regnobert n'attacha pas une moindre importance à favoriser l'établissement des monastères, de ces humbles retraites consacrées par tant de vertus cachées et où devait se conserver, dans les siècles de barbarie qui allaient suivre, le culte des belles-lettres et de la civilisation.

Enfin, après quatre-vingt-dix années d'un épiscopat aussi long que glorieux, saint Regnobert mourut le 16 mai, à l'âge de cent vingt ans. Vie laborieuse et favorisée du don des miracles, comme le Seigneur le permettait quelquefois en ces premiers temps de l'Église ! Il fut enterré à Saint-Exupère où l'on voit encore l'emplacement où son corps fut déposé.

Le 3 septembre 845, *Balfridus*, un de ses successeurs, transféra ses reliques à la cathédrale, où la majeure partie, renfermée dans une châsse précieuse, fut conservée dans le trésor jusqu'au pillage des protestants, en 1562. L'évêque Charles d'*Humières*, fuyant lui-même devant la fureur de ces impies, put sauver la chasuble *dite* de saint Regnobert et le précieux coffre d'ivoire où elle était et est encore serrée. Pendant qu'on le croyait parti pour son château de Neuilly, il s'embarquait à Port-en-Bessin, et, après une heureuse traversée, débarquait à Abbeville avec ce trésor, seul débris de tant de reliques insignes, de châsses précieuses qui furent alors dispersées et fondues.

A l'époque de l'invasion des Normands, quelques parties de ces reliques avaient été emportées en Bourgogne, où plusieurs églises se glorifiaient de les posséder. D'abord déposées en la collégiale de Verzy, elles furent, au XII⁰ siècle, placées au milieu d'un immense concours de peuples, dans la chapelle *Saint-Regnobert*, que Hugues, évêque d'Auxerre, avait fait bâtir en cette ville pour les recevoir. Quelques années après, l'un de ses successeurs, Hugues de Noyers, érigea cette chapelle en paroisse. Sur la demande du chapitre de Bayeux, Monseigneur de Caylus, évêque d'Auxerre, en détacha les fragments qu'il donna en 1714 à la cathédrale de Bayeux.

Le nom et le buste de saint Regnobert sont placés les premiers du côté de l'Épître sur la voûte du chœur. Sa fête, double de 2° classe, se célèbre à Bayeux le premier dimanche de septembre. Un grand nombre de paroisses et de chapelles ont été érigées en son honneur. Sa mémoire a toujours été en grande vénération et de tout temps elle a été invoquée avec succès.

Hermant raconte, p. 17, que l'empereur Charles le Chauve, guéri par l'intercession de ce saint évêque, envoya, en signe de reconnaissance, la reine Ermentrude porter elle-même les riches présents qu'il destinait à l'église de Bayeux, entre autres un coffret d'ivoire garni de plaques d'argent, de travail arabe, où l'on renferma l'étole et le manipule bordés de perles fines qui avaient servi à saint Regnobert, sa chasuble de couleur *safran*, qui n'existe plus, et un voile de soie bleue parsemé de pois blancs, destiné sans doute à recouvrir la châsse et dans lequel on a, à une époque plus récente, au XII° siècle probablement, taillé *la chasuble dite de saint Regnobert*.

Hermant attribue également à sa protection la délivrance de la ville de Bayeux du joug des Anglais, au moment où (1450) le comte de Dunois s'en empara et « *en fit sortir neuf cents Anglois, chacun un bâton à la main seulement, conduits par leur chef Mathieu Goth.* »

Consulter sur cette époque si incertaine, le travail de M. l'abbé Do, chanoine honoraire de Bayeux. — Caen, 1861.

III.

SAINT RUFINIEN.

V° SIÈCLE.

Près de deux cents années séparent saint Rufinien de saint Regnobert. Il est probable que l'église de Bayeux, comme beaucoup d'autres de la Gaule, resta sans pasteurs. Les persécutions des empereurs romains durent faire disparaître presque entièrement la foi de nos contrées ; aussi vit-on, au commencement du V° siècle, un homme issu de l'une des familles les plus illustres de Rome, venir comme évêque, continuer l'œuvre de saint Exupère. On sait d'ailleurs fort peu de choses de saint Rufinien, qui convertit à la foi un grand nombre d'infidèles, entre autres *Loup*, jeune homme de grand mérite, et qui fut son successeur. Saint Rufinien fut inhumé à Saint-Exupère, derrière l'autel, du côté gauche, et son corps y resta pendant l'invasion des Normands. Il porte le nom de saint sur la voûte du chœur. En 1688, Monseigneur de Nesmond permit de célébrer à Saint-Exupère son office semi-double, le 5 septembre de chaque année.

IV.

SAINT LOUP.

431-465.

Les parents de saint Loup étaient païens et habitaient, à Bayeux, une maison sise à l'angle de la rue Laitière, devant la porte du palais épiscopal. Nous savons qu'il fut converti et ordonné diacre par saint Rufinien. Il lui succéda à l'évêché de Bayeux et fut sacré par *Sylvestre*, archevêque de Rouen, en 431. Aidé d'un saint prêtre, nommé *Ausiac*, dont il fit son grand vicaire, il s'appliqua avec ardeur à répandre le culte de la religion. On raconte qu'une bête féroce avait choisi son repaire dans les bois qui avoisinaient la porte *arborée* de Bayeux et désolait tout le pays. Après s'être mis en prières, saint Loup entra résolûment dans le lieu où se réfugiait ce *loup*, et étendant son étole, la lui passa au cou; puis il l'entraîna expirant et le fit jeter dans la rivière de la Drôme (1). Mais ce ne fut pas là le seul miracle de saint Loup : il rendit la vue à deux aveugles de naissance, la santé à de nombreux malades, et prédit le jour de sa mort qui arriva le 25 octobre 465.

(1) On peut voir dans la cathédrale un médaillon décorant le triforium du côté droit du chœur où le sculpteur, au XIIIe siècle, a représenté cette scène. On voit, en effet, un saint évêque entraînant avec son étole une bête féroce ayant la forme d'un loup.

On pense que saint Loup fut inhumé à St-Exupère, à côté de ce saint évêque, d'où leurs reliques, sauf le chef, furent emportées à Corbeil lors de l'invasion des Normands et brûlées en 1793. Son nom et son buste sont peints à la voûte de la cathédrale, et il était autrefois représenté sur les vitraux. On célèbre, dans le diocèse, son office qui est double, le 25 octobre, date de sa mort. Ce fut sans doute pour perpétuer le souvenir de son miracle que l'on construisit, près du lieu où il avait dompté le monstre, une église paroissiale qui lui est dédiée. On l'invoque aussi contre la fièvre et autres maladies.

Saint Loup écrivit la vie et les actes de saint Regnobert. Cet écrit que l'on retrouve dans des bréviaires manuscrits de 1425 et 1444, a été défiguré au XVIII° siècle et a servi de principal argument pour reporter saint Regnobert au VII°. L'abbé Do le donne en son entier. On y lit :

Ego Lupus, Bajocensis ecclesiæ tertius a Sancto Exuperio secundus a beato Regnoberto Episcopo onus adeptus pastorale, quæ de actibus seu vita ejusdem Regnoberti vidi et audivi, explanare ex parte aliqua non neglexi...

V.

SAINT PATRICE.

465-469.

Saint Patrice naquit à Bayeux de parents chrétiens et riches. A leur mort, il se fit prêtre et distribua ses biens aux pauvres. Il fit construire l'église qui fut plus tard érigée en paroisse sous son nom, et fonda en sa cathédrale deux prébendes dites de *Saint-Patrice* et de *Vaucelles*, près Bayeux. Il ne fut que fort peu de temps évêque de cette ville et mourut le 1er novembre 469. On ignore le lieu de sa sépulture.

Il figure, avec ses saints prédécesseurs, à la voûte de l'église, et l'on célèbre sa fête le 24 mai.

VI.

SAINT MANVIEU.

469-480.

Saint Manvieu naquit à Bayeux de parents illustres, dans une maison de la rue Franche, où se lisaient autrefois ces mots en vieux caractères : *en ce lieu fust né Monsieur St Manuieu*. Ses parents, qui étaient chrétiens, ne négligèrent rien pour lui donner une éducation brillante et solide, et l'envoyèrent même en Angleterre. De retour en sa ville natale, voyant qu'il ne pouvait arracher ses concitoyens à leurs pratiques d'idolâtrie, il se retira dans une profonde solitude et y vécut avec trois compagnons. Puis il revint à Bayeux où il reçut de Dieu le don des miracles. Il guérit des malades, ressuscita un mort. Le grand nombre des prodiges qu'il opéra le désigna pour succéder à saint Patrice. Nommé évêque, il redoubla ses prières, ses aumônes et ses jeûnes. Il passait, à la fin de sa vie, des semaines entières sans prendre d'autre nourriture que *le pain de vie*, et, après avoir donné à tous les plus grands exemples d'amour et de vertus chrétiennes, il rendit l'âme à Dieu le 28 mai 480 et fut inhumé à Saint-Exupère, où son corps a toujours été conservé. La dalle qui recouvrait son tombeau fut enlevée au XVIIe siècle et « *remplacée par de beaux pavés d'une figure carrée!* » Son nom figure aussi à la voûte de la cathédrale.

On commença en 1408 à faire son office semi-double et sa fête, actuellement double de 2e classe, se célèbre le 28 mai. Plusieurs prieurés et paroisses portent son nom. Dans le diocèse de Bayeux et dans celui de Coutances, plusieurs églises paroissiales le réclament comme leur Patron, *Saint-Manvieu*, *Marcheyeux*, *Drumesnil*, *Gonfreville*, etc.

VII.

SAINT CONTEST.

480-513.

Saint Contest naquit aussi à Bayeux et suivit l'exemple de son prédécesseur. Voyant que ses exhortations étaient inutiles pour arrêter les désordres de ses concitoyens, il préféra se retirer en un lieu désert nommé *Blay*, à quatre milles de Bayeux. Là il fut le protecteur des pauvres, le consolateur des affligés, et bientôt cette solitude se trouva peuplée. Ses miracles ayant étendu au loin la réputation de sa vertu, on vint le chercher pour succéder à Saint-Manvieu. Ses nouvelles fonctions ne l'effrayèrent pas; il sut, au milieu des grandeurs, rester digne et modeste. Son éloquence persuasive souvent accompagnée du don des miracles, les exemples qu'il donnait à tous, amenèrent la conversion d'un grand nombre d'infidèles.

Il mourut, croit-on, le 19 janvier de l'an 513, et fut inhumé à Saint-Exupère, d'où ses reliques, on ne sait à quelle époque, furent transférées à l'abbaye de Fécamp; car nous voyons, le 3 mars 1162, un cardinal, accompagné de Philippe, évêque de Bayeux, et des autres prélats de Normandie, les déposer en grande pompe sur le maître-autel de cette abbaye, où l'on faisait son office de troisième classe. En 1683, les religieux de Fécamp donnèrent à Saint-Vigor, une notable partie de ces reliques qui furent aussi exposées sur l'autel du prieuré. Depuis 1857 la cathédrale de Bayeux possède un de ses ossements. Sa fête, qui est double, se célèbre dans le diocèse, le 11 février. On lui éleva deux autels dans la cathédrale, où son nom est inscrit à la voûte. Plusieurs églises des environs de Caen lui sont dédiées.

VIII.

SAINT VIGOR.

514-537.

Saint Vigor, dont on retrouve le nom écrit *Vehor et Victor*, naquit à Arras de parents riches, qui l'élevèrent avec le plus grand soin dans les pratiques d'une vie chrétienne; mais sachant qu'ils voulaient le marier, il préféra quitter la maison paternelle afin de se consacrer à Dieu.

Il partit donc avec un compagnon nommé *Théodemir* et, après mille dangers, vint en Neustrie et s'établit à Reviers, entre Caen et Bayeux. Là il vécut dans une retraite profonde, mais bientôt le bruit de ses miracles le fit connaître de saint Contest qui l'ordonna prêtre et le désigna même pour son successeur. Ce choix qui reçut l'assentiment général ne fit que d'accroître encore le zèle du nouvel évêque pour le triomphe de la religion. Il eut la gloire de faire disparaître les derniers restes de l'idolâtrie, qui, malgré les efforts de ses saints prédécesseurs, n'avaient pu être extirpés du mont *Phaunus*. Voyant que ses prières et ses exhortations étaient impuissantes à convertir un fameux payen nommé *Bertulphe* qui y demeurait et y entretenait avec zèle le culte des faux dieux, il partit, malgré son grand âge et ses occupations, pour aller trouver à Paris le roi Childebert, et lui demander son intervention. Celui-ci le reçut avec tous les honneurs dus à son rang et unit à la mense épiscopale le terrain que possédait Bertulphe. De retour à Bayeux, saint Vigor essaya encore de le convertir, mais ce payen, de plus en plus irrité, ne voulut rien entendre, et, allant au-devant de l'évêque pour le combattre, il tomba de cheval et expira bientôt après. Alors saint Vigor triomphant détruisit le temple des faux dieux, brisa leurs idoles, et y consacra une église en l'honneur de *Saint Pierre et Saint Paul.* Mais là ne s'arrêta pas son zèle. En ce lieu même tout empreint encore du souvenir des Druides, il construisit la chapelle Saint-Jean où l'on devait baptiser les néophytes, en une cuve qui existe encore, mutilée il est vrai. Il établit également en ce lieu, nommé par lui *Mons Chrismat (Mont du Chrême ou Sacré),* l'adoration de la croix et la bénédiction des palmes le jour des Rameaux, pour faire oublier le culte du guy sacré des Druides. Toutes les paroisses de Bayeux s'y rendaient encore en procession au XVIIe siècle. Il y établit un monastère qui, détruit par les Normands, et resté près de 200 ans enseveli sous ses ruines, devait être relevé par Odon de Conteville, évêque de Bayeux. On raconte aussi qu'il délivra le pays d'une foule de serpents qui le dévastaient, et ce fut comme récompense de ce service qu'il reçut en don la terre de Cerisy, où l'on bâtit plus tard un monastère et une église en son honneur. Ce miracle se trouve représenté sur un médaillon sculpté du triforium du chœur de la cathédrale et sur les sceaux de ce couvent gravés au XIIIe et au XVe siècle : on voit un évêque domptant un dragon à sept têtes qu'il conduit avec son étole. Enfin, après avoir passé sa vie dans l'accomplissement de tous les devoirs de son saint ministère, il rendit son âme à Dieu, le 1er novembre 537 et fut inhumé à St-Exupère. Ses reliques tranférées d'abord à la cathédrale, ont subi de nombreuses vicissitudes. Volées en 981 par le sacristain de cette église, elles furent vendues et conservées en l'abbaye de Saint-Riquier.

La collégiale de Saint-Fraimbault de Senlis se glorifiait aussi d'en posséder une grande partie. Celles qui étaient conservées à Bayeux furent dispersées par les protestants en 1562. La paroisse de ce nom en a obtenu quelques fragments.

On célèbre la fête de saint Vigor le 3 novembre ; il est le patron d'un grand nombre d'églises, et l'on trouve également son nom inscrit à la voûte de la cathédrale.

On conserve dans le sanctuaire de l'église Saint-Vigor-le-Grand une chaire ou siége en marbre de Vieux, d'une couleur foncée, que la tradition rapporte avoir servi à ce saint évêque. Sa forme semble plutôt indiquer le VIII° siècle. Quoi qu'il en soit, ce siége vénérable a servi depuis Odon de Conteville à la réception des évêques de Bayeux qui s'y assoient la veille de leur entrée dans leur ville épiscopale. M. l'abbé Faucon, dans son histoire du prieuré de Saint-Vigor-le-Grand en a donné une lithographie ainsi que des fonts baptismaux dont il est parlé plus haut.

IX.

LEUCADIUS.

538-549.

On sait fort peu de choses de Leucadius, qui succéda à saint Vigor, sur le siége de saint Exupère. Le 7 mai 538, il assista au troisième concile d'Orléans. Ses infirmités ou ses occupations ne lui permirent pas de se rendre en personne au 4e concile tenu en cette ville, l'an 541, ni au 5e, en 549. Il y envoya un de ses prêtres nommé *Théodore*, qui souscrivit ainsi les canons de ces conciles : *Theodorus presbyter directus a domino Leucadio Episcopo Ecclesiæ Baiocassinæ.*

On ignore le lieu de sa sépulture et la date de sa mort.

X.

LAUSCIUS.

557-559.

Lauscius assista au troisième concile de Paris, en 557, et signa ainsi : *Lasciuus peccator episcopus consensi et subscripsi*. Ce fut lui, dit-on, qui inhuma dans le monastère de Séziac saint Paterne, évêque d'Avranches. On place sa mort sous le règne de Childebert, vers 559. On ignore également le lieu de sa sépulture.

XI.

LEUDOVALDUS.

VI° SIÈCLE.

Cet évêque, qui vivait sous le règne du roi Chilpéric, fut souvent employé par ce prince dans des missions difficiles. Il fut un de ceux qui, à Saint-Cloud, signèrent un traité d'alliance avec son neveu Childebert. Nous le voyons, en une autre circonstance, agir avec vigueur et autorité. A la nouvelle du meurtre de *Prétextat*, archevêque de Rouen, il accourt en cette ville, fait fermer les églises en signe de deuil, et écrit, comme premier suffragant, une lettre aux évêques. Mais les meurtriers échappèrent à la justice, grâce à la protection de la reine Frédégonde. Il parvint aussi à obtenir la grâce d'un seigneur des environs de Bayeux nommé *Baldon*, accusé d'avoir voulu assassiner Gontran, roi d'Orléans.

On ignore l'année de sa mort.

XII.

SAINT GÉRÉTRANNUS.

VIᵉ SIÈCLE.

La plus grande incertitude règne au sujet de cet évêque, dont on retrouve le nom dans les martyrologes et à la voûte de la cathédrale. Les auteurs du *Gallia christiana* le placent avant saint Regnobert; d'autres, au contraire, le font succéder à saint Fraimbault. Il vivait vers la fin du VIᵉ siècle.

XIII.

SAINT RAGNEBERT.

625-666.

Saint Ragnebert, que l'on a confondu avec le second évêque de Bayeux, vivait au VIIe siècle. Nous savons qu'il fut sacré le 26 mars et qu'il assista au concile de Reims, en 625. Nous le voyons en 658 signer un acte de E., évêque de Sens, en 663, les priviléges de Corbeil, enfin, en 666, une charte pour Sainte-Marie de Soissons.

On ignore l'année de sa mort et le lieu de sa sépulture.

XIV.

SAINT GERBOLD.

689.

Saint Gerbolt naquit à Livry, village situé à quatre lieues de Bayeux. Sa vie est remplie de tant d'événements extraordinaires et miraculeux, qu'il est bien difficile de discerner la vérité au milieu des légendes.

On raconte que, après de nombreux voyages, il arriva chez un grand seigneur qui, appréciant ses rares qualités, en fit son intendant. Là, comme Joseph, il fut victime de la jalousie de la femme de son bienfaiteur; injustement accusé, il se vit jeter en prison, puis précipiter dans la mer, une pierre attachée au cou. Mais, ô miracle, cette pierre surnage et lui sert de marchepied, il arrive ainsi en un village du Bessin. A son approche la terre verdit, les fleurs naissent et s'épanouissent et ce lieu s'appela *Ver* (1). Là, Gerbold vécut quelque temps, priant Dieu, convertissant des pêcheurs et faisant de nombreux miracles. Aussi le demanda-t-on pour évêque quand le siége fut vacant. Il céda avec peine et vit avec crainte la pesanteur du fardeau qu'on lui offrait; mais Dieu, pour calmer les craintes de son serviteur, fit encore reverdir les arbres et fleurir les plantes sur son passage à Saint-Vigor en un lieu appelé depuis le *Champ-Fleury*. Il arriva en triomphe dans sa ville épiscopale, et passa par la rue du *Bienvenu*. Mais bientôt ne

---

(1) Cette scène a été reproduite dans le style du XVe siècle, au-dessus de l'autel dans une des chapelles latérales, à la cathédrale de Bayeux.

cessant d'exhorter ses concitoyens à changer leur genre de vie, il se vit détesté et accablé de tourments. Enfin une épouvantable peste ravage la ville; dès lors on accuse saint Gerbold d'en être la cause. Il partit, secouant sur la ville rebelle la poussière de ses souliers; mais le mal augmentant, on le supplia de revenir; il céda et obtint la cessation du fléau. Il assista au concile de Rouen, en 692.

Il bâtit un monastère à Livry, lieu de sa naissance, et une chapelle au *Perron Saint-Gerbold* à Ver. Il mourut en 695 et fut enterré à Saint-Exupère où ses restes reposent encore. Son nom est inscrit à la voûte du chœur et sa fête se célèbre le 5 décembre; elle est double.

On a de tout temps invoqué saint Gerbold contre la lèpre, la fièvre et autres maladies; et sa mémoire était en grande vénération, car un grand nombre d'églises lui ont été dédiées.

XV.

SAINT FRAMBOLD.

On ne sait plus rien de la vie de ce saint évêque que Robert Cœnalis qualifie ainsi : *Framboldus sanctitatis opinione præfulgens*. Son nom est inscrit à la voûte du chœur et sa fête, de deuxième classe, se célèbre le 5 mars. On l'invoquait publiquement dans les grandes litanies, et l'église de *Manneville* près Caen lui est dédiée.

XVI.

SAINT HUGUES, 1ᵉʳ DU NOM.

726-740

Saint Hugues naquit vers 688. Il était fils de Drogon, comte de Champagne, et petit-fils de Pepin d'Heristal, maire du Palais. Elevé par sa grand'mère dans les pratiques de la vertu, il se destina de bonne heure à la vie religieuse et fit de pieuses libéralités au monastère de Fontenelles. Charles Martel, son oncle, lui donna de nombreux bénéfices : il le fit d'abord chantre de l'église de Metz, mais il se démit de ses fonctions pour se retirer à Jumiéges, près de saint Aichard, à qui il succéda : il fut aussi nommé, en 722, abbé de Fontenelles. Bientôt après, le crédit de son oncle l'éleva à l'archevêché de Rouen, et, par un abus alors très-répandu malgré les saints canons, il fut nommé aux évêchés de Paris et de Bayeux. Il est vrai qu'il n'en prit que la qualité de *rector* ou *procurator*. Enfin, après avoir apporté tous ses soins à l'agrandissement et aux intérêts des différentes églises qui lui avaient été confiées, il se retira à Jumiéges et y mourut le 8 avril 740. On célèbre sa fête le 9 avril.

XVII.

LEODENINGUS.

765.

Le seul titre qui nous ait conservé le souvenir de cet évêque est le texte du concile d'Attigny qui eut lieu, en 765, sous le pontificat du pape Paul Ier. Il signa le dix-neuvième avec cette mention : *Episcopus civitatis Baiogas.*

XVIII.

THIORUS.

811.

Thiorus était aumônier de l'empereur Charlemagne dont il suivait la cour dans toutes ses expéditions. Celui-ci, pour récompenser ses vertus le nomma à l'évêché de Bayeux peu après que le pape Adrien lui eût accordé, au concile de Rome, en 773, l'investiture des bénéfices de son royaume. On croit qu'il mourut vers 811.

XIX.

CAREVILTUS.

833.

D'abord moine en l'abbaye de Ferrière en Gastinais, il signa, comme évêque de Bayeux, une charte d'Aldéric, archevêque de Sens pour le monastère de Saint-Rémy de cette ville. C'est tout ce que l'on sait de cet évêque.

XX.

HAREMBERTUS.

835-837.

Ce prélat assista en 835 au concile de *Théodonis Villam*, et le 8 des ides de septembre 837, il souscrivit une charte comme évêque de Bayeux.

XXI.

SAINT SULPICE.

840-844.

Saint Sulpice naquit au village de Livry, patrie de saint Gerbold, et s'y trouvait quand les Normands y mirent tout à feu et à sang, brûlant maisons et monastères, égorgeant tout sur leur passage. Il y fut martyrisé et son corps, resté enfoui sous des décombres, fut inhumé en un lieu nommé *Valsaint*. Ses reliques furent dérobées plus d'un siècle après par Simon, abbé de Saint-Guislain, qui les emporta en son abbaye, d'où elles furent transférées en l'abbaye de Chelles. Une partie en a été rendue à Saint-Vigor-le-Grand, près Bayeux.

On célèbre sa fête le 4 septembre.

XXII.

SAINT BALTFRIDUS.

846-858.

Cet évêque apporta le plus grand soin à assister aux conciles. Aussi le voyons-nous en 846 signer en ces termes à Paris, les priviléges accordés à l'abbaye de Corbeil : *Baltfridus ecclesiæ baiocensis episcopus hoc privilegium consensi et subscripsi;* au concile de 849 où il signa : *Waltfridus baiocensium.* Il se rendit également en 852 à celui de Sens, où furent confirmés les priviléges de Saint-Rémy, l'année suivante à celui de Reims, où il souscrivit en ces termes : *Baltfridus baiocensis ecclesiæ episcopus, relegi, consensi, decrevi et subscripsi.* Enfin il assista en 853 à celui de Verberie.

Le 3 septembre 846, au retour de son voyage de Paris, il fit en grande pompe et au milieu d'un immense concours de peuple, la translation des reliques de saint Exupère et de saint Regnobert, de l'église où elles étaient conservées, en la cathédrale, où on les plaça dans une châsse précieuse. On célèbre encore actuellement cette fête. Mais quelque temps après, les Normands s'emparèrent de Bayeux, pillèrent la châsse et dispersèrent les reliques. Une partie put être sauvée, mais le reste fut emporté en différents lieux. Il fut même accusé d'avoir favorisé ce larcin et vendu les reliques de ses prédécesseurs. Il dut quitter Bayeux, où, après s'être rendu à la cour du roi Charles-le-Chauve, il ne rentra qu'après avoir prouvé son innocence.

Quelques années après, en 958, il fut mis à mort par les Normands. Voici en quels termes la chronique de l'abbaye de Saint-Bertin raconte son martyre : *Sed et anno preterito Blaftridum baiocassium episcopum necaverunt.* La tradition ne nous a appris ni le lieu où il fut massacré ni la place où il fut enterré.

XXIII.

TORTOLDUS.

859.

Tortoldus que l'on considère comme le 23ᵉ évêque de Bayeux n'a jamais dû être véritablement ni légitimement possesseur de ce siége, qu'il devait au crédit de son parent, l'archevêque de Sens. Louis-le-Germanique, alors brouillé avec son frère, le roi Charles-le-Chauve, le nomma à cet évêché. Nous voyons qu'au concile de Savonnières on lui reprocha différents crimes dont il ne dut pas être reconnu coupable, puisque Charles-le-Chauve, qui l'avait nommé clerc de sa chapelle, lui conserva toujours ses fonctions. D'ailleurs il n'y prit pas le titre d'évêque qui appartenait déjà à Erchambertus.

XXIV.

ERCHAMBERTUS.

859-876.

Ce prélat était déjà reconnu évêque de Bayeux quand il signa, en cette qualité, au concile de Savonnières : *Erchambertus baiocensis episcopus*.

Dès lors on le voit siéger dans un grand nombre de conciles : à Toussi, en 860; à Soissons, en 866; à Verberie, en 869. Ne pouvant assister lui-même à celui de Douzi, en 871, il y envoya un de ses prêtres : *Ageteus presbyter ad vicem domini et patris mei Erchambaldi baiocagensis episcopi subscripsi*.

Le dernier concile où nous le voyons siéger est celui de Pontyon, en 876.

XXV.

HENRI, 1ᵉʳ DU NOM.

933.

Henri, que la chronique de St-Etienne de Caen appelle un saint prélat : *Heinricus sanctissimus præsul baiocensis ecclesiæ*, fut appelé, en l'absence de l'archevêque de Rouen et en qualité de son premier suffragant, à baptiser un des fils de Guillaume Longue-Epée, duc de Normandie. Le jeune prince, auquel on donna le nom de Richard, était né à Fécamp.

Quelques années auparavant, vers 927, il fit une donation au prieuré de St-Nicolas de La Chesnaie qui devait son origine aux évêques de Bayeux et son nom à la forêt de chênes au milieu de laquelle il avait été construit sur le mont Phaunus, près de St-Vigor-le-Grand.

XXVI.

RICHARD, 1ᵉʳ DU NOM.

VERS 950 ?

Richard assistait avec un grand nombre de prélats à la translation des reliques de saint Ouen, et contribua comme eux à enrichir la châsse où Hugues II, archevêque de Rouen, les plaça à l'instigation du duc Richard, qui donna, pour assurer leur garde, la terre de *Ros*. Ce duc avait une grande vénération pour ce saint; car, quelque temps après, il fit bâtir en son château de Bayeux une chapelle qu'il lui dédia. Il en nomma Richard chapelain, et nous aurons occasion de voir ce titre invoqué par ses successeurs quand on leur contesta le droit de patronage à cette chapelle, dans le XIVᵉ siècle.

XXVII.

RADULPHE.

967-990.

Armes : *De gueules à 4 billettes d'or posées 2 et 2 ?*

Radulphe naquit à Dol, en Bretagne, d'une famille noble. Il signa, en 967, une charte de donation faite à l'abbaye de St-Denis, en France, et souscrivit aussi à différentes fondations, en faveur du monastère de Fécamp, en 989 et 990. C'est tout ce qui est parvenu, jusqu'à nous, des actes de son épiscopat, qui fut cependant assez long.

XXVIII.

HUGUES DE BAYEUX, II° DU NOM.

1015-1049.

 Raoul, comte de Bayeux, et Albéride de Senlis, sa femme, eurent un fils nommé Hugues, qui succéda à Radulphe sur le siége de saint Exupère. La mémoire de ses bienfaits et de ses dons à différents monastères de Normandie est parvenue jusqu'à nous. Il donna de grands biens à l'abbaye de St-Amand de Rouen, dont sa sœur, *Emme*, fut la première abbesse. Il signa la charte par laquelle Richard II appela en l'abbaye de Fécamp les bénédictins de St-Bénigne de Dijon, et celle de la fondation de Cerisy faite, en 1032, par le duc Robert le Magnifique.

 L'histoire nous le représente comme un prélat doué d'un caractère remuant et guerroyeur. Après avoir pris chaudement le parti de son frère, l'archevêque de Rouen, contre Richard III, il se trouva encore mêlé à la disgrâce du comte de Bellesmes, obligé de fuir et privé de son château d'Évrecy. Dégoûté par tant de malheurs et reconnaissant ses fautes, il résolut de s'enfermer dans sa ville épiscopale pour s'y consacrer tout entier à ses fonctions.

 Il eut même le mérite de résister aux folles sollicitations de Grimoult du Plessis, et les nobles de son comté, grâce à ses conseils, restèrent fidèles à leur duc.

Mais la plus grande gloire de l'évêque Hugues fut d'avoir jeté les fondements de la cathédrale actuelle. Il la fit décorer avec une magnificence rare pour une époque encore aussi barbare et y déposa dans de précieuses châsses les reliques des saints martyrs Raven et Rasiphe. Mais il ne put la voir terminée, malgré les sommes énormes qu'il y consacra. Ce fut lui qui fit construire les tours et une partie de la nef.

En 1049, au retour du Concile de Reims, où il avait assisté à la translation des reliques de saint Rémy, il mourut et fut inhumé à l'entrée de *sa* cathédrale, entre la nef et la pyramide du septentrion. On lui éleva un tombeau décoré d'une plaque de marbre grisâtre qui subsiste encore. Hermant prétend qu'elle était *ornée d'inscriptions et d'ornements qui furent brisés par les Protestants en* 1562.

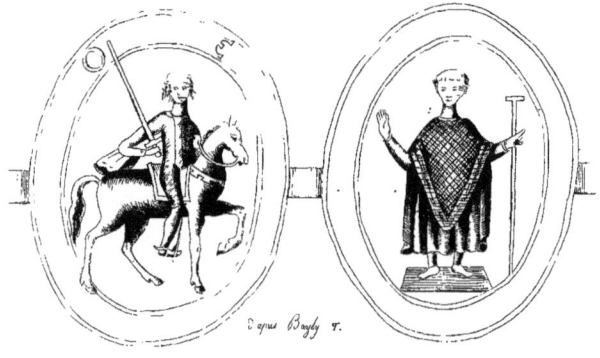

XXIX.

ODON DE CONTEVILLE, Ier DU NOM.

1050-1097.

Parmi les nombreux prélats dont l'Église de Bayeux a le droit d'être fière, il n'en est pas qui aient occupé dans l'histoire de leur temps une place aussi importante qu'Odon ou Eudes de *Conteville*. Il était fils du comte *Herluin* et de la belle *Arlette*, mère de *Guillaume le Bastard* (1034). Élevé à la cour de son demi-frère et destiné dès son enfance à l'état ecclésiastique, il se fit remarquer par ses grandes qualités qui, autant que sa naissance, lui valurent d'être nommé évêque de Bayeux dès l'âge de 15 ans. Quoiqu'il dût attendre le temps nécessaire pour accomplir personnellement ses nouvelles fonctions, il déploya dès cette époque le plus grand zèle pour l'embellissement des églises, le maintien de la discipline ecclésiastique et l'instruction de son clergé. Il fit terminer la cathédrale de Bayeux, œuvre inachevée de son prédécesseur et qui devait bientôt après s'effondrer dans l'incendie allumé par les troupes de son neveu Henri Ier d'Angleterre. Il la décora magnifiquement, l'enrichit d'ornements précieux, de vases d'or et d'argent, de châsses couvertes de pierreries dont quelques-unes étaient encore conservées à l'époque des guerres de religion. C'était aussi à sa libéralité que l'on devait une *couronne* de bois couverte de lames d'argent, haute de seize pieds, qui remplissait toute la largeur de la nef. Dans l'inventaire des reliques, vases sacrés, etc., de la cathédrale de Bayeux, dressé en 1479, par ordre de Mgr de Harcourt et conservé dans la bibliothèque du Chapitre, elle est ainsi décrite : « *Item devant* « *la nef devant le crucifix, est une couronne ronde de grande circuite,* « *pendente à une grosse chaîne de fer, laquelle est très-excellente et de* « *grande estimation faicte de fin et chier métal, escripte toute environ* « *en mètres, à lanternes haultes de diverses façons et toute dorée ; et* « *au bout de bas de la d. chaîne qui la porte, a une grosse pomme de* « *semblable matière et toute dorée.* » On y comptait 97 pointes de fer destinées à recevoir autant de cierges qu'on allumait aux fêtes solennelles. Dans les intervalles étaient gravés 97 vers latins dont Henri *Oresme*, frère de l'évêque de Lisieux, nous a conservé le texte. Il les copia en 1377 sur un exemplaire de *la chronique d'Eusèbe* qui existe à la bibliothèque du Chapitre. Malheureusement, un ouvrier maladroit, en replaçant les inscriptions avait bouleversé les textes qu'Henri ne put restituer ; aussi, ajouta-t-il à sa copie : *qui videt melius corrigat et emendet*. Ce désir s'est réalisé, car M. le chanoine Laffetay, à force de patience et de calcul, est arrivé à les mettre en ordre et à les expliquer (1).

Mais là ne s'arrêta pas la libéralité d'Odon, voulant assurer plus de grandeur et de richesses à son église cathédrale, il fonda en une seule fois *sept* prébendes qu'il unit aux 35 qui existaient déjà. Il y consacra les biens qu'il reçut de son frère Guillaume et qui avaient été confisqués sur Grimoult du Plessis, dont nous avons vu la tentative échouer par la prudence de son prédécesseur. Ce sont les prébendes de *St-Jean-le-Blanc*, d'*Evrecy*, de *la Vieille*, de *Damvou*, de *Castillon*, de *la Ferrière-du-Val* et *du Locheur*. Peu après, il acheta, de Guillaume de *Magni*, la terre de *Douvres* qu'il unit à la mense épiscopale, ce qui forma plus tard la baronnie de Douvres.

Sous l'épiscopat d'Odon, un grand mouvement religieux se développa et de toutes parts on vit se fonder de nouveaux monastères pour remplacer ceux que la barbarie des Normands avait presque partout détruits. Les princes de la terre, les nobles seigneurs, les riches bour-

---

(1) *Mémoire sur les fondations, obits, etc., de la cathédrale de Bayeux*, p. 13.

geois, les habitants des campagnes, tous rivalisaient d'ardeur et se dépouillaient pour enrichir les couvents où souvent ils se réservaient comme suprême faveur le droit de venir mourir en paix. Odon s'empressa de suivre et de favoriser un si noble exemple. C'est ainsi que, avec ce qui lui restait des biens de Grimoult du Plessis, il fonda le prieuré de ce lieu auquel il attacha la prébende de St-Jean-le-Blanc. Il enrichit aussi l'abbaye de *Grestain* au diocèse de Lisieux, fondée par son père Herluin. Dans son diocèse, nous le voyons contribuer à la restauration de l'abbaye de *Troarn* dont les chanoines menaient une vie de scandales, et y appeler *Durand*, moine de Fécamp ; puis, en 1070, il autorisa la fondation de *Fontenay-sur-Orne*, due à la puissante famille des *Taisson*. Enfin, il peut être considéré comme le restaurateur du prieuré de *St-Vigor* près Bayeux. Frappé des désordres qui s'y commettaient, il y appela un saint moine *Robert de Tombelaine* qu'il chargea d'établir la réforme devenue nécessaire, augmenta les biens du prieuré et y fit établir une école qui dura peu, il est vrai, mais qui promettait d'être très-brillante. Les vicissitudes de sa fortune atteignirent le lieu de *sa prédilection*, et il dut de nouveau le restaurer et l'enrichir. Ce fut alors qu'il exempta le prieur *Richard de Cremel* de la juridiction épiscopale se réservant le droit de le nommer et de lui mettre ès-mains le bâton pastoral. Quelque temps après, vers 1096, il donna le prieuré à l'abbé de Saint-Bénigne de Dijon, voulant que « *tous ses successeurs évêques venant à Bayeux fussent « reçus et défrayés de tous leurs trains au jour de leur première arrivée « pour prendre possession du dit evesché et y demeurassent jusqu'à ce que « le chapitre d'icelluy les y allât quérir pour les conduire à l'église « cathédrale.* » Il stipula aussi que ses successeurs et les chanoines y seraient enterrés et choisit lui-même pour lieu de sa sépulture l'abside de l'église qu'il avait relevée à ses frais...... Mais n'anticipons pas, car il nous reste à dire quelques mots de la carrière politique d'Odon, qui nous montre son caractère avec une fougue et des passions souvent malheureuses. Orderic Vital nous apprend qu'il était éloquent et brave. Il s'énonçait facilement, savait distinguer les hommes de mérite et se défendre aussi bien avec une épée que par des paroles. Mais il avait aussi de grands défauts, une humeur batailleuse et surtout un orgueil insatiable. Il assista en 1050 au Concile de Rouen, en 1055 à celui de Lisieux. Il fut un de ceux qui, en 1061 jurèrent la *Trêve de Dieu* sur les reliques de saint Ouen, que le duc Guillaume avait fait transporter à Caen. En qualité de doyen de la province, il fut chargé de recevoir les amendes de ceux qui la violeraient. Son influence se fit sentir de bonne heure dans les conseils de son frère ; il signa les chartes de fondation de St-Étienne et de Ste-Trinité de Caen.

À l'assemblée des États à Lillebonne, où le duc Guillaume voulait décider la conquête de l'Angleterre, nous voyons Odon convaincre, par son éloquence, de la bonne cause de son frère et faire acclamer la guerre. Immédiatement il arme lui-même cent navires, *centum naves*, et surveille l'embarquement. Le samedi 14 octobre 1066, il anime les troupes, et le lendemain, revêtu de ses ornements pontificaux, il leur donne l'absolution. Puis, prenant la cuirasse, il contribue de sa personne au gain de la journée d'Hastings. La conquête achevée, le duc Guillaume, obligé de revenir en Normandie, lui confia la vice-régence de son nouveau royaume et, pour se l'attacher, le combla de biens et d'honneurs. Il le créa comte de Kent, lui donna le commandement de la place de Douvres, etc. Odon sut bien maintenir les Anglais, mais il laissa les Normands piller le pays conquis qui se souleva. Guillaume fut obligé de revenir et put étouffer la révolte. Mais déjà l'ambition dévorait le cœur d'Odon et lui faisait concevoir les projets les plus extravagants. Il voulut même se faire nommer Pape après la mort de Grégoire VII. Il employa des sommes énormes à se faire des partisans en Italie et résolut d'aller lui-même à la tête d'une armée pour assurer son élection. Il était dans l'île de Wight au milieu de sa cour et de ses troupes quand arriva Guillaume, inquiet de ses projets belliqueux. L'entrevue fut peu amicale et, séance tenante, le roi donna l'ordre de l'arrêter. Ne trouvant personne qui osât le faire, il le fit lui-même et l'envoya prisonnier en la tour du vieux palais de Rouen, où il resta jusqu'à la mort du conquérant (1082-1087). Mis alors en liberté, il assista à ses funérailles et s'attacha au parti de Guillaume le Roux, que son père avait fait roi d'Angleterre. Celui-ci lui rendit tous ses biens et le rétablit dans ses fonctions, espérant ainsi se l'attacher, mais peu après, emporté par son humeur remuante, Odon le trahit et sut persuader au duc Robert d'entreprendre la conquête de l'Angleterre. Il se mit à la tête des troupes que celui-ci avait envoyées et vint mettre le siége devant Rochester ; mais Guillaume vint l'y assiéger à son tour, et pressé par cette vigoureuse attaque, le força de se rendre à discrétion lui et son armée. Plus magnanime que son père, Guillaume se contenta de confisquer les biens qu'Odon possédait en Angleterre et le renvoya en Normandie, dont le duc Robert le fit gouverneur. De nouvelles intrigues déterminèrent Guillaume à débarquer dans cette malheureuse province, mais le roi Philippe-le-Bel put ramener la concorde entre les deux frères. Ces terribles épreuves n'avaient pas corrigé Odon, et c'est ici qu'il nous faut parler d'une action qui fut l'une des plus grandes fautes de sa vie : ce fut lui qui, en 1092, maria Philippe-le-Bel avec la fameuse Bertrane de Monfort, femme de Foulques-Réchin, comte d'Anjou. Mais, après avoir célébré ces noces incestueuses et reconnu sa faute, il vint à Dijon se jeter aux pieds du pape, Urbain II, pour obtenir son pardon (1095).

Enfin, toujours entraîné par le besoin de voyager, il se croisa à la voix du pape Urbain II, et, malgré son âge avancé, partit avec le duc Robert. Après avoir passé l'hiver en Italie, il s'embarqua pour la Sicile et tomba malade à Palerme au mois de février 1097. Il y mourut peu après et fut inhumé dans la cathédrale, par Gilbert, évêque de Lisieux. On lui éleva un magnifique tombeau où sa vie était racontée dans des vers latins dont Hermant cite quelques-uns.

Nous n'avons pu trouver en France le sceau de l'évêque Odon. Au siècle dernier, il en existait un en Angleterre, appendu à une charte anglo-saxonne, de la collection de sir Edouard *Déering*, baronet. *Ducarel*, dans ses *Antiquités anglo-normandes*, et Samuel *Pegge*, *Archéologia*, t. I, p. 361, ont fait dessiner ce sceau. Malheureusement, le graveur *Bayly* n'a pas su rendre fidèlement son modèle. Il y a plus de 30 ans, M. E. *Lambert*, bibliothécaire de la ville de Bayeux, fit des démarches en Angleterre pour obtenir une empreinte ou un dessin plus exact ; elles restèrent sans résultat : ce qui nous a engagé à reproduire la gravure de Bayly.

Ce sceau, déjà si curieux par sa date, offre encore un autre intérêt, c'est qu'il n'a, à proprement parler, ni *avers*, ni *revers*. Il représente

Odon et comme évêque et comme comte de Kent. L'*évêque* est debout bénissant de la droite et tenant de la main gauche un bâton pastoral en forme de *tau*, suivant l'usage de cette époque. Il porte la tête nue, rasée et garnie seulement d'une couronne de cheveux. La chasuble semble pointue par devant et retombe sur les bras. Les pieds reposent sur un escabeau. Il n'existe plus rien de la légende. Le *comte* de Kent est à cheval en costume de guerre quoique tête nue. Il porte des éperons et tient de la main droite une épée. Il ne paraît pas avoir de bouclier ; son cheval est représenté *passant* et non *lancé* ; comme sur les sceaux ordinaires, il est garni d'une selle et d'un poitrail en forme de *lambel*. De la légende, on ne lit plus que les lettres isolées C... E. Ce sceau, qui devait être rond et mesurer environ $0^m,090^m$ de diamètre, est l'imitation du grand sceau de Guillaume le Conquérant.

Archives du Calvados.
    T. I, p. 435. Antiquus cartularius. *Charte sans date de Guillaume, duc de Normandie, donnant à Odon des terres sises à* Bernières, *avant 1066.*
    p. 436. *Odon, évêque de Bayeux, achète du consentement du roi la terre de* Cheruetvilla, *d'Herbert d'Aigneaux en 1077.*
    Charte de la même année de Guillaume, donnant à Odon la terre du Plessis *et la maison de Grimoult du Plessis, sise à Bayeux.*
    Don du duc Robert, à l'église de Bayeux, des terres possédées par Ebramerus, *en 1089.* Dedicationis ejusdem ecclesiæ, anno XII°.
    Acte capitulaire de 1092, ratifié en 1093 en présence de l'Évêque et de tout le Chapitre, au sujet de diverses concessions de terre.
    T. II, p. 270. St-Étienne. *Charte de l'Archevêque de Rouen, d'Odon, évêque de Bayeux, etc., réglant la juridiction spirituelle de St-Étienne et confirmant ses droits et priviléges.*
Prieuré de St-Vigor, p. 216. *Charte par laquelle Odon donne le prieuré de St-Vigor, à l'abbaye de St-Benigne de Dijon, 1096.* Actum publice baiocas mense maio.
Du Carel, p. xvii. *Odon donne à l'archevêque Lanfranc,* quatuor dennas terre pro redemptione domini mei Guillelmi regis Anglorum et mee et eorum de quorum salute specialiter injunctum est mea procurare et per excambia xx et v acrarum terre que infra parcum meum de Wikehan continentur. *Pièce écrite en anglais et en Saxon.—Scellée.*

Dans la tapisserie de la reine Mathilde, conservée au musée de Bayeux, l'évêque Odon est représenté plusieurs fois : N° XXXV. Odon, que l'on reconnaît à sa tonsure, est présent au moment où Guillaume donne l'ordre de construire des navires. On sait que lui-même en fournit cent, *centum naves* : N° XLIII. Il bénit les mets : ET : HIC : EPISCOPUS : CIBŪ : ET : POTŪ : BENEDICIT. Il tient une coupe de la main gauche et bénit la table de l'autre : N° XLIV. Il assiste au conseil de guerre ODO : EP̄S. Enfin, il rallie les fuyards à la bataille d'Hastings : N° LIV. HIC ODO EP̄S : BACULŪ : TENENS : CONFORTAT *pueros.*—*Notice hist. par l'abbé Laffetay*, Bayeux, 1874, p. 58, etc.

Enfin, il avait donné à la cathédrale outre plusieurs châsses, etc., 2 *licornes d'argent massif l'une de* 15 *pieds de longueur, l'autre de* 9. Ces précieux objets furent offerts à François Ier à son passage à Bayeux, en 1531, mais il les rendit à la cathédrale. *Confiés* en 1562 au duc de Bouillon, gouverneur de la Normandie, ils furent dès lors perdus pour la cathédrale.

XXX.

TUROLD DE BRÉMOY (1).

1097-1105.

Armoiries : *De gueules au léopard d'or.*

A la nouvelle de la mort d'Odon, Guillaume Le Roux s'empressa de nommer à l'évêché de Bayeux, Turold de Brémoy, que ses vertus et sa douceur avaient fait connaître à la cour où l'appelait la position élevée de sa famille. Mais ce prince étant mort, son jeune fils Henri voulut s'emparer de l'héritage de son aîné, le duc Robert, et débarqua en Normandie avec une armée nombreuse. Il envoya Robert, comte de Creully et Thorigni, mettre le siége devant Bayeux. Celui-ci, pour punir la ville de sa résistance et faire un exemple, la livra aux flammes et au pillage, incendia la cathédrale où s'étaient réfugiés les habitants, en pilla les trésors et ne laissa derrière lui que des ruines fumantes. Ainsi, un siècle ne s'était pas écoulé, déjà l'œuvre de Hugues et d'Odon n'existait plus ! Et, lorsque cinquante ans après,

(1) *Les auteurs du* Gallia christiana *l'appellent* Turold d'Ebremon.

on voulut la reconstruire, on ne put utiliser que les arcades de la nef et les tours.

Après cette épouvantable catastrophe, Turold essaya encore de rapprocher les deux frères; mais bientôt il put s'apercevoir de l'inutilité de ses efforts en voyant le traitement infâme qu'Henri fit subir à Robert après la bataille de Tinchebray.

Aussi, ce pieux évêque ne pouvant plus supporter la vue de tant de maux, infirme lui-même, se démit de son évêché et se retira en 1105 à l'abbaye du Bec. Là, il vécut encore de longues années, donnant à tous l'exemple de la piété et de la résignation. La *Chronique du Bec* nous apprend que, par les mérites de sainte Foy, vierge et martyre, il avait obtenu la guérison de ses infirmités. Enfin, il mourut en 1146, et fut inhumé dans l'abbaye du Bec.

Nous n'avons pu, sans doute à cause des temps malheureux où il vécut, retrouver aucune charte de cet évêque.

XXXI.

RICHARD DE DOUVRES, II° DU NOM.

1107-1133.

Deux ans seulement après le désistement de Turold, Henri I nomma à l'évêché de Bayeux Richard de Douvres. Ce prélat était fort connu et estimé à la Cour d'Angleterre. Il avait été grand vicaire de l'évêque Odon, trésorier de la cathédrale de Bayeux puis grand aumônier de Guillaume-le-Conquérant et de son fils Guillaume-le-Roux. Il était fils de Sanson de Douvres ; ses frères étaient *Thomas*, archevêque de Yorck et *Sanson*, évêque de Worcester.

Nous le voyons en 1108 signer l'acte d'érection de l'abbaye d'Ely en évêché. En 1128, il assista au concile de Rouen réuni par le cardinal évêque d'Albe et légat du pape Honoré. Comme doyen de la province, il remplaça Geoffroy archevêque de Rouen alors dangereusement malade et après sa mort consacra Hugues d'Amiens son successeur.

Il assista en 1131 au sacre du roi Louis VII dit le Jeune.

Il ratifia les donations faites aux abbayes de St-Étienne, du Val, de Cerisy, d'Aulnay (1131), d'Ardennes, et il augmenta tellement les possessions du Plessis-Grimoult que lui et ses frères en ont été considérés comme les fondateurs. Si le malheur des temps ne lui permit pas de réparer les ruines de son temple, du moins fit-il ce qui dépendait de lui pour enrichir son chapitre. Il donna à la *mense épiscopale* la baronnie de Douvres qu'il possédait de ses ancêtres.

Il mourut le jour de Pâques 1133 et fut inhumé dans la cathédrale sous la tour du midi où l'on voit l'arcade qui surmontait son tombeau. On faisait son obit le 1er avril.

Archives du Calvados.
    T. II, Plessis-Grimoult, p. 63. *Témoin d'une charte d'Henri II, confirmant les donations faites au prieuré du Plessis par Richard.*
        p. 67. *Don du champ Osbert et du moulin d'Escure, attesté par tout le chapitre :* A minimo usque ad maximum.
Archives de la Manche.
        Savigny Charte I. *Confirmation avec tout son chapitre du don de la terre* d'Escures *faite par Robert de Tostes.*

XXXII.

RICHARD DE KENT, iiie du nom.

1135-1142.

Armoiries (1)! d . . . . . au lion passant de . . . . .

A la nouvelle de la mort de Richard II, Robert de Kent, comte de Glocestre, de Creully et de Thorigny, fils de celui-là même qui avait livré Bayeux aux flammes, obtint du roi Henri II l'évêché de cette ville pour son fils naturel Richard qu'il avait eu d'Isabelle de Douvres, sœur de l'évêque Richard II. Ce prince le présenta donc au Chapitre en lui ordonnant de le reconnaître, mais celui-ci, s'autorisant du défaut de naissance refusa net ; le roi s'adressa alors à l'archevêque de Rouen sans plus de succès. Changeant alors de tactique, le roi laissa passer du temps, et enfin, après deux années de luttes et de pourparlers obtint des bulles de nomination du souverain pontife. On doit reconnaître que ce refus du Chapitre de Bayeux n'était nullement personnel à Richard, dont tout le monde se plaisait à reconnaître les belles qualités. On doit y voir plutôt le souvenir des maux que cette famille avait faits à l'église de Bayeux, à ses membres, maux qu'elle n'avait rien fait pour réparer ni faire disparaître. La position du nouvel

---

(1) Ce ne fut que plus tard que les seigneurs de Creully, comtes de Kent et Thorigny, prirent pour armoiries : *d'argent à trois lionceaux de gueules.* Sur le sceau du petit-fils de Robert de Kent, on voit un seul lion ainsi que sur celui de Richard qui vivait en 1234.

Évêque était d'ailleurs loin d'être facile. Il lui fallait faire oublier sa naissance et les crimes de ses parents, plaider la cause de son église près de son père dont il connaissait le caractère fier.

A peine installé, il donna au Chapitre l'église et la cure d'*Isigny*, en 1138, puis consacra l'église de l'abbaye d'Ardennes que son prédécesseur avait dotée, et apporta le plus grand soin à augmenter les biens des établissements religieux. Il mourut en 1142 et fut inhumé à St-Vigor.

Archives du Calvados.
    T. I. Ardennes, p. 1. *Charte de l'an 1138, par laquelle Richard fait la dédicace de l'Église et confirme la fondation de l'abbaye.* Gallia christiana, p. 27.
    Fontenay, p. 394. *Don en sa présence d'une maison sise à Caen* in vice oximensi *par* Raoul Espée *pour le salut d'Eremberge, sa femme.*
    T. II. Plessis-Grimoult, p. 62. *Charte du roi Henri confirmant les donations faites par l'évêque Richard.*
    P. 104. *Don fait par Richard de* Rouloux *et ses fils de l'église de St-Martin de* Rouloux *avec les dîmes et dépendances, de cent acres de terre sujètes à la fourniture d'un cheval et d'un escuyer, de la dîme des bois de Rouloux, du bois nécessaire au chauffage des moines et de 30 sols de rente.*
    Ste-Trinité, p. 180. *Vidimus par Richard de diverses chartes de la donation de l'église de* Felstède *faite à Ste-Trinité de Caen.*
Archives de Bayeux, p. 426. *Enquête faite par ordre du roi Henri des terres, fiefs et seigneuries dépendant de l'église de Bayeux.* Hoc autem factum coram Roberto comite Glocestriæ filio regis qui ad hoc audiendum ab ipso rege missus est apud baiocas statim post mortem Ricardi episcopi filii Sansonis.
Cartulaire de Bayeux, p. 442. *Lettres de Henri portant que devant sa cour, ses évêques et son élève, Godefroy prêtre,* disrationavit *l'église St-Sauveur, située sur le marché de Caen.*
Archives de la Manche.
    Savigny, ch. III. *Confirmation du don de la terre d'Escures, déjà autorisé par* Ricardo bonæ memoriæ predecessore nostro.

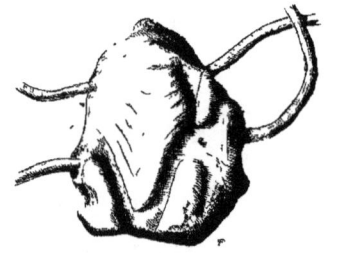

XXXIII.

PHILIPPE DE HARCOURT.

1144-1163.

Armoiries : *de gueules à deux fasces d'or*.

Depuis près de 40 années que les troupes de Henri I avaient brûlé la ville de Bayeux, incendié la cathédrale et causé à ce pays tant de maux, les évêques, ses protecteurs naturels, n'avaient pu par différents motifs panser ses plaies ni rétablir ses ruines encore fumantes. Cet honneur et cette gloire étaient réservés à un homme dont l'église de Bayeux se glorifie doublement, car il lui appartient et par sa naissance et par sa vie. Philippe d'Harcourt était d'une famille illustre, féconde en grands hommes, aussi distinguée dans l'Église que dans l'État. Son père *Robert-le-Fort*, sire d'Harcourt, de Boissy-le-Chatel, avait épousé Collette d'*Argouges*, fille du seigneur de ce nom aux portes mêmes de Bayeux. Élevé dès sa plus tendre enfance dans l'amour de la science et suivant les pieux exemples qu'il voyait autour de lui, il sacrifia un brillant avenir pour se donner tout à Dieu. Nommé archidiacre d'Évreux, il déploya tant de qualités dans ses nouvelles fonctions que bientôt après il fut appelé à la Cour d'Angleterre. Étienne le fit son chancelier, le nomma évêque de Salisbury, puis de Lincoln.

Le chapitre de Bayeux, à la mort de Richard III, appréciant ses nombreuses qualités, s'empressa de le nommer évêque, choix qui reçut l'assentiment du pape.

Philippe ne fut pas au-dessous de la tâche immense qui lui était réservée et se mit dès lors avec ardeur au travail. A peine installé, en 1144, il part pour Rome accompagné de *Gilbert*, abbé d'Ardennes, présenter ses respects au pape Lucius II. Il obtint de lui la confirmation de tous les biens ayant appartenu à son église et aussi de ceux donnés à cette abbaye. A son retour, il s'occupa de réclamer et de se faire rendre les terres qui avaient été injustement ravies, de reconquérir les droits honorifiques et les prérogatives négligées depuis les désastres de la guerre ; ce qui lui permit de fonder trois prébendes, celle de *Froiderue* à laquelle il unit le patronage de cette église de Caen, et celles de *St-Jean* et de *St-Pierre* de la même ville, et d'enrichir considérablement celles de *Feuguerolles* et du *Locheur*. Il augmenta les biens attachés à la trésorerie et à la sous-chantrerie. Il donna au sous-doyen les patronages de *St-Manvieu*, d'*Épinay-Tesson*, *de la Bigne*, *de la Folie*, et au chapitre les églises et les dîmes de *Carcagny*, d'*Isigny*, de *Cahagnes*, de *Douvres*, du *Quesnay*, d'*Anguerny*, d'*Asnières*, les dîmes des forêts de *Neuilly*, *du bois d'Elle*.....

Il n'avait pas moins de zèle pour favoriser l'établissement des abbayes. C'est ainsi que, à son retour de Rome en 1145, il fonda, de concert avec Simon de *Bosville*, l'abbaye du *Val-Richer* qui avait déjà été établie dans la forêt de Souleuvres en un lieu stérile. Il donna au Plessis, du consentement du chapitre, la prébende de *St-Jean-le-Blanc* et le *champ Osbert* où fut bâti le monastère. Il fit aussi de nombreuses donations à Ardennes. Sa bonté n'excluait pas la vigueur, et il ne faut pas croire qu'il reculait devant l'accomplissement d'un devoir même pénible. Il sut avec énergie faire rentrer dans l'obéissance les moines de Troarn qui voulurent par deux fois se soustraire à sa juridiction légitime. Il sut aussi, par son autorité, ramener la paix et la concorde dans sa propre famille. Son neveu Robert de Coulombières avait tué sa cousine Béatrix : grâce à son intervention, il obtint du roi le pardon du meurtrier, mais il l'obligea d'augmenter le revenu de la prébende de *Coulombières* en lui donnant le fief qu'il y possédait afin de faire prier pour le repos de l'âme de Béatrix.

Enfin, dès qu'il eut rétabli l'ordre dans les biens de son église, il put commencer en 1159 à réédifier la cathédrale. Il employa tous ses soins à ce grand travail. Ce fut lui qui acheva les tours, bâtit la nef sur les arcades romanes; mais il ne put achever cette grande œuvre qui ne fut complète que sous l'épiscopat de Robert des Ablèges.

En 1154, il passa en Angleterre pour assister au sacre du roi Henri II; il s'y trouva avec l'archevêque de Rouen, avec *Arnufle*, évêque de Lisieux, *Herbert*, évêque d'Avranches, et signa l'acte immédiatement après son métropolitain. En 1161, il reçut à Bayeux, avec toute la magnificence qui lui était due, ce prince qui voulait, par sa présence, effacer le souvenir des ruines que le comte de Thorigny avait accumulées.

Les souverains pontifes profitèrent de son expérience, et connaissant son habileté lui confièrent plusieurs missions fort difficiles, ce qui l'éloignait souvent de son diocèse; aussi son chapitre craignant de se voir enlever un tel père fit écrire au souverain pontife par *Arnould*, évêque de Lisieux, afin de le supplier de le rendre à ses ouailles. Il faut lire les termes émus avec lesquels il le réclame et les louanges qu'il lui prodigue ! *Supplicat cum eis quisquis antiqua ecclesiæ detrimenta cognovit, quam ille de pulvere divitem, de contemptibili venerabilem, de ignobili reddidit gloriosam.....; homo enim consilii et fortitudinis est, potens in opere et sermone, in regalibus consiliis ex negotiis ecclesiasticis acceptus et efficax.....*

Mais les malheurs du temps le décidèrent à se retirer dans la solitude pour y achever dans le calme et la retraite une vie si bien remplie. Il avait choisi la célèbre abbaye du Bec et y avait envoyé déjà cent-quarante volumes de sa bibliothèque, chiffre énorme pour l'époque et qui témoigne de son zèle éclairé pour la science et les belles-lettres; mais il n'eut pas le temps de s'y rendre et fut surpris par la mort le 7 février 1163. Il fut inhumé au pied de la tour du nord : son tombeau formé d'une plaque de marbre gris fait face à celui de Richard II.

Il existe aux archives du Calvados un petit fragment malheureusement presqu'informe du sceau de Philippe d'Harcourt. La rareté des sceaux de cette époque nous a engagé à le reproduire quelque incomplet qu'il soit. Il est attaché sur double queue de soie verte et rouge passée *transversalement*. Il est de cire jaune dans laquelle on a pétri du vermillon grossièrement écrasé. On voit l'extrémité de la dalmatique, les deux genoux du prélat assis sur un siége. Le tout a été recouvert d'un vernis foncé et brillant. Il n'y avait pas de contre-sceau. On peut rapprocher ce fragment de sceau de celui de Richard III, évêque d'Avranches en 1171. C'est le même faire, le même dessin barbare. L'un comme l'autre devaient être en *cuvette* c'est-à-dire avec les bords saillants pour préserver l'effigie centrale.

Archives du Calvados.

T. I. Aunay, p. 84. *Confirmation du don fait par G. du Mesnil de 50 acres de terres sises à la* Lande.

Ste-Barbe, p. 120. *Lettres du bailli de Caen attributives du patronage de* Ste-Croix-sur-Mer *et* Doux-Marais.

Évêché de Bayeux, p. 180. *Confirmation des dîmes et terres d'*Agy, *données par Gilbert d'Évreux à Ste-Barbe.*

St-Étienne, p. 276. *Lettres de Rotrou, archevêque de Rouen, attribuant à St-Étienne le patronage de* Bretteville-l'Orgueilleuse.

St-Jean de Falaise, p. 322. 1162 *témoin d'une donation du roi Henri II de bois de chauffage et de construction à prendre en la forêt de* Gouffern *et d'une foire annuelle de six jours à la St-Michel.*

T. II. Plessis-Grimoult, p. 60. *Bulle du pape Alexandre III, datée de Tours 1162, portant confirmation des dispositions prises par l'évêque en faveur du prieuré.*

Bulle du pape Eugène, datée de Rome, confirmant les donations des églises de Campeaux, Feuguerolles *et* Bursy.

P. 61. *Témoin de la charte du roi Henri II, confirmant la fondation du prieuré du Plessis par Sanson, et les donations de Philippe, évêque de Bayeux, lors de la dédicace de l'église, et imposant 100 livres d'amende à ceux qui y mettraient obstacle.*

P. 64. *Confirmation de toutes les donations faites au Plessis, avec cette terminaison* : Sit anathema maranatha.— *Fragment de sceau.*

Don, en 1153, de la prébende de St-Jean-le-Blanc, en la cathédrale, en faveur du prieur du Plessis, qui, comme chanoine, doit y faire sa semaine.

P. 65. *Droit accordé aux chanoines de* Champ-Osbert *de vendre et d'acheter sans redevances dans tous les domaines de l'évêché.*

P. 69. *Confirmation par Guillaume, doyen, et par le Chapitre de la donation de la prébende de St-Jean-le-Blanc.*

P. 70. *Confirmation de cette donation par Hugues, archevêque de Rouen.*

P. 91. *Témoin des lettres données à Argentan pour faire jouir Nicolas, abbé du Plessis, de l'aumône de* Malestrée, *donnée par Alvérede la Bigotte.*

P. 94. *Lettres de Roger de Magneville confirmant la donation de l'église de* Montchauvet, *faite par Étienne, son père.*

P. 100. *Don de l'évêque de l'église de* Campeaux ; *cette charte se termine ainsi :* Quisquis autem iis super hoc injuriam fecerit vel injuriam facientibus auxilium impenderet sit anathema maranatha.

P. 102. *Confirmation du don de l'église de* Burcy, *fait par Richard de Roloux et Zacharie de Burcy.*

P. 104. *Confirmation du don du même de l'église de St-Martin de* Roloux, *de 100 acres de terre sujètes à la fourniture d'un cheval et d'un écuyer, de la dîme et du pâturage du bois de Roloux, de 30 sols sterling de rente.*

P. 106. *Attestation du don de Philippe de Cahagnes de la chapelle de St-Martin de* Feugueray, *avec la dîme des terres et moulins.*

P. 120. *Confirmation de la donation de Raoul de Clinchamp de deux gerbes de la dîme des fiefs de Donney.*

P. 131. *Don de l'église de* Feuguerolles, *à l'exception des deux gerbes qui appartenaient au Chapitre.*

P. 139. *Confirmation des dons de Ranulfe Graverend.*

P. 153. *Confirmation du don et dîme de l'église de* Planquery *par Roger Bacon, pour l'accord fait entre Philippe de Colombières et l'évêque au sujet de la mort de Béatrix, sa nièce.*

Le Val, p. 265. *Déclaration de R., abbé de St-André-de-Gouffern, du dépôt sous sa garde d'une charte de Ph., évêque de Bayeux, attribuant à l'abbaye du Val l'administration des biens de la léproserie du* Bois-Halbout.

Cartulaire, p. 427. *Lettres de Henri II sur la remise de la terre de* Douvres *entre les mains de l'évêque de Bayeux pour une somme de 30 livres, monnaie d'Anjou, que doivent rendre Geoffroy de Clinton ou ses héritiers.*

P. 437. *Lettres du même ordonnant de rendre à l'évêque de Bayeux* banlevam suam de Cambremer.

P. 438. *Lettres données à Bayeux, concernant l'affranchissement de tous les biens de l'évêché.*

Lettre de l'abandon de Guillaume Le Gras de sa terre de Ancariis, *moyen en XX marcs d'argent.*

Lettres pour faire jouir l'évêque de tous les biens de l'évêché dispersés ou aliénés depuis la mort d'Odon.

P. 439. *Lettres dattées de Rouen pour la mise en possession de la* leugata de Cambremer.

Serment de Richard du Hommet, relevant de l'évêque.

Dons de la terre de Carchenneio *et de* Violleia.

P. 440. *Réintégration dans les droits de sens sur les maisons de Caen.*

P. 441. *Accord entre l'évêque et Ph. de Coulombières pour la mort de Béatrix.*

P. 442. *Mise en possession des coutumes de la forêt du Vernet, etc.*

P. 443. *Lettres de 1146 accordant divers fiefs.*

P. 445. *Accord fait, en 1147, au sujet de la prébende de* Colombières.

P. 446. *Transaction au sujet de l'église de* Cambremer.

Accord entre l'évêque de Bayeux et Jocelin, évêque de Salisbury. Le premier donne pour cela bracium unum aureis laminis coopertum et lapidibus pretiosis adornatum et x marcas argenti. *Cette charte est datée de Reims.*

P. 447. *Accord sur une contestation au sujet d'un fief sis à Douvres.*

P. 449. *Divers actes concernant la sous-chantrerie et l'église de* Sommervieu, *de 1146 à 1166.*

Archives de la Manche.

Savigny, ch. IV. *Confirmation, en 1151, du don de la terre d'Escures.*
Concedentibus predecessoribus meis Ricardo scilicet episcopo filio Sansonis et Ricardo episcopo filio comitis.

 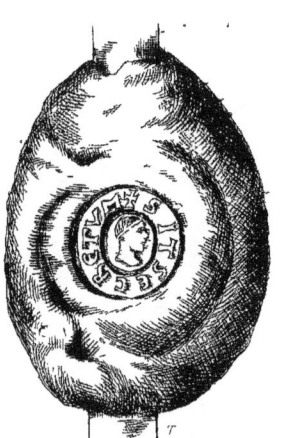

XXXIV.

HENRI, IIᵉ DU NOM.

1165-1205.

Henri II, roi d'Angleterre et duc de Normandie, qui ne se faisait aucun scrupule de prolonger la vacance des évêchés de son royaume, afin d'alimenter son trésor avec leurs revenus, laissa passer près de deux années avant de nommer un successeur à Philippe d'Harcourt. Son choix tomba sur un anglais de nation, sur Henri, doyen de l'église de Salisbury, et cette nomination fut ratifiée par le Pape. Ce prélat, jeune encore, dans la position si difficile faite alors à l'épiscopat, au milieu de guerres déloyales et souvent fratricides, sut mériter la faveur des princes en accomplissant tous ses devoirs. Nous le voyons sans cesse signer les chartes octroyées par le Roi qui le retenait à sa cour et l'employait dans des missions délicates. Il fut l'un des signataires de la paix de Gisors et assista à l'hommage du roi d'Angleterre fait au roi de France pour le duché de Normandie. Henri II, par son testament en 1182, le chargea avec Rotrou, archevêque de Rouen, de garder et d'employer les C marcs d'or qu'il destinait à doter de pauvres filles. Peu après, il passa en Angleterre pour appaiser les troubles occasionnés par l'ambition et l'avarice du Régent pendant le séjour de Richard Cœur-de-Lion en Palestine.

Mais ces importantes occupations ne l'empêchaient pas d'apporter tous ses soins à faire respecter la dignité ecclésiastique et la vie religieuse. Aussi, témoigna-t-il hautement sa douleur et son indignation quand il apprit le meurtre de Thomas, archevêque de Cantorbéry, assassiné par quatre gentilshommes partis de *Bur-le-Roy* pour *délivrer le roi de cet ennuyeux censeur*. Il assista à la réunion d'Avranches où les légats du Pape firent l'information et, après la soumission du coupable, signa l'acte d'absolution du Roi qui le proposa même pour remplir ce siége encore vacant.

Il faudrait un volume entier si l'on voulait énumérer toutes les chartes qu'il a signées ou confirmées, toutes les donations qu'il a faites ou autorisées. La fin du XII° siècle et le commencement du XIII° virent s'accentuer encore ce grand mouvement religieux dont nous avons déjà signalé le développement. Au milieu de ces guerres intestines et sans cesse renaissantes, l'influence du Clergé se fit puissamment sentir et contribua à sauver la civilisation en favorisant l'établissement de nombreuses abbayes.

En 1168, il souscrivit à la fondation de l'abbaye de *Longues*, située entre Bayeux et la mer; en 1177, il assista à la dédicace de l'église du *Bec* et à celle d'*Aunay* en 1190. Il avait aussi souscrit aux priviléges de *St-Étienne* (1172). Ce fut lui qui, en 1181, consacra l'église de l'abbaye du *Vœu*. En 1200, il autorisa la fondation, pour 10 lépreux, d'un hôpital dans la paroisse de Cesny, qu'il donna à l'abbaye du *Val*. Il établit dans sa cathédrale une confrérie qui rendit les plus grands services en se consacrant aux soins des pauvres et des malades. Dans l'*Antiquus cartularius ecclesiæ Bajocensis*, on trouve (n° 47) le texte des statuts de celle qu'il rétablit pour contribuer à l'achèvement des travaux de la cathédrale et qu'il étendit à toutes les paroisses du diocèse où l'on devait faire une quête, *ad maturandam hujus operis perfectionem*. Il accorda des indulgences à tous ceux qui, pendant 5 ans, s'engageraient à donner 6 deniers. Il décida aussi, d'accord avec son Chapitre, que les revenus des prébendes seraient acquis à la fabrique, l'année qui suivrait le décès d'un chanoine.

Il assista, en 1189, au Concile de Rouen qui s'occupa de rétablir la discipline ecclésiastique et de réformer les mœurs. L'année précédente, il avait obtenu du pape Lucius III, une bulle pour révoquer le statut du pape Urbain II, qui obligeait les évêques de Bayeux et les chanoines de la cathédrale de se faire enterrer au prieuré de St-Vigor. Enfin , Alexandre III lui donna le pouvoir d'excommunier les laïques qui voudraient retenir les dîmes des biens d'Église. Lui-même apporta tous ses soins à administrer les revenus de sa cathédrale, à les augmenter, ainsi que ceux des dignitaires. C'est ainsi qu'il enrichit les prébendes de *St-Pierre* de Caen et de *Port,* qu'il donna à son Chapitre le patronage de *Cardonville*, les dîmes de *St-Georges,* de *Longvillers.* Il donna aussi plusieurs maisons et jardins pour augmenter la résidence du doyen, à la condition *de donner aux clercs de l'église, tous les ans, cinq livres monnaye d'Angers pour faire un service pour le repos de son âme et vingt sols pour estre employés au pain qu'on devait distribuer aux pauvres.* Son expérience et son habileté étaient fort appréciées du souverain pontife. A son retour de Rome , il fut en effet choisi avec l'Évêque de Tournay pour terminer le différend qui recommençait sans cesse entre l'Archevêque de Tours et l'Évêque de Dol qui se prétendait, à tort décida-t-on, exempt de sa juridiction.

Il vécut assez pour voir la Normandie réunie à la couronne de France, après qu'elle eut été confisquée sur Jean-sans-Terre, déclaré par arrêt de la cour du royaume, atteint et convaincu de parricide et de félonie. Enfin, après avoir gouverné l'église de Bayeux pendant quarante années, il mourut en 1205 et fut inhumé dans le chœur de la cathédrale devant le lutrin de cuivre. On fait tous les ans son obit le 15 février, date probable de sa mort.

Grâce au nombre vraiment prodigieux de chartes que l'on possède de ce long épiscopat, il existe encore plusieurs spécimens du sceau d'Henri. On en trouve six exemplaires au moins aux archives du Calvados sans compter ceux des archives nationales et de la Manche. Ces sceaux sont en général fort bien conservés, ce qui nous a permis d'en *restituer* un complet dans toutes les parties de sa légende. La cire verte dont ils sont presque tous formés est d'une grande finesse et a acquis une *patine* superbe. Il y en a aussi en cire brune recouverte d'un vernis noirâtre.

Ce sceau est à la fois remarquable par sa belle exécution et sa composition. Il est de forme elliptique et mesure 0,075^m sur 0,050^m. Il représente un évêque assis sur un siége décoré de volutes d'orfévrerie parfaitement accusées. Il porte une mitre, vue de côté, comme dans la plupart des sceaux d'évêques au XIIe siècle. Le prélat bénit de la main droite et tient de la gauche une crosse à volute très-simple et tournée en dedans. Jusqu'à cette époque, il n'y avait pas eu de règle pour la position de la crosse, mais, en 1185, lorsqu'on accorda aux abbés les ornements pontificaux, il fut décidé que la crosse des abbés serait tournée en dedans comme celle-ci et non en dehors comme seront désormais celles des évêques. Le manipule attaché au bras gauche est bien visible. La chasuble est déjà longue, les plis en sont fins et serrés comme à l'époque byzantine. Au milieu et autour du cou se trouve un orfroi décoré de broderies concentriques, la dalmatique est garnie de même par le bas et l'aube descend à plis multipliés sur les pieds qui reposent sur un escabeau. La légende du sceau est : † HENRICUS DEI GRA' . . . BAIOCENSIS EPISCOPUS. Les lettres sont romaines sauf l'*h* qui est déjà en caractères onciaux. Les quatre *s* du côté gauche de la légende sont tournées à l'envers par l'inadvertance du graveur.

Le contre-sceau, suivant un usage assez général à cette époque, nous offre un camée antique enchâssé au milieu d'une légende avec ces mots : † SIT SECRETUM. La tête imberbe porte des cheveux plats serrés par un bandeau. Il est de forme ronde et mesure 0,020^m.

Il existe à la bibliothèque nationale dans un *Manuscrit coté* 17,024, folio 3 et 5, deux dessins de ce sceau dus à Gaignères. Ils ne diffèrent entr'eux que par le siége où est assis l'évêque : l'un est décoré de *têtes de dauphin*, l'autre de *volutes peu nettes*. La légende a été copiée exactement quant au texte, mais les lettres sont sans caractère. Le contre-sceau a été très-mal rendu, la tête *tournée à gauche* a été *coiffée d'un bonnet*, et on lit autour : SECRETUM MEUM. Mais ces quelques défectuosités ne sont rien en comparaison des erreurs que le graveur de M. Léchaudé-d'Anisy a commises dans la planche III de l'atlas des chartes du Calvados, publiées en 1834. Tout est fantaisie : vêtements, texte, écriture. L'évêque porte *un manipule à chaque bras*. La légende du contre-sceau notamment a été écrite *à l'envers et par le côté*.

Une charte de *Auda du Bourg*, veuve de Guillaume d'Argouges Chevalier, accordant à l'abbaye de Longues, du consentement de l'évêque Henri, le droit de la moitié du patronage de *Castillon*, porte cette mention : *Datum Bajocis sub sigillo magno curie nostre episcopalis baiocensis*. C'est la première mention du sceau de l'officialité que nous étudierons bientôt dans ses différentes formes.

Archives Nationales, n° 6499. *Charte sans date pour l'abbaye de Savigny. Le sceau est de cire couleur brique rouge.*
Archives du Calvados. T. I. Ardennes, 1165. *Don et confirmation de la dîme de* St-Germain-la-Blanche-Herbe.
    1198. *Don de l'église de* St-Contest d'Authie *sur la présentation de* Roger de Coignères.
    Reconnaissance du don de Guillaume Bacon du patronage du Breuil *et de* Blay *pour l'entretien de trois chanoines.*
    1191. *Confirmation datée de Rouen d'un accord entre Paul de Baron et l'abbaye.*
Aunay. *Témoin du don de Richard du Hommet de la terre de la* Ferrière-du-Val.
Confirmation des dons de Robert de Saint-Rémy. — Sceau.
    1196. *Confirmation des dons de Gilbert de Villiers. — Sceau. — Don du patronage de* Maisoncelles *par Symon Pellevé.*
Ste-Barbe. *Confirmation du don de Roger Malfilastre et de Guy de Boswiller de l'église de* Cottun.
    1192. *Confirmation de cette donation par Thomas Malfilastre et Eudes, son fils*, jam miles.
    1196. *Id. du don de Raoul de Gouviz de l'église* Ste-Marie-de-Gouviz.
Barberie. *Témoin de la charte de Théobald du Moulin donnant des terres sises à* Moulin ; *charte déposée sur* l'autel de Barberie.
Évêché de Bayeux. *Don aux chanoines d'un pré dépendant de son domaine, pour les aider à réparer leur moulin de* Vaux-sur-Aure.
Confirmation d'un don de 40 sous pour la prébende de Carti-gny, *de 2 septiers de froment et d'orge en faveur des pauvres de* Bayeux.
Don au doyen du Chapitre des maisons de Conan, *jadis trésorier, moyen en* 6^{tt} *d'Anjou de rente, dont 20 s. aux clercs le jour de*

son anniversaire et 20 s. aux pauvres le même jour. Sceau de cire verte.

St-Étienne. 3 chartes mentionnant la confirmation des droits, priviléges et immunités accordés à St-Étienne par les rois d'Angleterre, les seigneurs et les prélats ses prédécesseurs. — Sceau.

Don et confirmation de la dîme de Sept-Vans et autres lieux.

Confirmation du don de la partie du patronage de Garcelles qui appartenait à Guillaume de Garcelles.

Lettres cyrographes confirmant cette même donation.

Charte de Richard, roi d'Angleterre et duc de Normandie, confirmant les donations de ses prédécesseurs et y ajoutant de nouvelles. — Henri témoin.

Charte de Henri instituant un vicaire pour desservir l'église de Secqueville; il devait jouir de la dîme de la laine, des pommes, du chanvre, des agneaux et payer 40 s. d'Angers et 30 chandelles à la Purification.

St-Jean de Falaise. Il atteste avoir vu la charte de Théobald du Moulin donnant le bois de la Bruyère et d'autres terres.

Fontenay. Lettres par lesquelles il concède, à Me Ranulfe de Thury, l'église de Ste-Marie-d'Esson, que Jourdain Taisson avait remise entre ses mains.

Information pour un cimetière, près de la chapelle Ste-Marie-de-Thury, destiné aux lépreux, à l'exclusion de tous autres.

Confirmation du don de Robert Fitz-Erneiz de l'église de Ste-Marie-de-Cernay.

Accorde à cette abbaye le patronage de Pont-d'Ouilly, que réclamait celle du Val.

Confirmation du don du patronage de St-Germain-de-Cauvicourt fait à Ste-Barbe.

Confirmation du don d'un pré situé sur le fleuve d'Oulne, à Caen.

St-André-en-Gouffern. Témoin de la charte du roi Henri II confirmant les donations du fondateur, Guillaume de Ponthieu.

Confirmation de dons faits, à Bretteville-le-Rabel, de 20 acres de terre, etc.

Témoin du don de Robert de Rye, des églises de Rye et St-Pierre-de-Pierrefitte.

T. II. Longues. Témoin, en 1186, de la fondation par Hugues Wac, et de la confirmation par le roi Henri II, ainsi que des diverses donations de ce prince.

Confirmation du don de l'église St-Laurent-de-Longues fait par Hugues Wac, ainsi que de celle de Rubercil.

Confirmation du don de l'église St-Pierre-d'Arromanches *fait par Guillaume d'Arromanches et Guillaume et Henri de Graye.*

Confirmation du don de la 1/2 du patronage de Rye *par André de Vitré.*

Confirmation des dons de 4 gerbes à Rye par Guillaume Le Forestier, Richard Banast, etc.

Confirmation du don d'une masure à Rye par Robert de Vitré.

Confirmation du don de St-Laurent-de-Marigny *fait par Alvérede de Soligny et Réginald de Marigny.*

1188. *Abandon devant l'évêque des droits qu'Odon du Mesnil élevait sur cette église.*

Confirmation du don de la 1/2 de Vaux-sur-Aure *par Cécile de la Ferrière.*

Confirmation du don de Vierville *par Guillaume de Vierville et Radulfe d'Agneaux.*

Confirmation du don de St-Martin-de-Blagny *par Guillaume Bacon et Radulfe d'Agneaux.*

Confirmation d'une partie de Castillon *faite par Aude, femme de Guillaume d'Aguerny.*

Confirmation du don de St-Pierre-de-Vidouville *par Thomas Malfilastre.*

Confirmation du don de la 1/2 de Ste-Croix-Grantonne *par Thomas d'Agneaux.*

Charte confirmative des donations faites à Longues par diverses personnes.

Confirmation du don de 2 gerbes, du fief d'Oistreham par Denise, femme de Guillaume de Tor, chevalier.

Confirmation du don d'une terre sise près le Pont-Ilbert.

Confirmation du don d'une demi-acre de terre à Agy *par Muriel, femme d'Osbert de Mercy.*

Plessis-Grimould. *Charte du roi Henri confirmant la donation du bois de Montpinçon faite par l'évêque Henri.*

*Affranchissement de tout droit épiscopal de l'église d'*Yvrande*, donnée par le roi.*

Confirmation des donations de Richard et Philippe, ses prédécesseurs, et de l'affranchissement des coutumes et droits sur ses domaines.

Lui et son Chapitre confirment la donation de 19 paroisses, qui seront desservies par les chanoines du Plessis.

Résignation entre ses mains de la portion de l'église St-Exupère *tenue du Plessis par Jean de Condé, chanoine.*

Don de 30 acres de terre du fief de Formigny.

Confirmation des donations des dîmes de Flers, etc.

Don de l'église de Soleure avec ses dépendances, sauf les bois.

Confirmation du don de la terre de Crespigny par Guillaume de Méheudin.

Confirmation du don de l'église de Perrigny par Guillaume Poisson, à condition que son fils Henri sera reçu chanoine.

Confirmation des donations de Philippine du Rosel des églises, dîmes, etc., de Sta-Maria-de-Atreio, de St-Vigor-des-Maiserets, de St-Pierre et de St-Martin-de-Rosel. — Consentement de Robert Patrix, son mari.

Don de l'église de Ste-Marie-de-Souleuvres et, pour l'entretenir, de bois nécessaire à leur chauffage, leur moulin à foulon et le merrain pour la couverture de leur maison, droit de pâturer les porcs dans ses forêts de la Besace.

Don du patronage de l'église de Carville et de 2 gerbes de la dîme, du consentement de Raoul de Carville et de son fils.

1169. Confirmation du don de la moitié de l'église de Bernières faite par Gislebert. Charte souscrite au Plessis.

Déclaration de l'abandon fait au Plessis de l'église St-Christophe-d'Enfernet. — Cette charte, lors d'un procès en 1478, fut privée de son sceau, et le vicomte d'Avranches reconnut que l'on devait y ajouter foi comme si le sceau était intact.

Confirmation du don de Roger d'Amondeville des églises et dîmes de St-Martin-de-Feugueray, St-Christophe-d'Enfernet et St-Pierre-de-Beauchesne, et d'une pièce de terre à Ingoville, cum vineis et sine vineis.

Consentement au don de son Chapitre des églises du Fresne et de Montsecret moyen en 30 sols angevins de rente due au Chapitre de Bayeux.

Confirmation du don de Richard de Champernon aux chanoines d'Yvrande.

Confirmation du don de l'église de Colombelles par Hugues de Coulonces.

1175. Nomination de Robert de Noyers à l'église de Noyers.

1193. Confirmation du don de l'église de Mondeville.

Confirmation du don de Guillaume Le Roux d'une terre sise à Fontaine-Étoupefour.

Don d'une terre sise à Douvres pour un demi-muid de froment. — Parmi les témoins figure Henri, neveu de l'évêque.

Confirmation du don de St-Germain-de-Boisdelle par Thomas Malfillastre.

1190. *Alain de Cambes abandonne à l'évêque ses droits sur l'église de la* Cambe.

Guillaume du Hommet donne au Plessis ses droits sur cette même église.

L'évêque confirme ces donations et celles du roi, de la Cambe, *de* St-Clément *sur le Val-de-Vire, avec les dîmes, etc.*

Don par l'évêque de la terre de Crabard pour une rente d'une livre de poivre et d'une livre de cumin. — *Hugues donne au Plessis cette même terre* in articulo mortis.

Troarn. *Confirmation de la donation de la chapelle* St-Rémy-de-Folletot *par Robert de Banneville, du patronage d'*Airan *par Robert d'Airan, et d'autres dons, etc.*

Nomination à deux parties de l'église de Demouville *sur la présentation de l'abbé.*

1196. *Bénédiction, avec l'autorisation de Henri, par Jean, évêque de Bath, de la chapelle du bois de Troarn.*

Le Val. 1167. *Confirmation en sa présence, par les fils de Guillaume de La Pommeraye, des donations de son père, et don des églises de* St-Omer, *de* Bonœil, *d'*Angoville, *du* Bô, *de* St-Clair, *de* La Pommeraye, *de* Placy, *etc., faites par lui-même.*

Confirmation du don de Guillaume de Mauvoisin de 2 gerbes de dîme lors de la réception de son frère Alexandre comme chanoine.

Villers-Canivet. *Nomination au vicariat de* Proussy *sur la présentation du comte d'Alençon.*

Nomination à l'église de St-Germain-Langot. *Sceau.*

Cartulaire de Bayeux. *Confirmation par le roi de l'accord fait entre l'évêque et Robert d'Isigny touchant l'église de ce lieu.*

Don à l'église de Bayeux des églises de Gavrey, *du* Mesnil-Amand, *de* Ver.

Reconnaissance des coutumes de Neuilly et Isigny par les jurés.

Confrairie pour l'achèvement de la cathédrale.

1169. *Reconnaissance du don du chanoine Azon, de* totum cantarium *de l'église de* Ste-Marie-du-Mont.

1200. *Règlement d'un différend au sujet des églises de* Colombières *et* Brucheville, *dépendant de la prébende de Colombières.*

1176. *Confirmation du don de Robert, prêtre, de 2 parties de l'église de* Surrehein.

Reconnaissance des dons faits à St-Denis-de-Cambremer *lors de la dédicace de cette église.*

Bref au sujet de la maison de pierre de la trésorerie de Bayeux.

Archives de la Manche. Savigny. *Don, en sa présence, de 3 acres de terre par les enfants de Guillaume du Marché.*

Reconnaissance des droits de l'abbaye sur les dîmes de Vilers, *que contestait Gaufride de Vilers. — Parmi les témoins, on trouve* Galtero fratre episcopi baiocensis.

1177. *Abandon de l'église de* Gooville *par Robert de Rosdoit.*

Confirmation des donations de Ruault fils Robert Ruault.

1179. *Charte datée de* Baiocensis, *par laquelle il autorise le don de la dot d'Eremberge, mère de Ruault.*

Fixation des droits de l'abbaye sur la terre Marie de Buceleio.

Confirmation de toutes les possessions de l'abbaye dans le diocèse, parmi lesquelles figure l'église de Landisac, *donnée par Richard, évêque de Baieux.*

Confirmation d'autres donations.

Don de Raoul Lupus *pour son admission comme moine lui, son fils Raimond et sa fille Mathilde*, quœ se dedit deo et custodie monachorum Savigneii ad vivendum sub habitu religionis.

Confirmation de la terre de Bruyère faite par Radulfe Hurel.

1192. *Échange fait entre Savigny et le Chapitre de Bayeux de la terre d'Escures.*

Confirmation du don de l'église St-Pierre-d'Entremont.

Don de 2 gerbes de la dîme de Plana-Sylva.

Don de 2 gerbes de la dîme de l'église St-Pierre-d'Entremont.

Nomination pour l'église de Vilers *sur la présentation de l'abbé.*

1182. *Confirmation de donations faites à l'abbaye.*

Courceulles. *Nomination de Jean* Rufus *à l'église de* Courceulles *sur la présentation de Robert de Courceulles.*

Montmorel. *Abandon du droit d'Hasculfe de Soligné sur l'église de Courceulles et reconnaissance de la nomination de Jean* Rufus, *qui s'engage à payer 20 sols angevins et 10 chandelles à la Purification.*

Reconnaissance par l'évêque de la nomination de Jean Rufus. — *Il y est parlé de 30 sols angevins de rente.*

Vers 1163. *Confirmation du don des églises de* Courceulles, Guilberville *et* Bény *fait par Jean de Soligné et Hasculfe-le-Vieux, son fils. Sceau.*

Nomination à l'église de Guilberville *de Guillaume, clerc ; il s'engage à payer au couvent 6 livres et 10 sols angevins de rente.*

1186. *Témoin de l'échange fait entre Richard I et Gauthier de Dieppe au sujet des Andelys réunis au duché.*

Dans le livre rouge de l'Échiquier, l'on trouve le nom de ceux qui devaient service au roi de France, à cause des fiefs de chevalier du temps du roi Henri II : Episcopus Baiocensis 20 milites et ad servitium suum 1120 d.

Le nombre des fiefs relevant de l'évêché de Bayeux était de 119, præter vavassoria et dominica. On y lit aussi ces renseignements curieux : Episcopus Baiocensis debet invenire 10 optimos milites ad servitium regis francorum per 40 dies et ad eos procurandos debet capere in unoquoque feodo militis 20 sol. rothomag. monetæ. Cum autem invenit duci Normanniæ 40 milites per 40 dies debet capere in unoquoque feodo 40 s. prædictæ monetæ et nihil amplius. Ad servitium vero episcopi debent omnes esse parati armis, equis et unusquisque miles debet feodum suum relevare de morte patris sui per 15 lib. rothomag. monetæ vel per equum et loricam. — V. *Ducarrel.*

XXXV.

PIERRE, 1ᵉʳ DU NOM.

1205-1206.

Pierre Iᵉʳ, dont on ignore le nom de famille, n'occupa qu'une année le siége de Bayeux, car il mourut en 1206.

On sait seulement qu'il eut un différend avec *Robert*, 7ᵉ abbé de Troarn.

C'est le seul acte de son épiscopat dont le souvenir soit parvenu jusqu'à nous.

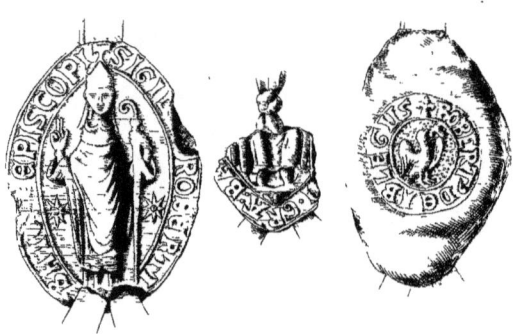

XXXVI.

ROBERT DES ABLÉGES.

1206-1231.

Le successeur de Pierre I fut Robert des Abléges, fils de Drogon de Hauteville, descendant de ce normand qui, en 1044, était allé conquérir la Pouille et la Calabre. Dès son jeune âge, Robert donna les plus grandes espérances, aussi pieux qu'instruit il se destina à l'état ecclésiastique. Nommé chanoine de Bayeux, il n'était encore que sous-diacre quand une partie du chapitre l'élut pour évêque. Guillaume, chanoine de Paizerolles, et Richard, devenu depuis doyen, se partagèrent les autres voix. Mais cette triple élection fut cassée par le pape et alors Robert réunissant la majorité des suffrages fut élu canoniquement. Il se rendit de suite à Rouen où il reçut l'ordre de la prêtrise et le lendemain la consécration des mains de son métropolitain Gaultier archevêque de Rouen, les 25 et 26 février 1206.

Plein d'une foi ardente et digne héritier de son nom, il prit avec ardeur part au grand mouvement religieux de son siècle. Soldat du Christ, il se mit lui-même à la tête des troupes que, comme seigneur laïque, il devait fournir à l'armée du roi pour faire la guerre aux Albigeois commandés par ce comte de Toulouse, qui venait de faire assassiner Pierre de Chateauneuf, légat du pape. Il s'y trouva avec l'archevêque de Rouen, les évêques de Lisieux, de Sées, de Paris, de Chartres, de Beauvais et avec tous les principaux seigneurs du royaume, réunis sous la bannière de Louis, fils aîné du roi de France Philippe-Auguste.

Peu après, en 1215, à la voix du pape Innocent III, prêchant au concile de Latran la croisade contre les infidèles qui s'étaient emparés des Lieux Saints, il prit la croix, conduisit lui-même ses troupes en Palestine et assista à la fameuse bataille d'Acre, qui délivra cette ville du joug des Mahométants. De retour en France, il repartit encore contre les Albigeois qui, pleins d'une infernale audace, menaçaient encore de troubler la paix publique. Mais ce zèle, cette fougue naturelle qui l'entraînait au loin, ne faisaient qu'augmenter son désir de favoriser la religion dans son diocèse. Aussi, à son retour de la croisade contre les Albigeois, en passant par Villefranche en Beaujolais, il prit plusieurs disciples de saint François, entre autres, le B. Grégoire Lombard qu'il amena avec lui à Bayeux et auquel il donna la chapelle Ste-Marguerite ; puis, quelque temps après, aidé de Jean d'Arry, chanoine de Bayeux et de Guillaume Hamon, baron de Campigny, il leur bâtit un monastère à St-Loup. Le 21 avril 1210, il consacra l'église de l'abbaye du Val-Richer qu'avaient enrichie les dons de Gosselin de La Pommeraye, puis celle de Savigny au diocèse d'Avranche.

En 1216, il ratifia la fondation de la Belle-Étoile de l'Ordre des Prémontrés, faite l'année précédente par Henri de Beaufou.

Puis, nous le voyons en 1219, recevoir la fondation de Guillaume Acarin, riche habitant de Grainville qui, de retour de son pèlerinage à Jérusalem avait fait vœu de bâtir à Caen une église du St-Sépulcre. Il y établit dix prébendes et nomma doyen Guillaume Acarin, qui s'était fait prêtre lui-même. Le droit de nommer à ces prébendes appartenait alternativement à l'évêque et au doyen. Cette église fut démolie de fond en comble par les protestants en 1562, mais l'institution subsista jusqu'à la Révolution.

Non moins disposé à soulager les misères des pauvres, il fit commencer en 1223 la reconstruction de l'Hôtel-Dieu de Bayeux, que Guillaume-le-Conquérant avait fondé *pour paistre et vestir cent povres aveugles.* Grâce aux donations d'Herbert de *Charmont* doyen et de Hugues de *Maudestour*, chanoine de la cathédrale et il put augmenter les biens de cet établissement, bâtir l'élégante chapelle qui sert actuellement au séminaire et cette belle salle à trois nefs dont l'hôpital d'Angers offre encore un rare exemple. Elle fut démolie en 1823. Il faut lire les termes de dédain avec lesquels un contemporain en parle (1) : *La principale salle des malades exigeait de grandes réparations..., l'aspect extérieur du bâtiment qui ne représentait qu'un énorme pignon sans régularité, était triste et désagréable*. Puis il ajoute ces paroles aussi haineuses que mensongères : *ce travail qui a coûté plus de* 100,000 *fr., commencé en* 1823 *fut terminé en* 1825. *Ainsi la ville de Bayeux vit en deux années terminer des travaux qui au XIII*ᵉ *siècle en avaient exigé* 40 !

Ce fut lui aussi qui aumôna à l'Hôtel-Dieu de Caen un pré situé près de la porte *Millet*. Il mit également la dernière main à l'œuvre de Philippe de Harcourt qui désormais ne subira plus d'autres vicissitudes et sera complétée au XVᵉ siècle par la tour centrale due à la générosité d'un autre membre de cette même famille, le patriarche de Jérusalem.

Ses grandes vertus et son habileté à résoudre les questions difficiles le fit choisir par les Papes en plusieurs circonstances. C'est ainsi qu'il fut établi juge d'un conflit qui s'était élevé entre l'évêque de Séez et le doyen de la cathédrale. Ces mêmes qualités lui méritèrent aussi l'amitié des princes. Il signa, immédiatement après son métropolitain, la lettre collective de l'épiscopal Normand à Philippe-Auguste pour le prier de régler les contestations qui s'élevaient au sujet des bénéfices vacants (1207). Ce prince l'avait en grande estime : il lui donna l'église de *Notre-Dame de Neuville* dans l'exemption de l'évêché de Coutances et peu après la chapelle *Saint-Ouen du château de Bayeux*, réservant la jouissance au doyen qui en était titulaire. Ce fut donc par un sentiment de pieuse reconnaissance qu'il assista aux obsèques de ce prince, qui eurent lieu à St-Denis en juillet 1223.

Libéral autant que pieux, il combla de biens le chapitre de sa cathédrale. Il lui donna *Notre-Dame de Neuville* qu'il venait de recevoir du

---

(1) *Mémoire historique sur l'Hôtel-Dieu de Bayeux*, par Frédéric Pluquet, Caen, 1825.

roi à charge de deux obits par an après sa mort, l'un pour Drogon, son père, l'autre pour lui et d'une aumône de 60 sols aux pauvres, puis en 1210 le patronage de *Notre-Dame des Champs* au diocèse de Rouen, ensuite la dîme des saumons de la rivière de Vire près de son château de Neuilly, la moitié des dîmes de Cully, des bois, des granges, etc., etc. Il autorisa le chapitre à échanger avec le prieur du Plessis-Grimoult le patronage de trois paroisses contre celui de *St-Exupère*, défendit de faire des fondations avec les biens de l'évêché et obtint du chapitre que désormais six des principales prébendes ne pourraient être données qu'à des prêtres ou à des ecclésiastiques en état de recevoir les ordres. Enfin après avoir su sauvegarder ainsi tous les intérêts qui lui étaient confiés, il mourut le 29 janvier 1231 et fut inhumé dans la nef devant le crucifix, près de la grande couronne d'Odon de Conteville. On fait son obit tous les ans le jour anniversaire de sa mort.

Parmi les nombreuses chartes de Robert des Abléges qui sont parvenues jusqu'à nous, plusieurs sont encore munies de leur sceau. Les archives du Calvados en renferment trois; les archives Nationales et celles de la Manche en possèdent aussi.

Le fragment que nous donnons et qui nous paraît le plus ancien des deux, car l'évêque sera désormais debout et non plus assis, est appendu à une nomination pour la paroisse de Courseulles en 1228, pièce cotée H 13,662, aux archives de la Manche. Il est de cire brune et recouvert d'un vernis épais. Malheureusement le nœud qui réunissait la queue de parchemin en a fait tomber la partie supérieure. On ne voit plus que les deux genoux du prélat assis sur un siége, tenant sa crosse de la main gauche et les pieds posés sur un escabeau en cul-de-lampe.

On lit encore... I · GRA : BA.... (*dei gratia baiocensis*). Il ne paraît pas qu'il y ait jamais eu de contre-sceau.

L'autre offre une imitation assez pâle de celui de l'évêque Henri. Il est également de forme elliptique et mesure $0,070^m$ sur $0,045^m$. La cire est de couleur grise ou verte. Il représente un évêque debout, bénissant de la main droite et tenant de la gauche une crosse très-simple et encore *tournée en dedans*. Le manipule n'est pas apparent. La mitre placée de face est garnie au milieu d'une bande accompagnée de pierreries et semble se terminer par la croix de la légende. Le prélat est vêtu d'une chasuble à larges plis peu accusés, garnie autour du cou d'une broderie, mais sans orfroi; la dalmatique était également décorée; l'aube retombe sur les pieds qui reposent sur un escabeau que l'on retrouve indiqué dans les dessins de Gaignères. Dans le champ, au milieu à droite et à gauche, se trouvent deux molettes à huit pointes. La légende porte ces mots : SIGIL.. ROBERTI — BAIO. EPISCOPI — *sigillum Roberti baiocensis episcopi*. Les lettres sont *romaines*, sauf les E qui sont de forme *onciale*.

Le contre-sceau offre au centre une colombe *essorante* tournée à droite et tenant en son bec un *rameau*? Le tout sur un fond pointillé dont on trouve bien peu d'exemples à cette époque. Dans la légende une sorte de lis remplace la croix et précède ces mots : ROBERT. DE ABLEGIIS — *Roberti de Ablegiis*. Les lettres d'inégale grandeur se heurtent les unes sur les autres; deux des E sont en caractères romains. Le contre-sceau, comme presque toujours, est de forme ronde et mesure 0,030^m. — Gaignères a donné un dessin de ce sceau et contre-sceau, M^{us} 17,024, *folio* 7. Il a omis les molettes du champ et le pointillé du contre-sceau. On les retrouve aussi aux n°s 7 et 8 de la planche XI de l'atlas de Léchaudé d'Anisy où ils sont encore plus maltraités. La tête n'y est pas figurée, la dalmatique porte un orfroi, les molettes sont des étoiles à six pointes, et sur la légende on lit :...... VS DEI GRTA — BAIOCE : EPISC. Le contre-sceau n'est pas pointillé.

Archives du Calvados.
    T. I. Ardennes. *Confirmation de la dîme de* St-Contest *par Gaultier d'Agneaux, sauf les* 30 *acres de terre déjà donnés*.
    Confirmation du patronage de Blay *et du* Breuil *donné par Jean de St-Lô*.
    1207. *Confirmation des dîmes de* St-Contest, Baron, Maslon *et* Couvrechef, *données par Philippe d'Agneaux*.
    1210. *Confirmation du patronage de* Ste-Marie-de-Baron, *de la dîme de St-Contest*.
    1231. *Nomination d'un prieur de* St-Contest-d'Athis, *reconnu par*

Thomas, doyen de Rouen (Thomas de Fréauville), *coadjuteur de l'évêque de Bayeux.*

Aunay. 1228. *Confirmation de la dîme de* Ste-Marie-du-Mont *donnée par Richard de Mahéas.*

Certification de la charte de Henri, roi d'Angleterre, affranchissant les religieux d'Aunay de toutes coutumes, péages, etc., tant en Angleterre qu'en Normandie et en Aquitaine. — Sceau.

Longues. 1222. *Don de deux gerbes de* Fontenailles *à l'abbaye et d'une troisième au vicaire de cette paroisse. — Sceau de cire verte.*

Barbery. 1207. *Accord au sujet de la 4ᵉ partie de la dîme de* St-Germain *et de* St-Hermez-de-Fontenay.

Fontenay. *Confirmation de ces mêmes droits, déjà reconnus par ses prédécesseurs.*

1209. *Confirmation du patronage de* Thury *et nomination d'un vicaire avec une pension de 60 livres tournois.*

1214. *Confirmation du don de Mauld de Lande-Patry, veuve de Raoul Taisson, de terres sises au Mesnil-Patry.*

Cartulaire de Longues. *Sellon de Géfosses s'engage devant l'évêque à payer un setier de froment.*

1207. *Confirmation du don de 3 acres sises à* Vaux-sur-Aure, *fait par Cécile de la Ferrière à St-André-de-Gouffern et vendues à Longues pour 15 livres tournois.*

1208. *Confirmation du don de Guillaume et Simon Bacon de la moitié de l'église* Ste-Marie-de-Martragny. *— Du don de Simon de la moitié de* St-Philippe-de-Vaussieu.

1215. *Désistement de Guillaume Latillie du patronage de* Campigny.

1208. *Accord entre St-Sever et Longues au sujet du patronage de* Vaux-sur-Aure *accordé à cette abbaye en échange de terres et rentes.*

1209. *Confirmation de l'église de* Vierville *donnée par Guillaume de Vierville, Radulfe d'Agneaux et Robert de Ver.*

1218. *Confirmation par* Ric. custos, Baiocensis episcopi generalis procurator, *de la donation de Vierville.*

1220. *Don fait par l'évêque de 2 gerbes de blé à* Fontenailles *et approbation du Chapitre.*

1222. *Notification faite à l'évêque du don du patronage de* Fontenailles *fait par Guillaume de Reviers.*

T. II, Plessis-Grimoult. *Confirmation des dîmes d'*Étrepagny, *d'*Étoupefour, *de* Mesnil-Trichart, *du fief de* Say, *des églises de* Noyers, Blanchesne, *etc.*

Approbation des chartes confirmatives de l'évêque Henri.

ÉVÊCHÉ DE BAYEUX. 83

Nomination pour l'église St-Martin-de-Feugueray, *à charge de payer 10 sols tournois de rente au prieuré.*

Confirmation de l'échange entre le Chapitre de Bayeux et le prieuré, du patronage de St-Exupère *contre les églises de* Monsecret, *du* Fresne *et de* Cauville.

Règlement d'un différend avec Jean de Brucourt, qui réclamait, du chef de sa femme, un palefroy *à cause du patronage de* La Cambe.

Ste-Trinité. 1212. *Confirmation de la dîme de Cormelles.*

Le Val. *Témoin de l'accord entre Fontenay et Le Val au sujet de l'administration de la léproserie du* Bois-Halbout.

1209. *Nomination au vicariat de* St-Germain-Langot, *à charge de 20 sols tournois de rente au curé bénéficiaire.*

1212. *Nomination de curé pour cette même paroisse.*

Antiquus cartularius. *Engagement de Guillaume d'Arondel, chanoine de Pezerolles, de fournir l'illumination de la* couronne de l'Épiphanie pendant le temps qu'il possèdera cette prébende.

Don de l'église Ste-Marguerite-de-Neuville *pour son obit.*

Archives de la Manche.

Montmorel, vers 1215. *Confirmation d'un grand nombre de donations faites par Raoul Farsi, Guillaume Avenel, Philippe de Colombières, Ph. du Rosel, Jean et Hasculfe de Soligny, etc.*

1228. *Nomination à l'église de* Courseulles, *sur la présentation de* Montmorel. — *Sceau.*

Bibliothèque Nationale.

Mss. 17024. 1207. *Confirmation des donations de Gaultier d'Agneaux à* Ardennes, *sauf ce qui avait été précédemment donné à* Aunay.

1219. *Nomination, sur la présentation de Jumièges, à l'église de* St-Pierre-du-Manoir. — *Sceau et contre-sceau dessinés.*

XXXVII.

THOMAS DE FRÉAUVILLE.

1233-1238.

Armoiries (1) : *d'azur au chef d'or, un lion de gueules brochant.*

A la mort de Robert des Abléges, le Chapitre de Bayeux, peut-être par reconnaissance des bienfaits qu'il en avait reçus, voulut lui témoigner sa gratitude en lui choisissant pour successeur Thomas de Fréauville, son parent, comme lui descendant de Tancrède de Hauteville. Il était issu d'une souche féconde qui a produit Nicolas, cardinal et confesseur du roi Philippe-le-Bel, enterré dans la chapelle *des Druides* au couvent des Jacobins de Rouen.

Son père Drogon de Fréauville et sa mère Berthe l'avaient élevé avec le plus grand soin et destiné dès son jeune âge au culte des autels. Il fut successivement chanoine, puis doyen de Rouen et en même temps archidiacre d'Amiens. Ces nombreux bénéfices

---

(1) Sur son *portrait*, dans la galerie de l'Évêché elles sont blazonnées : *d'azur semé de fleurs de lys d'or au chef de même chargé d'un léopard de gueules.*

qu'il possédait contrairement au concile général de Latran et qu'il ne voulait pas résigner, empêchèrent le Souverain-Pontife de ratifier sa nomination à l'archevêché de Rouen vacant par la mort de Thibault.

Maurice, évêque du Mans, fut nommé à sa place et maintenu malgré toutes les démarches qu'il fit faire à Rome. Enfin, il se désista de ses prétentions et peu après, pour satisfaire sa conscience justement alarmée, peut-être aussi pour ne pas faire obstacle à son élévation, il se démit de tous ses bénéfices ne se réservant que le doyenné de l'église de Rouen. Ce fut peu après qu'il fut nommé à l'évêché de Bayeux. Il fut sacré par ce même Maurice dans l'église cathédrale de Rouen, le dimanche de la Passion, l'an 1233 et vint immédiatement prendre possession de son siége.

D'ailleurs aussi humble que pieux, il commençait presque toujours ses chartes par ces paroles : *Thomas divina patientia baiocensis episcopus;* d'un caractère doux et tranquille qui tranchait avec celui de son prédécesseur, il quitta peu son diocèse et apporta tous ses soins à y développer la vraie piété qui l'animait. C'est ainsi que, à la demande de son parent Pierre des Abléges, grand conteur de l'église cathédrale, il ordonna de célébrer en seconde classe la fête de saint Pantaléon martyr, dont les reliques reposaient en une chapelle latérale.

Ce fut lui, qui, après la mort de l'archevêque Maurice, se rendit à Rouen, pour y conférer en sa qualité de doyen de la province, l'ordre de la prêtrise à Radulfe de *Cierray*, élu évêque d'Évreux, qu'il sacra le lendemain, samedi des Quatre-Temps de septembre 1236.

Prenant exemple sur ses prédécesseurs, il laissa à son chapitre de nombreuses marques de sa généreuse bienveillance. Il lui donna la troisième partie des dîmes de Lasson et permit à plusieurs chanoines de fonder des obits sur les maisons canoniales qu'ils avaient fait construire à charge d'une rente de 4 livres au profit du Chapitre.

Il ne négligea pas l'administration des biens propres à l'évêché et concéda à Serlon de Bernay des fonds dépendants de sa terre de Neuilly, à la charge d'en garder le château. Nous le voyons aussi enrichir de ses dons différents monastères, donner à Me Adam, clerc

ÉVÊCHÉ DE BAYEUX.   87

de l'église de Bayeux, la cure de St-Germain-de-Moron, à l'abbaye de Belle-Étoile, de nombreuses dîmes etc.

Il était infirme en 1237, quand il s'excusa de ne pas assister en personne à la consécration de Pierre, archevêque de Rouen et, l'année suivante, il mourut, et fut enterré au-dessus de Robert des Abléges, dans la nef de la cathédrale. On faisait son obit le 14 mars, jour anniversaire de sa mort.

Parmi les quelques chartes de Thomas de Fréauville qui existent encore, il n'en est pas une seule qui possède son sceau.

Archives du Calvados.
> T. I. Ardennes. 1233. *Nomination à l'église* Ste-Marie-de-Baron *de Guillaume de Floisac, après la démission de Guillaume d'Athis, qui s'était réservé 10 sols tournois de rente.*
> 1236. *Vidimus d'une bulle d'Honorius III, au sujet de quelques personnes qui désiraient se faire enterrer dans le monastère d'Ardennes.*
> Évêché de Bayeux. *Reconnaissance du don de Ranulfe de Martragny, chanoine, de pièces de terre à Audrieu moyennant des redevances en froment, orge, pain, poules et œufs.*
> *Consentement au don de Thomas Loisel d'un tenement et de 14 boisseaux de froment de rente, à charge d'une messe pour le repos de l'âme de Gaultier Pijon, chanoine de Bayeux.*
> T. II. Plessis-Grimoult. 1234. *Thomas reconnaît que la nomination de Pierre de Barra comme prieur, faite par lui, ne nuira pas pour l'avenir aux droits du couvent.*

Cartulaire de Mondaie. 1233. *Nomination à la cure de Noron, sur la présentation de Guillaume et de Jean de Noron. — En 1274, cette charte fut remise, avec le patronage de l'église, à Mondaie par Jean de Noron.*

Archives de la Manche.
> Montmorel. 1234. *Nomination à l'église de* Guilberville, *vacante depuis longtemps, et à laquelle ni les religieux de Montmorel ni personne n'avaient présenté un titulaire pour remplacer Guillaume, dernier possesseur*

XXXVIII.

GUY.

1241-1259.

Pendant l'espace de trois années, l'évêché de Bayeux fut en régale, et ce ne fut qu'en 1241 que Guy fut nommé pour succéder à Thomas de Fréauville. Ce prélat, dont on ignore le nom de famille, se rendit en 1245 au premier concile général de Lyon, où le pape Innocent IV, après avoir excommunié l'empereur d'Allemagne Frédéric II, prêcha la croisade contre les infidèles et donna la croix à Louis IX, roi de France. Il prit part avec les autres évêques de la Normandie aux longs pourparlers qui eurent lieu entre eux et l'archevêque Odon, au sujet de la juridiction de leurs siéges, et ne furent définitivement arrêtés qu'en 1256. Ses rapports avec le roi de France étaient fréquents: il eut l'honneur, en 1248, d'assister à la consécration de la Sainte-Chapelle, que ce prince venait de faire construire à Paris pour y déposer les précieuses reliques qu'il avait rapportées de Palestine; ils firent ensemble un arrangement au sujet de l'église de *Lacey*. Ce fut lui qui fit terminer les constructions de l'Hôtel-Dieu de Bayeux, et quelques années plus tard, en 1255, il signa la charte qui assurait à cet établissement le bois nécessaire à son chauffage. Il apporta tous ses soins à maintenir la discipline ecclésiastique; il fit à ce sujet, d'accord avec son chapitre, quinze statuts qu'avant la Révolution on lisait encore aux deux chapitres généraux de la cathédrale.

Ce fut lui qui donna le candélabre à sept branches, en cuivre doré, qui était au milieu du chœur de l'église et au pied duquel il demanda à être enterré. En 1562, ce précieux objet fut fondu par les protestants. Il ne s'en tint pas là : après avoir confirmé le don des dîmes de *Lasson* fait par son prédécesseur, de celles d'*Anguerny*, il y ajouta le patronage et les dîmes de *Colleville-sur-Orne*.

Toujours prêt à défendre les droits des abbayes contre les empiètements des laïques, il maintint Cordillon dans la possession de trois acres de terre qu'Etienne de Forges prétendait lui appartenir. Il s'occupa aussi avec sollicitude des intérêts de son évêché ; reçut en 1249 le don du moulin de la Fosse, près Bayeux, et le *livre rouge* mentionne une foule d'acquisitions qu'il avait faites à Neuilly, à Airel, à Isigny, etc.

Il mourut le 3 des calendes de mars 1259 (1260) et fut inhumé au pied du candélabre qu'il avait donné. On fait son obit le 24 février. Il avait fondé également un autre obit de trois messes basses en l'abbaye Notre-Dame de Longues, et l'inventaire des titres, dressé en 1781, prouve qu'il était encore acquitté à cette époque.

Son tombeau fut ouvert par mégarde en 1659, lors de l'inhumation de Mgr François de Servien. Son corps fut trouvé tout entier, mais, au contact de l'air, il tomba immédiatement en poussière. Ses ossements, recueillis en une boîte de plomb, furent déposés sous le nouveau candélabre avec un inscription. On trouva aussi dans le cercueil *un anneau d'or orné d'un saphir sans taille*, qui fut conservé longtemps dans le trésor de la cathédrale.

Nous avons trouvé aux archives nationales le sceau de l'évêque Guy. Il en existe aussi un petit fragment aux archives du Calvados. Les cires sont verte et brune.

Ce sceau, malheureusement incomplet dans sa légende, est de forme elliptique et mesure 0,065ᵐ sur 0,042ᵐ. Au centre se trouve un prélat debout, et dans la position ordinaire. La crosse est tournée à droite et se termine par une volute à deux feuillages adossés. Le manipule pend au bras gauche. La mitre de face est garnie d'une broderie; la dalmatique à large collet retombant est ample, les plis bien étudiés et fortement accentués. L'étoffe est décorée d'un orfroi à double filet formant la croix sur les côtés. La légende, entre deux grenetis, porte S..... C I A · B — A I O C E..... C O P I. *Sigillum guidonis dei gracia baiocensis episcopi*. Le contre-sceau est aussi de forme elliptique et très-allongée, 0,032ᵐ sur 0,017ᵐ. Il représente une *Notre-Dame* tenant l'enfant Jésus assis sur ses genoux; elle est sur un siège avec un escabeau sous les pieds. C'est la première fois que nous voyons paraître sur le contre-sceau épiscopal la Sainte-Vierge patronne de la cathédrale. Tout autour règne un *perlé*. L'absence de toute légende, la manière *sèche* dont ce sujet a été traité, le font ressembler à une intaille.

Archives du Calvados.
    T. I. Ardennes. 1259. *Confirmation du don fait par Bernard d'Oistreham et Guillaume d'Asnières, chanoine de Lisieux.*
        Évêché de Bayeux. *Confirmation du don de Jean Hamon, chevalier, au Chapitre de la cathédrale. — Fragment de sceau.*
    T. II. Longues. 1258. *Notification, par le bailli de Caen, du droit de patronage de Vidouville, appartenant à Longues.*
        1258. *Même acte pour* Ste-Croix-Grantonne.
        Désistement d'Arnulfe de Cursandi du patronage de Campigny.
        Plessis-Grimoult. 1258. *Accord fait entre F. Guy de Bazenville, lieutenant du maître de la milice du Temple, F. Foulques et Robert Paiart, et les religieux, prieur et couvent du Plessis, au sujet des dîmes de* Bougy, *que les Templiers abandonnent moyen en 350 livres tournois.* — Actum Cadomo die Jovis post dominicam qua cantatur Lætare Jerusalem.

Archives de la Manche.
    1257. *Nomination de Guillaume Toustin à la cure de* Courseulles, *sur la présentation de Montmorel.*
    1257. *Abandon, devant le bailli de Caen, de tout droit au patronage de* Courseulles *par Radulfe de Meulent, chevalier.*

Mss. d'Odon Rigaud. 1250. L'évêque Guy *assiste à la consécration de Foulques d'Astin, élu évêque de Lisieux.*

1251. *Lettres d'Odon pour convoquer Guy à un concile à Rouen.*

1256. *Lettres du même au sujet d'un différend sur la juridiction réglé en 1256.*

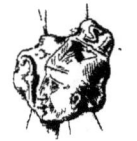 

XXXIX.

ODON DE LORRIS, IIᵉ DU NOM.

1263-1274.

Armoiries : *d'or à la fasce d'azur accompagnée de trois croissants de gueules posés 2 et 1.*

Odon de Lorris était originaire du diocèse de Paris, d'une famille qui a produit Guillaume de Lorris, poète et jurisconsulte, l'auteur du fameux roman de la Rose, et Gilles de Lorris, évêque, comte de Noyon, au milieu du XIVᵉ siècle. Odon était chanoine de Bayeux et chapelain du château de Fontainebleau, que Louis IX venait de faire construire, lorsqu'il fut nommé évêque par une partie du Chapitre. Mais il ne put réunir toutes les voix, et son compétiteur Arnulfe de Capoue, doyen de l'église cathédrale et chapelain du pape, ne voulut pas se désister. Il fallut donc recourir à l'autorité du Souverain-Pontife, qui maintint l'élection d'Odon. Celui-ci se rendit alors à Rouen, où il fut consacré en 1263. Ces enquêtes lointaines, souvent interrompues par la mort des papes ou des arbitres choisis, ne purent aboutir qu'après quatre années de démarches et grâce à la puissante intervention du roi, qui affectionnait beaucoup son chapelain. Aussi ces abus, qui se renouvelaient, volontairement peut-être à chaque vacance et qui étaient si préjudiciables à la religion, portèrent Odon à prévenir, d'accord avec son Chapitre, le retour de semblables contestations, par de salutaires prescriptions.

Il se rendit en 1267 à Pont-Audemer, pour assister au concile provincial qu'Odon Rigaud, archevêque de Rouen, y avait convoqué afin de régler les intérêts de la province pendant son absence, car il venait de prendre la croix avec saint Louis. La même année, il fut présent à la consécration de Guy du Merle, nommé à l'évêché d'Évreux. En 1268, il siégea à l'échiquier avec un grand nombre d'évêques, d'abbés, pour y régler une affaire importante qui regardait Nicolas, abbé du Mont-Saint-Michel.

Pendant son épiscopat, il s'occupa de l'administration des biens de son évêché, et reçut en 1264, étant alors à Paris *au Palais royal*, l'hommage d'Odon, fils aîné du duc de Bourgogne, pour les fiefs qui relevaient de lui en Normandie.

Le roi de France, pour le récompenser de son zèle, lui donna des sommes importantes qu'il employa à la fondation de *douze heuriers* et de *deux chapelains résidants*, chargés de faire un obit pour le repos de son âme, de celle du roi et de sa mère la reine Blanche de Castille. Non content de cela, il donna encore à son chapitre une rente de 60 livres, les dîmes de *St-Georges d'Aunay*, de *Colombelles*, de *Cardouville*, de *Tallevast*, des terres sises à St-Pierre-du-Mont, Trevières, Douvres, etc. ; aussi est-il considéré à juste titre comme un des prélats qui ont le plus contribué à enrichir son église. Il donna aussi aux moines de St-Fromond la troisième partie du moulin d'Airel, etc. Saint Louis, par son testament fait sous les murs de Carthage, l'institua son exécuteur testamentaire et le choisit au nombre de ceux qui, avec son frère Pierre, devaient gouverner jusqu'à la majorité de son fils Philippe III. Il mourut lui-même le 11 août 1274, et fut inhumé au milieu du chœur devant le maître autel. On fait son obit le jour anniversaire de sa mort.

Il existe aux archives du Calvados un petit fragment du sceau de l'officialité de Bayeux pendant la vacance du siége en 1263. Il est en cire jaune translucide. D'un côté on voit une tête d'évêque tournée à gauche et de profil, coiffée d'une mitre d'étoffe rayée en sens différents. Près de la tête se trouve aussi une crosse à nœud très-saillant. De la légende il n'existe plus que les deux lettres SI... (*sigillum...*) Le contre-sceau de forme ronde et d'un diamètre grand relativement au sceau lui-même (0,020^m) représente une mitre aussi de profil, large et écrasée, décorée de pierreries serties; au milieu passe la crosse épiscopale, dans le champ deux points. La légende bordée d'un grenetis porte ces mots : S'CVRI..... OCAS. (*sigillum curiæ baiocas*). Ce sceau était fin et bien gravé. Il est figuré planche XI, n°s 14 et 15 de l'atlas de M. Lechaudé d'Anisy. Mais il a été singulièrement grandi. L'évêque ne doit pas tenir la crosse à triple nœud. Les mitres n'ont ni la forme ni la décoration de l'original.

Archives du Calvados.
 T. I. Évêché de Bayeux. *L'Official de Bayeux*, sede vacante anno 1263, *reçoit la confirmation du don fait au Chapitre, par Mathilde Pethon, de 11 sols tournois de rente à prendre sur une maison sise rue* Laitière, *à Bayeux.* — *Sceau.*
 *Lettres du bailli de Caen reconnaissant, aux assises de Bayeux en 1264, l'abandon de Richard de Blaigny au patronage d'*Agy, *appartenant à St-Vigor-le-Grand.*
 Cordillon. 1265. *Don de 2 gerbes de la dîme d'*Orbois, *après le décès de Laurent, recteur de cette église.*
Cartulaire de Longues. 1271. *Lettres du bailli de Caen annonçant le désistement de l'abbaye du Gast au patronage de* St-Pierre-d'Arromanches.
M. l'abbé Guérin. *Confirmation du don de Jean Le Tort, curé de Longues, de la dîme de la 2e gerbe du fief du seigneur d'Argouges, moyen en 60 livres.*
 Id. *L'Official de Bayeux donne à Longues, en 1264, la dîme des novales de Marigny dues par Gaufride de Marigny.*
 T. II. Plessis-Grimoult. 1266. *Charte datée du Plessis, par laquelle Odon accorde, aux chanoines du Plessis, le droit d'élire leur prieur et abandonne ses droits à cette élection.*
 Troarn. *Confirmation d'un échange fait, en 1265, entre l'abbaye de Troarn et le prieuré de Brewethon en Angleterre.*
Cartulaire de Mondaie. 1271. *Reconnaissance du don du patronage de* St-Germain-de-Noron, *fait par Jean de Noron.*

Bibliothèque Nationale.

Mss. 17024. *Odon adjuge, en l'Échiquier tenu à Caen en 1278, à l'abbaye du* Mont-St-Michel, *des terres que ses devanciers avaient prises dans le manoir de Bringart.*

La Roque, p. 62-63. *A l'ost de Foix, en 1271, on voit figurer au nom de l'évêque de Bayeux, Jean de Berengerville, pour M. Raoul Taisson, qui devait un chevalier par 40 jours, et Jean du Quesnay pour Raoul de Creully.*

P. 82. *Lettres du bailli de Caen le convoquant à Tours en 1272.*

P. 71. *Il envoya 10 chevaliers à Tours.* Episcopus Bajocensis comparuit per Thomam de Similliaco (*Semilly*) procuratorem suum confitentem dictum episcopum debere pro servitio domini regis decem milites pro exercitu. Quos mittit videlicet Johannes de Berengervilla, Johannem de Chaencé, Richardum de Rouvencestre, Guillelmum de Servain (*Surhain*) et alios.

P. 88. *Il fut aussi convoqué à Lorris, dans la baillie d'Orléans, pour ses biens propres.*

Mss. d'Odon Rigaud. 1261. XVI. Kal. nov. ipsa die procuravit nos dominus Baiocensis episcopus honorifice ratione visitationis quam exercuimus circa ipsum.

XV. Kal. nov. visitavimus capitulum ipsa die, procurati fuimus ab ipso capitulo in domo episcopi.

IV. Kal. fév. 1263. *Concile provincial de Vernon.* O. Bajocensis juxta nos sedet super escafondos.

III. Nov. sept. 1265. *Concile provincial au Pont-Audemer.*

VIII. Nov. avril 1266. Apud Pintarvillam ubi tunc habuimus nobiscum O. Dei gracia episcopum Bajocensem.

XII. Kal. junii. Id.

III. Kal. maii 1267 procurati fuimus ab episcopo Bajocensi apud baiocas in manerio ejusdem.

III. Kal. sept. 1267. *Concile provincial de St-Ouen.*

XIII. Kal. nov. 1268 apud Deivillam propter scaccarium Rothomagensem habuimus nobiscum dominus episcopus Baiocensis.

XI. Id apud Fraxinos et dictus episcopus prefatus remansit infirmus ipsa die.

VII. Kal. oct^b. 1269. *Concile provincial de Pont-Audemer.*

XL.

GRÉGOIRE DE NAPLES.

1274-1276.

Armoiries : *d'or à l'aigle éployée, échiquetée d'azur et d'argent.*

(Galerie de l'Évêché.)

Le successeur d'Odon de Lorris fut Grégoire de Naples, issu de la célèbre famille des comtes de Segni de cette ville, et neveu du pape Grégoire IX. Il fut nommé chanoine de Bayeux et vint y rejoindre son cousin Arnufle de Capoue, alors doyen de Bayeux et plus tard compétiteur d'Odon de Lorris. Celui-ci, furieux de n'avoir pas été nommé évêque, se retira en Italie et se démit de sa charge en faveur de son parent, qui fut nommé en 1260 doyen de la cathédrale. Ce fut lui qui unit au doyenné la dîme de la paroisse de *Than* que Richard de Surrhain venait de lui donner. A la mort de son oncle, il fonda un obit en la cathédrale pour le salut de son âme. Le pape Urbain IV l'avait fait son chapelain ; puis le chapitre de Bayeux le nomma déjà vieux à l'évêché, vers la fin de l'année 1274. Il n'occupa que fort peu de temps ce siége ; aussi trouve-t-on peu d'actes de son administration. On sait seulement qu'il donna aux religieux de la Ste-Trinité pour la rédemption des captifs l'église *Ste-Catherine de la Perrine*, au diocèse de Coutances. En 1275, il ratifia la donation du patronage et de la dîme de *Mandeville* faite au chapitre par Guillaume de Trevières. Il mourut le 5 des Ides de juillet 1276 et fut inhumé dans le chœur, devant le maître-autel du côté droit.

Il avait écrit la vie du pape Urbain IV, dont il avait été chapelain. Le manuscrit était encore conservé au XVIIIe siècle dans le trésor de l'église St-Urbain de Troyes.

Archives du Calvados.
   T. I. Longues et Cartulaire de Longues. Juin 1275. G. permissione divina Baiocensis ecclesiæ humilis minister, *reconnaît qu'en sa présence Geoffroy de Marigny a vendu aux religieux de Longues, pour 500 livres, toutes les dîmes de ses terres de Marigny, à charge de célébrer tous les ans un obit pour le repos de l'âme d'Enguerand, son père, de Roger de Reviers, son beau-père, de sa femme, etc.— En 1781, on célébrait encore 12 messes basses pour cette fondation.*
   T. II. Plessis-Grimoult. *Lettres du bailli de Caen annonçant le désistement, aux assises de Bayeux en 1275, de Hubert de Mondre au patronage de* Campeaux.
   Troarn. *Id. aux assises de Vire en 1276, de Thomas du Quesnay et de sa femme au patronage de* Beaulieu.

Archives de la Manche.
   Montmorel. 1275. *Présentation à l'évêque de Julien de Méray à la cure de* Guilberville *par Robert, abbé de Montmorel.*
   1276. *Lettres de l'évêque, datées de 1276 et adressées au doyen de Lamberville, par lesquelles il somme l'abbé de Montmorel de produire, dans un délai de 15 jours, ses droits au patronage de* Guilberville.

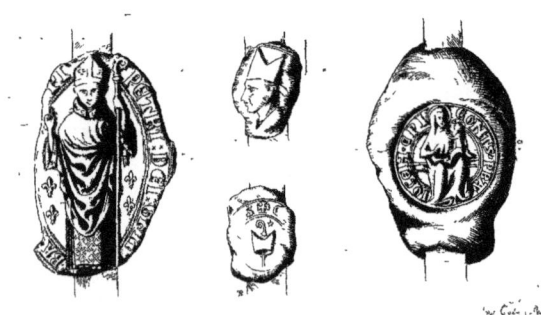

XLI.

PIERRE DE BENEIS, II° DU NOM.

1276-1306.

L'évêché de Bayeux fut en régale depuis la fête de saint Benoist jusqu'à celle de saint Denys de l'année 1276.

Pierre de La Brosse qui, de barbier de saint Louis, était devenu le favori et le chambellan de Philippe-le-Hardy, son fils, avait obtenu en 1274 la place de doyen de Bayeux pour Pierre de Beneis, l'un des parents de sa femme, qui en cette qualité confirma la donation de la dîme de Than. C'était le moment de la plus grande faveur de Pierre de La Brosse qui, redoutant l'influence de la reine Marie de Bourbon, ne craignit pas de l'accuser de l'empoisonnement du jeune Louis son beau-fils, et persuada au roi d'envoyer en Flandre Pierre de Beneis consulter deux fameuses prophétesses, afin de découvrir l'auteur de ce crime. Sur ces entrefaites, il obtint encore l'évêché de Bayeux pour son cousin, que le Chapitre accepta, connaissant ses vertus et ses qualités personnelles. Cependant Pierre revint, disant qu'il n'avait pu obtenir le secret que sous le sceau de la confession. Le roi le renvoya donc une seconde fois avec l'abbé de Saint-Denys, pendant que Pierre de La Brosse, de son côté, y dépêchait un moine chargé de les suborner. Le roi le sut : dès lors, Pierre de La Brosse fut perdu. Les grands seigneurs qu'il avait humiliés ne furent pas longtemps à confirmer les soupçons de Philippe, qui, sur la vue d'une lettre qui le trahissait, fit enfermer, juger et pendre son favori, en 1277. A la nouvelle de ces événements, Pierre de Beneis s'enfuit à Rome, craignant le ressentiment du roi, se mettre sous la protection du pape Nicolas III. Celui-ci, convaincu de son innocence, résista énergiquement aux demandes réitérées du roi, de la reine Marie et des grands seigneurs qui voulaient se venger sur lui des affronts qu'ils avaient reçus. Il le conserva près de lui jusqu'en 1285, et, pendant ce temps, les biens de son évêché furent confisqués par le roi. Celui-ci, cependant, à la fin de sa vie, reconnut la bonne foi et l'innocence de son messager. Voulant sans doute se faire pardonner le long exil qu'il lui avait fait subir, il le nomma tuteur de ses enfants, avec l'évêque d'Angers, les archidiacres de Bayeux, de Chartres, le seigneur de Beaujeu, connétable de France, etc.

A peine installé, Pierre de Beneis avait acheté de ses propres deniers la terre de *Carcagny*, qu'il donna à l'évêché ; puis, forcé de s'expatrier, il sut se faire rendre un compte exact de ce qui se passait. C'est ainsi que, en juin 1278, il approuva l'établissement à Caen d'un couvent de Carmes que Jean Pilet, bourgeois de cette ville, y avait fondé en 1275. Le Chapitre de Bayeux, renouvelant en 1280 un ancien statut au sujet des bénéfices des prébendes, le soumit à son approbation et termina ainsi ses lettres adressées à Rome : *pourvu que notre révérend Père en Dieu Pierre de Beneis, par la grâce de Dieu évêque de Bayeux, y donne son consentement*. Il savait aussi faire maintenir ses droits, car, en son absence, le bailli de Caen jugea que la terre de Préaux relevait de ses fiefs et que le patronage de cette paroisse lui appartenait. Le *livre rouge* de l'évêché de Bayeux vante sa sévérité à faire observer la discipline ecclésiastique, la pureté de ses mœurs, son affabilité et son excessive modestie. Il réunit en 1300 un synode diocésain, où l'on rédigea 113 articles qui ont été conservés et forment le résumé de tout ce qui doit y être traité : *et tanquam exemplar cæterorum ponere visum est*. Il est vrai que quelques auteurs les attribuent à Pierre de Colmieu, archevêque de Rouen.

Ces soins si importants ne l'empêchaient pas de s'occuper de l'administration temporelle. En 1295, il avait eu un différend avec le prieur de Saint-Gabriel ; en 1300, il se fit maintenir dans les droits qu'il avait sur les moulins de sa ville épiscopale. Quelques années auparavant, il avait donné au chanoine d'Amayé une place libre près la *porte arborée* pour y construire son canonicat. Faisant, en 1292, la visite de l'abbaye Saint-Étienne de Caen, il mit en possession le nouvel abbé nommé Geoffroy, et, par suite d'un accord, renonça à ce droit pour lui et ses successeurs. Il augmenta également les bâtiments du palais épiscopal de cette ville qui tombaient en ruine. En 1305, il régla un différend avec Richard, prieur du Plessis-Grimoult, et lui abandonna 50 acres de bois dans sa forêt de Montpinçon, pour l'entretien des bâtiments du prieuré et le chauffage des religieux.

A son retour de Rome en 1289, il avait fondé deux chapelles dans son église cathédrale, l'une sous le titre de l'*Annonciation*, l'autre sous celui de *St-Jean-Baptiste*. Il en établit une aussi, de ses propres deniers, dans son château de Neuilly, par une charte de 1300 datée de Douvres. Il y nomma Exupère Maresq et spécifia qu'elle serait desservie *principalement pendant les temps de guerre*. Henri IV, au moment des troubles de la Ligue, fit démolir (1590) le château de Neuilly; les biens de cette chapelle furent dispersés, et un arrêt de 1606 autorisa l'évêque de Bayeux à ne pas la faire réparer.

On peut lire plus loin le texte d'une déclaration de Philippe-le-Bel pour forcer ses vassaux à lui rendre hommage et à acquitter les services militaires qu'ils lui devaient. — Il entama contre le roi de France un procès au sujet du patronage de la *chapelle St-Ouen du château*, dont nous parlerons plus en détail à l'article de Guillaume de Trie. Etant en Italie, il mourut à Rome le dimanche après la fête Saint-Vincent en 1305, et fut inhumé dans cette ville.

Quoiqu'il existe relativement un très-petit nombre de chartes de Pierre de Beneis, nous avons cependant retrouvé son sceau comme doyen de la cathédrale, comme évêque, et celui de l'officialité de Bayeux pendant son épiscopat.

Le dessin du premier figurera parmi ceux des dignitaires du chapitre.

Voici la description qu'en fait M. Douet d'Arcq dans sa *collection de sceaux* des archives de l'empire, n° 7520. « *Sous une arcade gothique,* « *un personnage debout tenant un livre des deux mains et accosté de* « *deux fleurs de lis*, S. PETRI DE BENAVS DE.... AIOEËSIS, *appendu* « *à un acte d'hommage de la comtesse de Vendôme à Pierre de la Brosse,* « *s^r de Langeais pour le fief de Lavardin, 1275.* » On trouve le second aux archives du Calvados, de la Manche et dans notre collection. Le dernier est appendu à une charte recueillie par M. l'abbé Guérin, chanoine et ancien secrétaire de l'évêché, qui nous l'a obligeamment communiqué. Depuis, nous en avons trouvé un autre exemplaire aux archives nationales.

Le sceau de l'évêque Pierre de Beneis est de forme ogivale ; il mesure 0,067 sur 0,040. Ils sont tous de cire brune. Le prélat est représenté debout, bénissant de la main droite et tenant de la gauche une crosse à volute d'orfévrerie. Il est coiffé d'une mitre décorée d'un galon et de deux quatre-feuilles de broderie. La chasuble est artistement drapée, l'étoffe est lisse et on n'y remarque pas d'orfroi. La dalmatique, au contraire, est d'une excessive richesse ; le col rabatu et toute la partie du bas sont décorés de rosettes dans un treillis. Les manches sont bordées d'un galon à petites croix et d'une frange ; derrière celle de gauche on voit le manipule également frangé. L'aube est trèspeu visible et les pieds n'existent plus. Le champ est décoré de quatre fleurs de lis placées deux de chaque côté l'une au-dessus de l'autre. La légende, entre deux grenetis, porte ces mots : P E T R I : D E I : G R A — B A..... P I (*Sigillum petri dei gracia baiocensis episcopi*). Le contre-sceau est rond, il a 0,025^m de diamètre. Il représente au centre une *Notre-Dame* patronne de l'église de Bayeux. La Vierge est nimbée, tenant sur ses genoux l'enfant Jésus, qui porte un nimbe crucifère ; elle est assise sur un siége sans forme particulière et qui se termine à la légende. Le voile, les plis de la robe fort longue suivant la mode du temps, sont minutieusement étudiés et bien rendus. La légende porte : CONTS' P BA—IOCEN · EPI (*contrasigillum Petri baiocensis episcopi*). Ce sceau et ce contre-sceau sont fort bien gravés et sortent probablement de cette école de Paris qui a produit de si remarquables spécimens de gravure à cette époque. Ils ont été reproduits n°ˢ 16 et 17 de la planche XI de l'atlas de M. Lechaudé d'Anisy et complètement défigurés. On dirait un sceau barbare du XII° siècle. La chasuble *sans collet*, *sans plis*, est garnie d'un *large orfroi* très-nettement décoré. La crosse est tournée *en dedans*, il n'y a pas de fleurs de lis dans le champ. Les légendes sont défectueuses et sans caractère. Enfin la Vierge est *assise* sans siége.

Le fragment du sceau de l'officialité est aussi de cire brune ; il représente le type que nous avons déjà vu : une tête d'évêque de profil portant une mitre très-simple. On voit aussi le col de la dalmatique. Le revers nous montre une mitre et une crosse accostée à droite d'une petite étoile. De la légende, il n'existe plus que la ✠ et les lettres C et S (*contrasigillum curiæ baiocensis*). Ce petit sceau est d'une gravure plate et peu *sortie*. L'exemplaire des archives nationales est plus complet. On y voit une crosse à gauche de la figure, et, sur le contre-sceau, on lit S. CV... IOAEN... Il mesurait 0,035ᵐ et est appendu à une charte de 1284.

Archives du Calvados.
    T. I. Ardennes. 1298. *Collation du bénéfice de Blay en faveur de Garin de Pontcayer, chanoine d'Angers.* — *Sceau.*
    Évêché de Bayeux. 1304. *Lettres du bailli de Caen, annonçant l'accord fait entre le prieur de St-Vigor-le-Grand et le couvent de Ste-Barbe au sujet du patronage de l'église* St-Vigor-d'Agy, *vacante par la mort de Symon d'Hermanville, dernier recteur.*
    Cordillon. 1280. *Confirmation du don de deux gerbes de la dîme d'Orbois, faite par Odon de Lorris.*
    T. II. Plessis-Grimoult. 1301. *Lettres du bailli de Caen condamnant Robert de Bully, qui réclamait le patronage de* Bully.
Abbé Guérin. 1298. *Charte de l'Officialité de Bayeux.* — *Scellée.*
Archives de la Manche.
    Montmorel. 1298. *Reconnaissance de la présentation à l'église de Courseulles de Jean de Villamodin, son chapelain.*
    1298. *Nomination à cette cure.* — *Sceau.*
    1298. *Lettres du bailli de Caen annonçant le désistement, aux assises de Vire, de Radulfe de Meulant, chevalier, au patronage de* Courseulles.
    Mss. 17024. 1298. *Collation du bénéfice de Blay, déjà vu.*

1301. *Nomination à la cure de* St-Pierre-de-Blay *de Philippe Tavernier, chanoine régulier d'Ardennes.*

Hermant. P. 233. *3 mars 1297. Lettres du roi pour obliger les vassaux de l'évêque de Bayeux à lui faire hommage et à s'acquitter du service militaire :*

Philippus Dei gracia Francorum rex, Rothomagensi et Cadomensi baillivis nec non loca tenentibus salutem : Cum dilectus et fidelis noster Episcopus Bajocensis per certum numerum militum ad servitium nobis faciendum teneatur et nos intellexerimus quia hæredes quondam Connestabuli Normaniæ, cambellanusque de Tancarvilla, *Radulfus* Taisson, *Johannes* de Bruecourt, *dominus* de Manerba, *dominus* de Croleyo, *Richardus* de Rovencestre *et Philippus* Suhart *milites teneantur ad cunctum servitium aut calvacatas aut quasvis alias redeventias de eundo in nostrum exercitum, dilecto fideli nostro Episcopo prædicto Bajocensi et ipsi ad submissionem ipsius Episcopi ad prestandum eidem Episcopo memorata servitia in instanti nostro exercitu perexcusaverint ; mandamus vobis ut vestrum quilibet quatenus si vobis constituta essent eosdem et alios quos ad dictum servitium eidem Episcopo teneri noveritis, ad prædictum servitium faciendum justitia mediante compellatis. Actum apud S. Germanum in Laya III die martis anno domini M. CC. XCVII.*

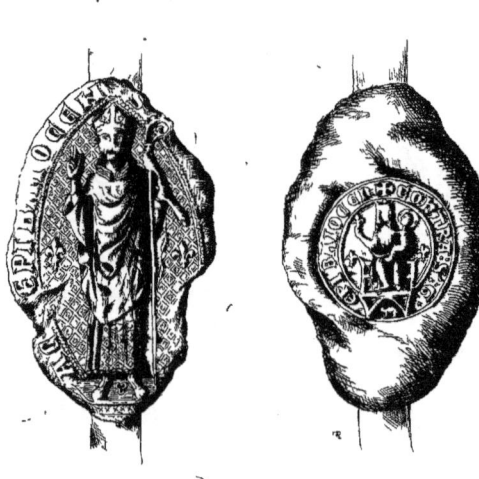

XLII.

GUILLAUME BONNET, 1ᵉʳ ᴅᴜ ɴᴏᴍ.

1306-1312.

L'évêché de Bayeux fut en régale jusqu'à la veille de la Nativité de l'année 1306.

Guillaume Bonnet, que quelques auteurs appellent aussi Bouvet, était originaire de Domfront au doyenné de Pacé (Maine). Son père Bertrand Bonnet, sʳ de Beuville et de la Chapelle, l'envoya faire ses études à l'université d'Angers. En 1270, il était chanoine de l'église d'Angers, où il remplit encore d'autres fonctions. Il en était trésorier, quand, vers la fin de l'année 1306, il fut nommé à l'évêché de Bayeux par bulles du pape Clément V. Ce choix fut approuvé immédiatement par le roi, et le nouvel élu vint prendre possession de son siége. Il y séjourna d'ailleurs fort peu, car Philippe-le-Bel et le Souverain-Pontife l'employèrent en plusieurs circonstances importantes. C'est ainsi qu'il fut chargé, avec le comte de Boulogne, d'aller recevoir, en 1307, l'hommage que le comte de Hainaut devait au roi de France pour son fief d'*Ostervant*. L'année suivante, il fut mandé par lettres du Pape, datées de Poitiers, pour se trouver à Paris avec un grand nombre d'autres évêques, afin de juger la cause des Templiers. Ce procès fameux, commencé en 1309, ne fut terminé qu'en 1311. On y vit figurer les treize templiers des cinq commanderies du grand bailliage de Caen. C'étaient : Gaultier de Bullex, Mathieu Renaud, commandeur de *Bretteville-la-Rabel*, Étienne de Chateauneuf, commandeur de *Courval*, Geoffroy Hervieu, Jean Challet, Guillaume le Raure, Richard Bellenguel, Guillaume Tane, Henri des Rotours, Aubin Langlois, Christophe de Louviers, Raoul de Pérouze et Guy Pasnaye. Ils avaient tous été arrêtés simultanément le 13 octobre 1307, et interrogés d'abord *dans la salle du chatelet de Caen* par Robert Herichon, sous-prieur des Jacobins de cette ville, par Michel Chouquet, Roger d'Argences et Jean de Magny, religieux du même couvent auxquels le roi avait adjoint deux chevaliers du pays, Hugues *du Chastel* et Enguerrand *de Villiers*. Deux d'entre eux se rendirent à Paris pour défendre leur ordre devant la commission nommée par le Pape. On ignore quel fut leur sort à tous. Un seul, Gaultier de Bullex, fut brûlé à Paris.

Ce fut pendant son séjour dans cette ville que Guillaume Bonnet y fonda, le samedi de la seconde semaine de carême 1308, *le collége de Bayeux*, pour y élever et nourrir douze jeunes étudiants de la province du Maine et de l'Anjou. Sur ces bourses, six étaient réservées à des écoliers Angevins au choix de l'évêque et du trésorier. Il légua, par son testament, ses meubles, ses livres, sa mitre d'argent relevée de pierreries et une somme considérable. Il mourut avant d'avoir fait les statuts qui furent rédigés et acceptés par son exécuteur testamentaire. On devait lui faire un anniversaire à l'église St-Severin.

On sait d'ailleurs fort peu de choses de cet évêque. En 1308, il céda au roi quelques terres relevant de Thorigny, à charge d'une rente de 38 livres 12 sols tournois. Il donna à son chapitre le sixième denier provenant de la vente du bois du parc en son château de Neuilly, et aumôna également quelques biens pour avoir du vin. Il reçut, en 1310, l'hommage de Henri de St-Clair, et fut envoyé, le 14 février de la même année, avec Mathieu des Essarts, évêque d'Évreux, pour signer un traité d'alliance avec le roi des Romains.

Par son testament fait à Paris en 1312, il fonda la chapelle *St-Léonard* en la cathédrale, mais elle ne put être établie qu'en 1326. Il mourut à Angers le 3 avril et demanda à y être inhumé ; mais, malgré toutes nos recherches, nous n'avons pu trouver le lieu de sa sépulture. On faisait son obit le 3 avril.

Il existe aux Archives nationales, n° 6501, un très-beau sceau en cire verte de Guillaume Bonnet. Il est de forme ogivale et mesure 0,070^m sur 0,042^m. Il représente un évêque debout et bénissant. La crosse, garnie de crochets, est décorée d'une riche volute d'orfévrerie. Au bras gauche pend le manipule. La mitre est brodée et décorée d'une quatre-feuilles de chaque côté du galon. La chasuble est ample, bien drapée. Le bas de la dalmatique est d'une grande richesse ; les pieds, nus ou peut-être recouverts de chaussures très-justes, reposent sur un escabeau travaillé avec soin et orné au centre d'un trilobe. Le champ, treillissé, et rempli, suivant un usage devenu général à cette époque, de petites quatre-feuilles, présente deux fleurs de lis, une de chaque côté. La légende, malheureusement, n'existe plus à droite. Les caractères sont en belle gothique du XIVe siècle. On lit S......... AC... EPIBAIOCEN. (*sigillum Guillelmi dei gracia episcopi baiocensis*). Un double grenetis l'entoure. Le contre-sceau est rond, son diamètre est de 0,026^m. Au centre la Vierge couronnée et voilée, assise sur un siége à jour, tient sur ses genoux l'enfant Jésus nimbé, et, de la main droite, une fleur de lis. Dans le champ on en voit deux autres, une de chaque côté du siége. Au-dessous, une sorte d'escabeau garni de trilobes à jour descend dans la légende qu'il sépare en deux. Au centre, sous une simple arcade gothique, un petit monstre regardant la Vierge et personnifiant sans doute le vice. M. Douet d'Arcq l'appelle *une tarasque*.

L'on peut, en examinant ce sceau, sorti, lui aussi, des ateliers de Paris, se rendre compte des progrès de l'art, et il est très-intéressant à ce point de vue de le comparer avec le précédent et celui de Guillaume de Trie qui va suivre.

Archives du Calvados.
T. II. Plessis-Grimoult. 1306. *Accord fait avec les religieux du Plessis-Grimoult au sujet de 50 acres de bois à Montpinçon, sur leur garde et droits de cheminage.*
1307. *G. déclare qu'il a mangé et passé la nuit à ses frais dans le*

prieuré du Val-de-Souleuvres.—Nolentes per hoc, dicto loco, aliquod prejudicium generari nec per hoc nobis jus acquiri.

Archives Nationales.

N° 6501. *Charte datée de Paris du 4 juillet 1309.* —*Sceau.*

D. Maurice. T. V. *Charte de fondation du collège de Bayeux, 1308; il donna* domum meam magnam in qua tunc manemus in vico Citharæ et aliam parvam in qua jam menere incipimus. — Item manerium meum de Genliliaco. — Item redditus nobis debitos in thesauro regio. — Item omnes census et redditos quos emimus Parisiis. — Item omnes libros glossatos in theologia quos habemus qui sunt multi. — Item octo lectos fournitos de iis quos habemus Parisiis quando decedemus, etc.— *Par son testament de 1312, il confirma ces donations; il donna* parvam domum quæ et Parisiis juxta meam domum magnam in qua nunc habitant. — Redditus quos emi apud templum Parisiis.—Tres domos sitos in vico S^{tum} Cosmæ et Damiani, etc.—*Son exécuteur testamentaire, Robert Benoist, chanoine de Bayeux, énumère, dans un acte de 1315, ses derniers dons :* Septuagenta septem libras grossorum turonensium argenteorum bonorum valentium mille libras et vigenti solidos parvorum turonensium cum mitra argentea et pluribus palliis. — *Il rédige 54 statuts signés de Robert de Meduana, principal, de Radulfe Bonnet, professeur, etc.*

XLIII.

GUILLAUME DE TRIE, II° DU NOM.

1313-1324.

Armoiries (1) : *d'or à la bande d'azur.*

Le successeur de Guillaume Bonnet sur le siége de saint Exupère fut un prélat aussi distingué par sa naissance que par ses vertus. Guillaume de TRIE était d'une famille illustrée par de brillants services rendus à l'Église et à l'État. Son père, Renaud de Trie, avait été tué à la bataille de Courtrai en 1302, et lui-même avait pour frère Mathieu, sire de Vaumain, maréchal de France. Sa prudence et ses belles qualités le firent remarquer de bonne heure à la Cour, où l'appelait sa position, et lui valurent l'honneur d'être choisi comme précepteur du jeune Philippe de Valois, fils du roi. Après la mort de Guillaume Bonnet, il fut élu, puis sacré évêque de Bayeux en 1313.

---

(1) Dans la galerie de l'évêché, elles sont blasonnées : *d'or à la bande componnée d'argent et d'azur de six pièces.*

Il assista en cette qualité, en 1314, à la fondation de l'église d'Ecouy, et souscrivit aux nombreuses indulgences qu'y attacha le pape Clément III. Il s'occupa avec zèle des intérêts de son évêché, et l'on trouve dans le *livre rouge* de la cathédrale de Bayeux la mention des nombreux échanges, acquisitions et revendications qu'il eut soin de faire.

Il se fit maintenir dans la garde-noble de la terre de Montmartin, qui relevait de son évêché. Il obtint, par arrêt de la Cour des comptes, en 1314, que le parc et la forêt de Neuilly seraient exempts de *tiers-et-danger et de toute autre charge*. En 1316, il acheta le moulin d'Airel, puis des jardins à Neuilly, à Sainte-Mère-Église, des terres à Saint-Vigor. En 1317, aux assises de Caen, il gagna sa cause contre les receveurs du domaine, qui l'inquiétaient au sujet de son fief de Tracy.

Connaissant la position précaire de l'abbaye de Mondaie, qui venait de reconstruire son église, il lui accorda le patronage de *Trungy* en 1313, et le droit de percevoir les grosses dîmes des blés et des petits grains, à charge d'une rente de 10 livres à l'évêque et à l'archidiacre des Vez.

Au concile de Senlis (1315-1316), il signa le premier des évêques suffragants de la Normandie, et, l'année suivante, revint à Bayeux au synode diocésain. Il avait aussi acquis, de ses propres deniers, dans la paroisse de Douvres, des biens qu'il employa à la fondation de trois obits : l'un pour sa mère *Jeanne de Hodenc*, l'autre pour son frère le maréchal, et le troisième pour lui-même. — C'est ici qu'il nous faut parler de son procès au sujet du patronage de la chapelle *Saint-Ouen du château de Bayeux*. Le récit de cette curieuse affaire fait le sujet d'un poème de 876 vers, composé par un chanoine de Bayeux dont on ignore le nom; ce manuscrit a été retrouvé, enseveli sous la poussière, dans la bibliothèque d'Évreux. Il y avait été apporté de l'abbaye de Lyre, et faisait sans doute partie des dons faits par Louis d'Harcourt, abbé commandataire de cette abbaye.

Il a été imprimé dans les *Mémoires* de la Société de cette ville, et analysé par M. Pezé dans le t. I des *Mémoires de la Société des Arts et Belles-Lettres de Bayeux*.

Quoi qu'il en soit, ce procès, déjà commencé et jugé du temps de l'évêque Pierre de Beneis, prenait son origine dans la nomination comme chapelain de l'évêque Richard au XIe siècle. Si la chapelle était *petite*, les revenus qui y *appendaient* s'élevaient à 200 livres, somme qui représente actuellement plus de 3,200 fr. de revenu. Pierre de Beneis réclamait ce patronage, disant

> *Que c'était le droit Nostre-Dame.*

La cause fut jugée en l'échiquier de Bayeux, et le procureur du roi était Laurens Héroult, — *ung hapart,* — *qui le cœur fel (traître) et amer eut.* L'auteur raconte en termes émus et naïfs que cet homme, qui s'était moqué des paroles de l'évêque, tomba frappé de mort subite en rentrant en son hôtel.

> *Qu'il chay mort à grand hachié* (tourment)
> *Demy pied la langue sachié* (tirée).

Cette punition terrifia les juges, qui furent tous *accouardis.* Le lendemain, le jugement, que l'auteur dit avoir *plusieurs fois veu et entre ses deux mains tenu* attribuait le patronage à l'évêque.

Mais quelques années plus tard, le roi, sur la proposition du vicomte Adam Dorlieux, y nomma un laïque qui était marié, Pierre Larcher. Guillaume de Trie était alors évêque et réclama, fort de l'approbation de ses chanoines qui lui disaient :

> *Ha! Gentil Guillaume de Trie*
> *Très-bon pasteur ne te détrie (découroges pas)*
> *..... Nésperne (n'épargne) chasse ne calice,*
> *Dras d'or, vestemens ne ymage*
> *Pour mettre en cest besoing en gage ;*
> *Met pour deffendre cette rente*
> *Le plum (plomb) dessus l'église en vente.....*

Guillaume se rendit à Paris, où l'affaire fut jugée devant le Parlement, et Adam Dorlieux s'y rendit aussi pour se défendre ; mais un miracle devait encore assurer le bon droit de l'évêque :

> *La mère de Dieu dès le matin*
> *Lui donna si très-grand tatin* (douleur)...
> *Quand l'on dut plaidier la cause*
> *Oncques n'en put entendre clause.*

Bref, il mourut après avoir connu le jugement, rendu le samedi avant la Ste-Catherine de l'an 1321. — Ainsi se termina cette curieuse querelle, qui peint si bien les intérêts divers et la lutte des pouvoirs spirituel et temporel. Cette année même, Guillaume de Trie se fit mettre en possession des biens situés dans le Cotentin et dépendants de cette chapelle.

Peu après, en 1324, il fut nommé à l'archevêché de Reims, dont il prit possession le 3 juin. Il y emmena son cousin Philippe de Trie, trésorier de l'église de Bayeux, dont il fit son grand vicaire. Il avait aussi institué archidiacre de Bayeux un autre de ses cousins, Guillaume, que nous voyons siéger à l'échiquier de Rouen en 1344 et 1345. Le 29 mai 1328, il sacra roi son ancien élève Philippe de Valois et Jeanne de Bourgogne sa femme. Il mourut le 28 septembre 1334 et fut inhumé dans la cathédrale de Reims, mais son tombeau n'existe plus.

On trouve aux archives de la Manche le sceau de Guillaume de Trie appendu à une nomination de curé pour Courseulles en 1315. Il est en cire brune ; malheureusement il est brisé, et la tête du prélat n'existe plus. Sa chasuble est fort bien drapée et les plis retombent très-naturellement, le col de la dalmatique et le bas sont ornés de broderies ainsi que les manches. On voit le manipule au bras gauche et peut-être les deux extrémités de l'étole. Le fond est treillissé avec un semis de fleurs de lis ; de la légende on ne lit plus que... VIL'LI : DEI : GR... EPI · B..... *Sigillum Villelmi dei gracia episcopi baiocensis*). Les lettres sont belles et les mots séparés par deux points. Il mesure 0,075^m sur 0,050^m. Le contre-sceau, qui a été par mégarde frappé à l'envers, est rond et a 0,035^m de diamètre. Il représente l'Annonciation , la Vierge, debout à droite, tient un livre et semble écouter les paroles de l'archange Gabriel. Entre eux, dans un vase, la plante de lis terminée par une fleur de lis héraldique, le fond rempli de hachures en diagonale se détache sur le grenetis polilobé de la légende. On lit : ✠ CO... ILL. W : EPI : BAIOCEN' (*contrasigillum W. episcopi baiocensis*).

A Reims, on trouve le sceau de Guillaume de Trie comme archevêque. Nous en devons la description à l'obligeance de M. Ch. Loriquet, bibliothécaire de cette ville. Ce sceau, appendu à une charte de décembre 1326, est en cire d'un brun olivâtre. Il est presque semblable à celui que nous avons gravé : le prélat placé sous un dais gothique à trois pignons d'inégale grandeur tient une croix archiépiscopale. Sur sa chasuble est le pallium en étoffe *sablée*. A droite et à gauche sur le fond fleurdelisé sont deux écussons : l'un celui de l'évêque porte *une bande*, l'autre celui de l'église de Reims, *une croix cantonnée de quatre fleurs de lis*. Le contre-sceau est semblable à celui de Bayeux.

Archives du Calvados.
    T. I. Ardennes. 1316. *Guillaume fixe à 40 livres la pension du prieur du Breil.*
        1320. *Vidimus d'une bulle du pape Jean pour l'union de l'église de St-Contest à l'abbaye d'Ardennes.*
    Évêché de Bayeux. 1314. *Déclaration, en présence du Chapitre, de Guillaume des Isles, chanoine, de fournir une rente de 11 livres pour augmenter le revenu de sa prébende.*
    T. II. Plessis-Grimoult. *Lettres du 10 décembre 1314, autorisant les chanoines du Plessis à élire eux-mêmes leur prieur.*
        1313. *Lettres du bailli de Caen annonçant le désistement, aux assises de Vire, de Robert de Perrigny au patronage de St-Julien-de-Perrigny.*
        1317. *Attribution au Plessis du patronage de St-Germain-d'Elle contre Richard de Vierville, s^r de La Bigne.*
Cartulaire de Mondaie. 1313. *Don, avec l'assentiment du Chapitre, de la paroisse et des dîmes de Trungy, afin que les chanoines de Mondaie puissent pratiquer l'hospitalité, achever la construction de leurs édifices claustraux, commencés depuis longtemps déjà.*
Archives de la Manche.
    Montmorel. 1315. *L'évêque de Bayeux accorde à l'abbaye l'église de*

Courseulles, *qui était séculière, et renonce à ses droits moyennant une somme de 25 livres. — Sceau. — Cette charte est accompagnée des approbations de Gilles d'Argenteuil, Lambert Le Capelier, du consentement du Chapitre. — Sceau. — De l'approbation de Pierre de Crèvecœur, archidiacre de Caen.*

1317. *Lettres au doyen de Douvres pour mettre Philippe de Brecey en possession de l'église de Courseulles.*

Reims. Archives du Chapitre. 1326. *Sentence arbitrale entre l'archevêque et le Chapitre sur divers objets de juridiction. — Sceau.*

1327. *Transaction sur la justice en la maison de la vicomté de l'archevêché au ban St-Rémy.*

XLIV.

PIERRE DE LEVIS, IIIᵉ DU NOM.

1324-1330.

Armoiries : *d'or à trois chevrons de sable.*

Après la nomination de Guillaume de Trie à l'archevêché de Reims, l'évêché de Bayeux fut en régale, depuis le mercredi de l'Annonciation 1223 jusqu'au 2 juillet 1224 qu'y fut nommé Pierre de Levis, seigneur de Villeneuve, la Crenade, etc., 3ᵉ fils de Guy, seigneur de Mirepoix *Maréchal de la Foi*, et d'Isabelle de Montmorency. — Marly. Nommé évêque de Maguelone en 1307, il quitta ce siége pour celui de Cambrai en 1310 et fut enfin appelé à celui de Bayeux dont il prit possession le 4 novembre 1324.

Il reçut, l'année suivante, l'aveu de Louis de Hotot pour le fief de Beaumont relevant de sa baronnie de St-Vigor et celui de Richard du Quesnay pour Ellon.

En 1327, il se vit dans la nécessité, pour faire respecter les lois de l'Église, d'appeler devant l'officialité de Caen, Aimeric abbé de Troarn, qui s'arrogeait le droit de conférer la tonsure et les ordres mineurs à ses moines et aux ecclésiastiques nés dans les paroisses dont il avait le patronage. Le jugement condamna les prétentions injustes de l'abbé. Il eut aussi soin de confirmer à son chapitre la donation des biens aumônés par son prédécesseur pour les trois obits qu'il avait fondés.

En 1328, il établit à Bayeux, dans la paroisse St-Patrice, un couvent de religieux de la Charité, plus connus sous le nom de *Billettes*. Ce couvent fut supprimé en 1634 et le local cédé aux religieuses Ursulines.

Il avait aussi demandé au Pape Jean XXII, d'accord avec le chapitre, l'érection d'un pénitencier doté sur les revenus de la mense épiscopale. Ce nouveau dignitaire devait avoir place dans le chœur du côté droit après le scholastique, part aux distributions et voix au chapitre, avant tous les chanoines, s'il l'était lui-même. D'ailleurs, il ne pouvait exercer son ministère que du consentement de l'évêque. C'est ce que portent les bulles d'érection datées du 15 février 1330 (1331). Mais elles n'arrivèrent à Bayeux qu'après la mort de Pierre de Levis qui mourut cette année. On ignore le lieu de sa sépulture et nous voyons qu'en 1334 ses frères, Jean de Levis *Maréchal de la Foi*, Eustache et François, plaidaient devant la Cour de Paris au sujet de sa succession.

Nous n'avons pu retrouver qu'un petit fragment du sceau de l'officialité de Bayeux en 1324. Il est de cire brune et offre le type ordinaire : un évêque de profil, la mitre décorée de feuillages brodés. On remarque, au-dessus au milieu, une petite rose, et on lit encore sur la légende ✠ SI.... Il ne paraît pas qu'il y ait eu de contre-sceau.

M. Dehaisnes, archiviste du Nord, nous a obligeamment communiqué un sceau de Pierre de Levis, évêque de Cambrai, que nous avons gravé. Ce sceau, quoique le dessin en soit grossièrement rendu, est curieux et par sa taille et par sa décoration. Il ne mesure pas moins de 0,090™ sur 0,055™. L'évêque est représenté assis sur un siège d'orfévrerie dont les bras sont formés par deux têtes de lion. Leur crinière descend jusqu'à terre. Il porte une mitre à large galon et très-basse. De la main gauche, il tient une crosse garnie de crochets et que le graveur, pour remplir l'espace libre, a tournée en dedans. Les deux bandes du manipule frangé et d'étoffe rayée pendent au bras gauche. La chasuble est bien drapée mais sans orfroi et sans broderie. Les manches seules de la dalmatique sont décorées. Les pieds reposaient sans doute sur un escabeau. Au-dessus de l'évêque se trouve un pinacle à trois compartiments qui reproduit assez bien le couronnement d'une châsse en cuivre avec toit, arcades à jour et crochets aux pignons. La légende entre deux grenetis est composée de belles lettres gothiques, on y lit ces mots : S : PETRI : DI : GRACIA — EPI : CAMERAGES (*Sigillum petri dei gracia episcopi cameracensis*).

Le contre-sceau, suivant un usage dont on trouve un exemple dès l'année 1290, porte un écusson aux armes du comté de Cambrai, *trois lions passants*. Le champ est décoré de légers rinceaux et la légende porte : ✠ CONTRASIG · P : EPI : CAMERACEN (*Contrasigillum petri episcopi cameracensis*). Il est rond et mesure 0,033ᵐ de diamètre.

Archives du Calvados.
    T. II. Plessis-Grimoult. 1327. *Lettres de Jean de Vaux, sénéchal de l'évêché de Bayeux, au prevost de Douvres, pour lui enjoindre de laisser jouir les religieux du Plessis des droits de court et usage qu'ils avaient à Douvres.*

Archives de la Manche.
    1324. *Institution, par l'Official de Bayeux, d'un curé pour Courseulles.* — *Sceau.*

Archives du Nord.
    1319. *Exemption d'une rente de dix muids de blé sur les moulins du Câteau-Cambresis.* — *Sceau.*
    1320. *Confirmation de la fondation d'une chapelle en l'honneur de saint Pierre en l'église de* Vorselaer. — *Sceau.*

XLV.

GUILLAUME DE BEAUJEU, Iᵉʳ DU NOM.

1331-1337.

Armoiries : *d'or au lion de sable, armé, lampassé de gueules, brisé d'un lambel de même à trois pendants.*

A la mort de Pierre de Lévis, Henri de Villars, archevêque de Lyon, obtint du pape Jean XXII, résidant alors à Avignon, l'évêché de Bayeux pour son neveu Guillaume de Beaujeu qu'il avait élevé près de lui, créé chanoine et sous-chantre de Lyon, grand prévôt de Fourvières. Il était issu d'une des familles les plus illustres, alliée à plusieurs maisons souveraines. Son père Louis de Forest, seigneur de Beaujeu, avait épousé en 1270 Léonore de Savoie, fille du prince de Piémont. Les bulles de nomination sont du 13 février 1331, mais les registres de l'église de Bayeux font foi qu'il ne prit possession de son évêché qu'en 1332.

Il s'occupa avec activité des biens de son église. Nous le voyons accorder à chaque dignitaire du chapitre *trente-six charretées* de bois de fagot et *vingt-quatre* à chaque chanoine à prendre chaque année, dans ses *bois d'Elle*. La même année, il unit le prieuré de St-Germain d'Elle au Plessis-Grimoult à charge de le faire desservir par un chanoine et de payer tous les ans à l'évêque et à l'archidiacre des Vez, 18 livres de monnaie ayant cours. Il fonda deux chapelles, l'une en son évêché, l'autre en sa terre de Douvres.

Il n'assista pas en personne au concile provincial de 1335 que Pierre Roger, archevêque de Rouen, avait convoqué au monastère de Bonne-Nouvelle près Rouen, et y députa l'un de ses chanoines. Il est probable même qu'il séjourna peu à Bayeux, car il était absent quand la mort le surprit le 26 août 1337. Il fut inhumé dans le tombeau de sa mère, au couvent des franciscains de Villefranche, diocèse de Lyon. On faisait son obit le 26 octobre, jour où l'on apprit sa mort à Bayeux.

Archives du Calvados.
    T. II. Plessis-Grimoult. 1332. *Réunion de l'église de St-Germain-d'Elle au prieuré du Plessis, à charge de 12 livres de pension pour le vicaire et 6 pour l'archidiacre.*

    Lettres de consentement du Chapitre et de l'archidiacre des Veez.

Gallia Christiana. *Dans le livre des obits de la cathédrale de Lyon*, on lit :
    Anno 1337 die VII calend. septemb. obiit Guillelmus de Belli-joco Episcopus Bajocensis et præcentor Lugdunensis qui promotus est ad episcopatum per felicis recordationis Dominum Papami Johannem XXII in Avenione ubi tunc residebat et fuit ecclesiasticæ traditus sepulturæ apud Villam-Francam Lugdunensis diœcesis in revestitorio Fratrum minorum juxta sacrarium, præsente multitudine prælatorum. Reliquit majori ecclesiæ Lugdunensi unum universarium generale singulis annis die obitus sui præfato ibidem faciendo. Ad hoc obligat domum suam cum appendiciis in claustro Lugdunensi cum domo sua quam acquisivit a domino Percevallo de Palude canonico Lugdunensi, juxta domum Cluniaci, etc.

XLVI.

GUILLAUME BERTRAND, IVe DU NOM.

1338-1347.

Armoiries : *d'or au lion de sinople armé et lampassé de gueules.*

Guillaume BERTRAND, second fils de Robert Bertrand, sire de Briquebec, vicomte de Roncheville et d'Alix de Clermont-Nesle, se destina d'abord à la magistrature. Les qualités et les aptitudes qu'il révéla dans l'exercice de sa charge de maître des requêtes au Parlement de Paris le firent nommer à l'évêché de Noyon en 1331. Il dut, sans doute, à la grande faveur dont jouissait son frère Robert, maréchal de France, d'être appelé au siège de Bayeux qui le ramenait au berceau de sa famille. Il y fut nommé le 27 février 1337, mais il ne fut sacré et ne prit possession qu'en mars 1338. A peine nommé, il se rendit à Rouen pour assister à l'échiquier avec Guillaume de Trie, archidiacre de Bayeux, Jean de Boissey et Godefroy de Rupaley, chanoines. La même année, il fut député par les États avec l'archevêque de Rouen, l'évêque d'Avranches, les comtes d'Eu et d'Harcourt, le maréchal son frère pour aller porter au roi les plaintes qu'occasionnaient les impositions extraordinaires qu'on venait de faire en Normandie, au sujet de la guerre avec l'Angleterre. Cette démarche ne fut point inutile et ils obtinrent, avec la confirmation des priviléges, le droit d'assembler les États tous les ans. L'année suivante, Guillaume était encore à Rouen et assista à la bénédiction du nouvel abbé de St-Ouen, Robert du Quesnay; il se rendit aussi en 1342 au concile de Rouen et à l'échiquier de 1344. Il signa une charte du roi confirmative des priviléges de l'Université de Paris. Mais ces occupations ne l'empêchaient pas de veiller aux intérêts de son église. Il se fit maintenir dans la garde-noble de la terre d'*Hermanville* relevant de la baronnie de Douvres et adjuger les biens des bâtards morts sans enfants dans celle de St-Vigor. Il traita avec son Chapitre au sujet du bois du parc de Neuilly, acquit le fief de Parfouru et régla un différend entre le baron de Creully et l'abbé de Cerisy au sujet du personnat de *Cully*.

Nous le voyons également fonder à ses frais un obit pour le repos de l'âme de Pierre de Crèvecœur, chapelain de St-Martin. Connaissant les pieux désirs de son prédécesseur d'établir quatre chapelles, deux à Bayeux et deux à Douvres, désirs que la mort vint prévenir, il en fonda une, nommée chapelle *de St-Vigor*, au palais épiscopal, à laquelle il attacha 116 boisseaux d'orge à prendre sur ses moulins de la ville. Elle a été depuis transférée à l'hôpital. Plus tard quand il fut sur le siége de Beauvais, il en fonda une seconde à laquelle il donna 25 livres tournois de rente dont il obtint l'amortissement du roi Jean en 1354.

Guillaume Bertrand s'est trouvé mêlé à des événements politiques trop importants pour que nous n'essayons pas d'en retracer les principaux faits. Roger Bacon, seigneur du Molay, était mort laissant une fille — *Jeanne* — la plus riche héritière de son temps. Robert Bertrand et Godefroy de Harcourt, dont la position était également élevée, se disputèrent sa main pour leur fils. Le premier fut agréé; dès lors commença entre eux une lutte qui devait avoir les plus terribles suites. Aussitôt Godefroy de Harcourt qui disposait de troupes nombreuses vint assiéger Neuilly, le château fort de l'évêque de Bayeux. Au même instant, le roi de France découvrait une conspiration qui devait livrer la Normandie au roi d'Angleterre et faisait saisir les principaux chefs : Guillaume Bacon, Richard de Percy et Jean de la Roche-Taisson. Godefroy de Harcourt, le plus criminel, put se sauver en Angleterre. Les autres jugés et reconnus coupables furent exécutés et leurs têtes exposées sur les murs de Carentan. Mais le traître Godefroy engagea Edouard à venir piller la Normandie pour venger leur mort. Le 1ᵉʳ juillet 1346, il débarqua au port de la Hougue avec une armée nombreuse qu'il divisa en trois corps. Godefroy vint en personne assiéger Neuilly, qu'il prit et détruisit de fond en comble, tandis que le roi prenait et brûlait Barfleur, Cherbourg, Valognes, Carentan, St-Lo, Thorigny.....

A cette nouvelle, Philippe envoya en toute hâte les comtes d'Eu et de Tancarville pour défendre Caen et arrêter ce torrent destructeur. Déjà il avait nommé Robert Bertrand maréchal de France et Guillaume son frère, pour commander à cette place ; mais la ville n'était point fermée, le château seul était fortifié. Cependant Edouard arriva et se prépara à en faire le siége. Les bourgeois, animés de patriotisme plutôt que doués de vertus guerrières, poussèrent le comte d'Eu à faire une sortie ; mais à peine arrivés à portée des Anglais, ils se débandèrent et, malgré tous les efforts des chefs qui furent pris en défendant une tour à l'entrée du pont, Anglais et Français se précipitèrent ensemble dans la ville. Dès lors le maréchal de Briquebec, Guillaume Bertrand et ce qui restait de troupes n'avaient plus qu'à se retirer au château, abandonnant la malheureuse cité. Les Anglais massacraient tous les habitants *ne prenant nul à mercy* et les bourgeois se barricadaient dans leurs maisons, les femmes, les enfants se défendaient avec l'énergie du désespoir. Furieux, le roi Edouard ordonna de livrer la ville aux flammes et ce ne fut qu'à grand'peine que G. de Harcourt put obtenir que l'on cessât le massacre. Mais la ville fut *pillée*, et les historiens du temps nous disent que la flotte anglaise qui était à Etreham fut *toute chargée de quarante mille pièces de drap, de joyaux, de vaisselle d'or et d'argent et de toutes autres richesses*. Le château résista donc seul ; le roi d'Angleterre trouvant inutile de perdre du temps sans profit, passa outre et le flot dévastateur se dirigea simultanément sur Lisieux et sur Falaise. Nous le verrons revenir bientôt.

L'année suivante Guillaume Bertrand fut nommé à l'évêché de Beauvais et y mourut en 1355. On mit sur son tombeau une épitaphe en vers latins qui commençait ainsi :

> *G. Bertrand natus jacet hoc præsul tumulatus*
> *Montfort stirpe satus fuit et Mogeld genoratus*
> *In Novio gratus, Baio post hoc decoratus*
> *Flos prælatorum, Laus cleri, clavis honorum*
> *Pax subjectorum, via juris, Dux miserorum, etc.*

Le sceau de l'évêque Guillaume Bertrand, que nous avons gravé, est appendu à une charte de la collection *des titres scellés de Gaignères* à la Bibliothèque Nationale. Il est de cire brune et parfaitement conservé. Aux archives du Calvados, il en existe quelques fragments insignifiants, en cire d'un beau rouge. Ce sceau, de forme ogivale, a $0,062^m$ sur $0,042^m$. La décoration compliquée laisse peu de place à l'évêque. Il paraît à l'étroit dans la niche d'architecture qui l'enserre de toutes parts. Il porte une mitre décorée d'un galon à petites croisettes et de 2 trilobes. La chasuble toute unie ne présente que quelques plis peu accusés. Le collet de la dalmatique seul est orné et il n'y a plus de place pour le manipule. Le prélat est placé dans une niche gothique terminée par trois clochetons d'inégale hauteur. Le dessin de Gaignères nous a permis de restituer le cul-de-lampe sous les pieds de l'évêque. Le champ est rempli par une série de clochetons, de pinacles percés à jour. Dans l'épaisseur des montants principaux, le graveur a ménagé de petites croisettes qu'on retrouve partout et toujours à cette époque. Au milieu des arcades on voit deux écussons aux armes du prélat : celui de gauche porte *un lion*, qui est *Bertrand;* celui de droite, *deux bars adossés sur un fond semé de trèfles*, qui est *Clermont-Nesle*. La légende en belle gothique porte : S. GUILLI : DEI : GRATIA — EPISCOPI : BAIOCEN. (*sigillum Guillelmi dei gratia episcopi baiocensis*). Le contre-sceau, de forme ronde ($0,028^m$), représente l'*Annonciation*, sujet que nous avons déjà décrit. L'archange tient une banderole où devait être écrit *ave Maria*. Le tout enfermé dans une arcade gothique à 3 pignons, soutenue de deux petites arcades; au-dessous un écu *au lion*. La légende, entre deux grenetis, porte AVE MARIA GRA... PLENA DNS. TECV. (*ave Maria gratia plena dominus tecum*). Nous retrouvons le dessin de ce sceau dans le m⁸⁸ 17,024. Gaignères a vu des hermines sur l'écu des de Nesle, et il a placé une colombe entre la Vierge et l'ange.

Enfin nous avons ajouté le dessin du *petit sceau* de Guillaume Bertrand, comme évêque de Beauvais (*Archives Nationales*, n° 6517). C'est d'ailleurs un charmant spécimen de la gravure au XIV° siècle. Il est rond et mesure 0,025 de diamètre. Dans un quatre-feuilles ogival dont les parties rentrantes sont remplacées par de petits cintres, le tout garni de croisettes, se trouve un écusson aux armes de l'église de Beauvais, *une croix cantonnée de quatre clefs*. Au-dessus une tête de lion de face rappelle les armes du prélat et semble défendre l'écusson que soutiennent deux sauvages à mi-corps. Au-dessous un petit monstre à longue queue complète l'ornementation; la légende entre deux filets porte... IGILL. PARVV. G. .... VAC... (*sigillum parvum G. episcopi bellovacensis*).

Archives du Calvados.
 Évêché de Bayeux. *Charte avec fragment de sceau.*
Titres scellés et Mss. 17024. 1346. *Lettres de Guillaume Bertrand rapportant une lettre du roi Philippe-le-Bel, qui ordonna de lui renvoyer deux chevaliers que Ph. Le Dépensier avait pris au château de Carentan, — donné à Antogny le 16° jour d'août. — Guillaume écrit au bailli de Caen de les renvoyer au plutôt; donné au châtel de Caen. — Sceau et contre-sceau.*
  1347. *Lettres au capitaine de Caen confirmant la nomination de Jehan de Rupalley, chevalier, sire du dit lieu, à la garde du châtelet de Milly, faite par R. P. en Dieu Guillaume Bertrand, naguères évêque du lieu, et translaté par le Saint-Père estre évêque de Beauvez. Donné à Caen dymanche, jour de la Trinité, l'an mil CCC XLVII.*

Archives Nationales.
 N° 6517. *10 mars 1352, traité de paix entre la France et l'Angleterre. — Sceau.*

XLVII.

PIERRE DE VENOIS, ive du nom.

1347-1350.

Armoiries : *d'or à six fleurs de lis d'azur posées 3,2 et 1.*

Les auteurs du *Gallia Christiana* donnent pour successeur immédiat à Guillaume Bertrand, Pierre de Vilaines qui, nommé, disent-ils, évêque d'Auxerre en 1347, *prit possession du siége de Bayeux en* 1351, et passent sous silence Pierre de Venois qui, d'après Hermant, aurait occupé cet évêché de 1347 à 1350. Il est d'ailleurs certain, d'après les titres originaux des Archives du Calvados, que, postérieurement à la translation de Guillaume à Beauvais, un Pierre, évêque de Bayeux, datait une charte *de son palais épiscopal à Caen* en 1347. Pierre de Venois était originaire du diocèse de Coutances; il reste d'ailleurs peu de traces de son administration qui fut de courte durée. Hermant cite un arrêt des assises de Caen, du vendredi d'après le jour des cendres 1349, qui le maintenait dans la juridiction et autres droits de la baronnie du Plessis-Grimoult, et parle de son sceau de cire verte conservé de son temps dans les Archives du Chapitre.

XLVIII.

PIERRE DE VILAINES, vᵉ du nom.

1351-1360.

Armoiries : *de... à trois lions de.....*

Pierre de Vilaines, que les auteurs du *Gallia Christiana* font naître dans le diocèse de Bayeux et *Hermant* dans celui du Mans, était évêque d'Auxerre quand il fut appelé au siége de Bayeux. Les registres de la cathédrale prouvent qu'il en prit possession le jour de Pâques 1351 et parlent des cérémonies de son entrée : ce ne peut donc être lui qui, en 1347, était en son manoir épiscopal de Caen. L'année suivante, il se rendit à Rouen, où il officia aux obsèques de l'archevêque Jean de Marigny. En 1353, il fit un accord avec l'abbé de St-Etienne au sujet de l'exercice de sa juridiction. Ce fut aussi vers cette époque qu'il ratifia la fondation du Chapitre de *Cressenville* que le pape Clément VI venait d'approuver, par bulles données à Avignon le 28 février 1352. Ce Chapitre composé de six chanoines avait été établi par un capitaine des armées du roi, Jean de Pont-Audemer, seigneur de Cressenville et d'Avenay qui s'était réservé la présentation de tous ces bénéfices. Ces chanoines, comme ceux de la cathédrale, avaient le droit de porter l'aumusse grise, le camail, etc. Il y a quelques années, en creusant à une grande profondeur dans un petit cours d'eau, on trouva le sceau en cuivre de ce Chapitre que nous donnerons plus tard et qui est fort bien gravé.

A cette époque, la Normandie était le théâtre de luttes et de guerres sans cesse renaissantes. Le roi d'Angleterre et ses partisans unis au roi de Navarre y faisaient de continuelles excursions.

Le roi de France, ému de ce triste état de choses, prenait soin de faire fortifier les principales villes et châteaux afin d'offrir au moins un asile aux habitants de ces malheureuses contrées. Bayeux n'était pas en état de soutenir un siége et les fortifications, du côté de la cathédrale, étaient complètement insuffisantes ; aussi voyons-nous, par une charte qu'on lira plus loin, le Chapitre *vendre des meilleurs et plus grands joyaux d'or et d'argent de ladite église*, afin de payer les frais de ces constructions. Le roi de France les dédommagea en leur abandonnant (1355) 200 livres à prendre sur la vente du bois en la grande *forêt du Troncay ou du Vernay*. Mais c'était peu de chose; aussi, cette même année, le roi ayant réuni à Paris les états-généraux demandait, par son chancelier l'archevêque de Rouen, des troupes et des subsides.

On lui accorda l'un et l'autre : 30,000 hommes d'armes et de nouvelles impositions qui atteignaient tout le monde, *exempts et non exempts, princes et gentilshommes, évêques et autres ecclésiastiques, religieux et religieuses, marchands, laboureurs, artisans, serviteurs ayant plus de 100 sols de gages*. Ce fut à cette occasion que fut rédigé le fameux LIVRE PELUT où l'on trouve avec les impositions de chaque église ou chapelle les noms des présentateurs, etc., source précieuse aujourd'hui perdue et dont l'abbé Beziers a heureusement donné le texte à la suite de son *histoire de Bayeux*. Cependant le roi Jean, averti de la trahison du roi de Navarre, venait de l'arrêter lui-même à Rouen avec ses complices, ce qui fit recommencer la guerre. Godefroy de Harcourt appela de nouveau les Anglais qui descendirent dans le Cotentin et ravagèrent plus de soixante lieues de pays. Bayeux se défendit une première fois et les pillards passèrent outre, mais peu après ils revenaient et, après avoir pris la ville, la livraient aux flammes. Pendant ce temps, Pierre de Vilaines s'était réfugié en son château de Neuilly d'où il n'osait sortir de peur d'être pris. Ces tristes nouvelles et l'inquiétude qui le rongeait altérèrent bientôt sa santé et, le 3 septembre 1360, il mourait après avoir remis le château à un capitaine expérimenté. Par son testament, il demandait qu'on laissât son corps dans la chapelle du château. Il y resta l'espace de 70 ans à cause des censures qu'il avait encourues pour n'avoir pas payé au Saint-Siége les *Annales*. Ce ne fut qu'en 1440 qu'un de ses successeurs, Zanon de Castiglione, paya les sommes dues et le fit inhumer dans la nef de l'église, près la porte qui conduit au doyenné. Ses exécuteurs testamentaires lui fondèrent un obit en 1367 et donnèrent pour cela une somme de deux cents livres.

Il existe aux archives du Calvados un petit fragment du grand sceau de Pierre de Vilaines; il est de cire brun-verdâtre. Le peu qui en reste fait vivement regretter sa perte. Il est difficile de voir en effet un amoncellement de pinacles, de clochetons, d'arcs-boutants, plus gracieux et plus léger; le contre-sceau de forme ronde devait renfermer, dans un quatre-feuilles décoré de croisettes, l'*Annonciation*. On lit encore ✠ CONTRA S ...... SIS.

Archives du Calvados.
   T. I. Évêché de Bayeux. *Reçu de trois livres tournois suivant la coutume de l'église de Bayeux*, datum in castello nostro de Nulleyo. — Sceau.
   Titres scellés. T. I, n° 35. *Don de 200 livres au chapitre de Bayeux*. Jehan par la grâce de Dieu Roy de France à nos amés et feaux trésoriers à Paris et au vicomte de Baiex ou à son lieutenant salut. Oye la supplication de nos amés le doyan et chapitre de Baiex contenant que comme nostre amé et feal conseiller Robert de Houdetot, chevalier et maistre de nos arbalestriers et le bailly de Caen estans naguères en la ditte ville pour visiter ycelle et li pourveoir de seure garde et deffense, considerant que ycelle si hastivement ne pourroit pas estre close de fossés et de murs comme nécessité seroit pour obvier à la malvaise volenté et ma-

lice de nos ennemis et eschiver le peril que par eulx et leur force pourroit advenir en ycelle se pourveu ny estoit de brief et convenable remede, eussent fait commandement de par nous ausdis doyan et chapitre que leur église hastivement feissent gariter, clorre et enfortier liquels comme obeissans au commandement qui de par nous leur avoit esté fait comme dit est, ont fait leur dicte église gariter, galander et enfortier au miex et plus hastivement qu'il ont peu, selon ce et par la maniere que ordené avoit esté par nos dessus dits conseillers et baillis pour laquele chose faire qui en la greigneur partie d'icelle est jà faite *leur a convenu* vendre des meilleurs et plus grans joyauls d'or et d'argent de leur dicte église, *laquelle œuvre bonnement parfaire ne pourraient, aucune grâce ou aide par nous sur ce ne leur estoit faite.* Savoir vous faisons que pour ce que rapporté et dit nous a esté par personnes en qui nous adjoustons plaine foy que bien nécessaire chose est que la dicte œuvre hastivement soit parfaite nous aus dit doyan et chapitre avons donné et octroié, donnons et octroyons de grâce espécial par ces presentes cc livres tournois à prendre ceste fois sur les marcheans de nostre grant forest du Troncay ou du Vesnay........ Donné à ..... le derrain jour de juing l'an de grâce mil trois cens cinquante et cinq.

Par le roi en son conseil ou quel vous estiez
Mess. de Biauves et de Chaallons.

J......

I et II d'après Gaignières

XLIX.

LOUIS TÉZARD, 1er du nom.

1360-1374.

Armoiries : Galerie de l'évêché. — *D'argent à la fasce d'azur; d.... à la fasce chargée d'une vivre de..... et accompagnée au chef de deux roses de ......*

Le successeur de Pierre de Vilaines fut Louis Tézard, issu d'une famille ancienne et dont plusieurs membres figurent au nombre des bienfaiteurs du prieuré de Saint-Vigor-le-Grand. Il était fils de Robin Tézard, seigneur des Essarts et de Robine de Villars, et naquit au château des Essarts, à quatre lieues de Bayeux. Pierre de Vilaines ayant remarqué sa grande piété, le fit chanoine de Mathieu en 1353, mais peu après, son compatriote Humbert de Vienne, archevêque de Reims, l'emmenait avec lui, le faisait son grand vicaire, son official et enfin son archidiacre. Ce fut alors que le chapitre de Bayeux le demanda pour occuper le siége vacant; il prit possession par procureur la veille de Noël 1360 et vint en personne le 28 mars jour de Pâques. Cette cérémonie fut très-brillante. Outre plusieurs prélats, on y remarquait les abbés d'Aunay et de Longues.

Le roi de France, qui honorait de son estime le nouvel évêque, s'en servit en plusieurs circonstances très-délicates et très-importantes. Nous le voyons assister aux Etats-Généraux à Tours en 1366, siéger au parlement de Paris en 1369, à l'échiquier d'Alençon en 1371. Le 13 décembre 1366, il fut député pour recevoir l'hommage que Jean duc de Bretagne fit au roi de France. Enfin il fut en 1372 au nombre des « *commissaires ordonnez par le Roy n re s. pour le fait de St-Sauveur-le-Vicomte* » après la députation qu'on lui avait envoyée à Paris pour le supplier de chasser les Anglais de ce dernier abri. Cette commission se composait de Sylvestre de La Cervelle, évêque de Coutances, de l'évêque de Bayeux, des baillis du Cotentin et de Caen, de Thomas Graffage, archidiacre d'Auge, de Raoul Paisnel, capitaine de Coutances, de Raoul Campion, receveur général à Caen, etc. Elle s'occupa d'abord de repartir l'impôt entre les vicomtés et entretint une nombreuse correspondance avec le comte d'Alençon, le connétable, etc. Mais les opérations languirent pendant plus d'une année, et en 1374 les Anglais vinrent encore brûler les faubourgs de Bayeux. Ce fut sur ces entrefaites que Louis Tézard sur la présentation du roi de France, fut transféré à Reims et nous verrons son successeur continuer son rôle patriotique. Le Souverain Pontife choisit également notre évêque avec les abbés de Saint-Aubin d'Angers et de Marmoutiers pour préparer la béatification de Charles de Blois, duc de Bretagne.

Il ne faut pas croire cependant qu'il négligeât son diocèse. Ayant réuni à Bayeux un synode, il y fixa la date des deux réunions annuelles et y supprima certaines fêtes, comme *le charivari*, etc. En 1374, il donna au chapitre la dîme des saumons et des anguilles de la Vire dans sa terre de Neuilly. Il avait fondé en son château des Essarts une chapelle en l'honneur de saint Louis, pour y célébrer une messe basse les dimanches et fêtes. Cette chapelle démolie et profanée par les protestants, fut rétablie en 1679. Il permit aux Augustins qui tenaient en 1372 leur chapitre général à Bayeux, de célébrer la messe solennelle dans le chœur de la cathédrale. Il sut faire valoir ses droits et se faire adjuger contre le receveur du domaine le patronage du prieuré de Saint-Nicolas de la Chesnaie naguère fondé par ses prédécesseurs, força l'abbé de Saint-Etienne à recevoir sa *visite* et à se rendre au synode. Enfin, en 1374 il fut appelé à l'archevêché de Reims ; mais à peine installé, il mourut le 12 octobre et fut inhumé dans le chœur près de l'autel.

Nous avons trouvé dans les *titres scellés* et les manuscrits de Gaignères deux sceaux de Louis Tézard. Le premier, dont il existe au moins quatre exemplaires bien intacts, est de cire rouge ; il est rond et mesure 0,035ᵐ. Sous un portique à trois pignons égaux soutenus de deux *logettes* avec anges adorateurs, la Vierge patronne de l'église de Bayeux ; au-dessous un écusson aux armes du prélat, *une fasce vivrée surmontée de deux roses*, est accompagné de deux branches de roses. La légende entre deux grenetis porte : S LVDOVICI — EPI BAIOCEN (*Sigillum Ludovici episcopi baiocensis*). Ce petit sceau est très-finement gravé.

L'autre qui est plus grand n'existe plus en original, nous avons copié le dessin de Gaignères en lui en laissant la responsabilité. Il est ogival et mesure 0,070 sur 0,045. Sous un dais à pignons surmontés d'une tour, entre un amoncellement de niches garnies d'anges, la Vierge debout, couronnée, tenant l'enfant Jésus et une branche de lis, au-dessous un évêque à genoux et priant entre deux écussons chargés *d'une fasce surmontée de deux croissants* ; de la légende on ne lit plus que : S : LVDOVICI :. Le contre-sceau, presque semblable au premier que nous avons gravé, présente au milieu un évêque bénissant, vu à mi-corps ; au-dessous un écusson pareil aux deux autres, est accompagné de *deux roses* ; la légende porte : S. LVD · EPI —BAIOCENSIS en gothique courante. Peut-être ce sceau n'est-il que la reproduction inexacte de celui que nous avons copié sur les originaux ?

Archives du Calvados.
 T. I. St-Etienne. 1368. *Copie d'une transaction faite avec Pierre, évêque de Bayeux et confirmée par Louis.*
 T. II. Plessis-Grimoult. 1369. *Accord au sujet de l'église de* Campeaux.
Mss. 27024, fol. 14. *Quittance de Louis Tezard, reconnaissant avoir reçu de B. Le Coustellier, v*ᵗᵉ *de Bayeux, une somme de 120 reaux d'or*

qu'il avait en dépôt. Causa quod dictus dominus predecessor noster fecerat tempore quo vivebat, pro redemptione sive liberatione regis datum in nostro episcopali manerio baiocensi, 1361.—*Sceau.*

1368. *Lettres de Louis abandonnant à Guillaume, abbé de St-Etienne, la juridiction spirituelle et ecclésiastique sur les paroisses de* Bourg-l'Abbé, St-Ouen, Villiers, N.-D. d'Allemagne, de Chaiseyo, B. M. de Cabourg, de Yceio, de Bretteville-l'Orgueilleuse, de Torteval, St-Sanson d'Aunay et St-Pierre de Feloigne, etc.

1369. *Lettres du roi Charles V à l'évêque de Bayeux et au sire de Blainville, confirmant M° Richard Le Capellier, archidiacre de Bayeux, Jean du Bois et Raoul de Bray, chevaliers comme receveurs des aides dans le diocèse.*

Titres scellés. T. V, n° 48. 1392. *Mandement des commissaires du roi à Yvon Huart pour le paiement de la somme de 16 sous tournois à Jean Martin, messager envoyé vers le comte d'Alençon.—Sceau.*

N° 49, fév. 1372. *Id. de 8 sous tournois à Richard Guenier envoyé vers les commissaires de Sées.—Sceau.*

N° 50, fév. 1372. *Id. de 70 sous à Jean Haste envoyé vers le connétable en Guiane.—Sceau.*

T. III, n° 538. *Reçu de la somme de 19 livres 5 sols 6 deniers sous le scel de notre sénéchal.* Mai 1372.

Mai 1372. *Vidimus d'une lettre du roi Charles V autorisant l'évêque de Bayeux et ses hommes à jouir de ses salines d'Isigny.*

Mss 17024, f. 15, sept. 1372. *Vidimus d'une lettre du roi Charles V ordonnant de payer à l'évêque de Bayeux, à Henri de Thieuville, à Henri de Coulombiers les sommes dépensées par eux en leur voyage à Paris pour exposer au roi l'état de la Normandie.*

10 janvier 1372. *Quittance de 200 francs d'or à lui donnés par le roi pour son voyage à Paris.*

L.

MILES DE DORMANS.

1374.

Armoiries: *d'azur à trois têtes de léopard d'or lampassées de gueules.*

Miles de DORMANS, qui n'occupa qu'un an le siége de Bayeux, était d'une famille de Paris, qui à cette époque occupait les charges les plus élevées du royaume. Il était fils de *Guillaume* de Dormans, chancelier de France et neveu de *Jean*, chancelier, puis cardinal et fondateur du collége de Beauvais à Paris. Lui-même fut d'abord président à la Chambre des comptes de Paris; mais, bientôt après, il prit les Saints Ordres et fut nommé, en 1371, évêque d'Angers; deux ans après il venait à Bayeux, et enfin, le 6 avril 1375, prenait possession du siége de Beauvais. Chancelier de France en 1386, il mourut l'année suivante et fut enterré en la chapelle du collége de Beauvais. Sa mère, Jeanne Baude de Silly, hérita de lui d'une somme de 3,000 livres donnée par le roi Charles VI, le 26 mai 1386, en récompense *des grands frais et dépenses qu'il avait supportés ès voyage de Flandres*, et d'une autre de 4,000 livres, du 4 avril 1387, *pour ses bons services.*

On ne sait rien sur lui comme évêque de Bayeux, si non que, à peine installé, il partit pour aller trouver l'amiral Jean de Vienne et s'occuper du siége de St-Sauveur-le-Vicomte.

Nous n'avons pu retrouver son sceau ni à Angers, ni à Beauvais.

Mss 17024, f. 17. *Mandement du roi Charles VI ordonnant de payer à Miles de Dormans, évêque de Bayeux, la somme de dix francs d'or par jour à compter du jour où il est parti de Paris pour aller rejoindre Jean de Vienne devant St-Sauveur-le-Vicomte jusqu'à son retour. Donné à Vaux-la-Royne, 9 septembre 1374.*

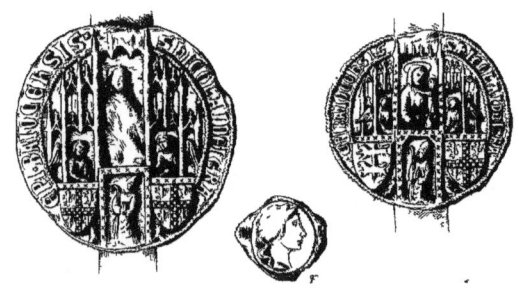

LI.

NICOLAS DU BOSCQ, Iᵉʳ DU NOM.

1375-1408.

Armoiries : *de gueules à la croix échiquetée d'argent et de sable cantonnée de 4 lions d'or lampassés d'azur.*

Lorsque Miles de Dormans fut nommé à l'évêché de Beauvais, celui de Bayeux fut donné à Nicolas du Boscq ou du Bois, originaire de Rouen, où sa famille occupait un rang fort élevé. Son père, Martin, seigneur de Tendos, lieutenant du grand maître des eaux et forêts de Normandie, mourut en 1360, à Londres, où il était en otage pour le roi Jean. Nicolas fut d'abord professeur en l'un et l'autre droit, conseiller du roi, puis chanoine de Rouen. Le 28 février 1374, il fut élu évêque de Bayeux, mais les fonctions dont il se trouva investi l'empêchèrent de prendre possession de suite. Obligé de s'occuper de la levée des impôts pour le siège de St-Sauveur-le-Vicomte qui durait toujours, il se rendit à cette expédition, s'y comporta en brave capitaine, prit part aux négociations qui, moyen en 60,000 livres, livrèrent au roi ce dernier asile des Anglais en Normandie. Il reçut même en cette circonstance un don de 600 livres. En 1376, il fut envoyé à Bruges pour traiter de la paix avec l'Angleterre. De retour, il s'arrêta à Rouen où il prêta le serment entre les mains de son métropolitain et fit encore un voyage à Bruges avant de se faire sacrer dans sa cathédrale de Bayeux, par Sylvestre de La Cervelle, évêque de Coutances. Après avoir prêté le serment ordinaire, il officia solennellement le 17 septembre 1377.

Les grandes qualités de Nicolas du Boscq et son aptitude aux affaires le firent apprécier par les rois Charles V et Charles VI. Aussi, le voyons-nous sans cesse député par ces princes pour aller traiter de la paix avec l'Angleterre et conclure ces trèves de peu de durée que l'on achetait à prix d'argent au milieu des désordres et des malheurs de la France! Il est difficile de le suivre dans les nombreux voyages qu'il fit en 1381, 83, 84, 87, 89, 90, alors que, *aux gaiges de XII livres par jour payables d'avance*, il se rendait à St-Omer, à Boulogne, à Ardes, en Allemagne, etc... Nous le voyons figurer aussi à la fameuse assemblée du Parlement de Paris (1378), où furent condamnés les scélérats que le roi de Navarre avait envoyés pour empoisonner le roi Charles V ; à celle de 1380 où fut décidé le couronnement du jeune Charles VI; à celle de 1394, où l'Université de Paris condamna l'antipape Benoist XII. Il siéga aussi en 1386 et 1387 à l'échiquier de Rouen pendant trois semaines. Nommé président de la Chambre des comptes et chancelier de France en 1397, il se démit de ces hautes fonctions en 1400. Comme récompense de ses services, le roi lui donna en 1377 *mille livres pour s'acheter un hotel sis à Paris,* et il reçut des dons de la même somme en 1384 et 1388, et enfin 200 *livres pour ses robes* quelques années plus tard. Il fut aussi chargé de plusieurs missions d'honneur. C'est ainsi qu'il fut député près du duc de Bretagne, qu'il assista, en 1383, aux pactions de mariage de Catherine, fille de Charles V, avec le duc Robert de Bavière, à celles de Louis, son frère, avec Valentine de Milan (1386), de Jeanne, fille de Charles VI, avec Jean, duc de Bretagne (1391), et enfin d'Isabelle avec le fils du duc d'Alençon (1391), etc.; il assista aussi à la translation des reliques de saint Louis, portées de St-Denis à la Ste-Chapelle.

Les nombreuses occupations de sa carrière politique ne lui firent pas négliger ses devoirs d'évêque. Il donna à son église la dîme de

St-Agnan-le-Malherbe, à charge de deux messes par an pour le repos de son âme et d'un *De Profundis* devant son tombeau, régla un différend au sujet de la dîme des saumons de Neuilly, acquit des fiefs, reçut l'aveu de Pierre de Farcy pour le fief de Montmartin, etc. Aussi généreux que pieux, il déposa sur l'autel, lors de son arrivée, *une vierge de vermeil*, et donna plus tard à son église une croix de vermeil qui pesait huit marcs, de riches ornements, de précieux reliquaires qui disparurent lors du pillage des protestants, en 1562. L'abbaye de Mondaye comptait notre évêque au nombre de ses principaux bienfaiteurs. On célébra jusqu'à la Révolution un obit pour celui, dit le cartulaire, *qui nobis contulit multa.* En 1407, il fonda une messe, tous les jours, en l'église St-Vincent de Rouen, où ses parents étaient enterrés et fit reconstruire l'année suivante le palais épiscopal de Caen où se trouvait une pierre sculptée avec ses armes et cette inscription : Nicolaus de Bosco ortus de Rothomago. mil cccc viii. Il était à Paris quand il sentit sa dernière heure approcher. C'est alors qu'il fit son testament le 19 septembre 1408, nommant, pour exécuteurs de ses dernières volontés, trois de ses neveux : Simon du Bosc, abbé de Jumiéges auquel il avait prêté 200 livres pour son église, Gérondin et Mathieu, chanoine et trésorier de Bayeux. Il mourut le lendemain et fut enterré dans la chapelle St-Louis, au couvent des Franciscains de Paris. Son corps fut transféré de là à Bayeux et inhumé le 6 mai 1412 dans le chœur, en face la chapelle St-Vincent. On lui éleva un magnifique tombeau de trois pieds de hauteur. Une grande plaque de marbre noir de Flandres, large de 2m,35 sur 1m12, soutenait sa statue de marbre blanc entourée d'une niche cintrée dont on voit encore une partie des contours et les scellements. Sur l'épaisseur, en pente, sont gravées deux inscriptions identiques séparées par d'élégants rinceaux scultés en creux. On y lit en belle gothique : Cy gist feu Messire Nichole du bosc ncy de Roen euesque de ceans conseiller du Roy nr̃s et presidet de la chãbre des cõptes q̃ trespassa a paris le xixe jour de septẽbre mil cccc et viii et fu cy trãslate le vie jour de May cccc et xii pries pour lame de luy. Cette plaque de marbre reposait sur un *tombeau* décoré d'arcades gothiques encadrant 8 statuettes dont on ne voit plus que les bases. Ce magnifique mausolée que les auteurs du *Gallia Christiana* décrivent ainsi : *Corpus humatum est tumuloque insignis structuræ ex albo marmore desuper magnificentissime composito superpositum*, fut mutilé par les protestants. Puis, en 1684, quand on pava le chœur en *beau pavé blanc et noir*, comme son tombeau était un peu élevé de terre, il *fallut* le détruire afin d'aplanir la place ; en même temps, on recula un peu son corps que l'on trouva enveloppé d'une peau de cerf et on noya dans le pavage la moitié de l'inscription ! On dit d'ailleurs qu'une troisième modification va bientôt *réduire* ce reste de tombeau, lors de la pose d'un chemin de croix !!... Ses exécuteurs testamentaires lui fondèrent deux obits, le 19 septembre et le 6 mai; mais, en 1783, il n'y en avait plus qu'un fixé au 16 janvier.

Il existe aux *titres scellés* de Gaignères et aux Archives Nationales, trois sceaux différents de Nicolas du Bosc, tous les trois de cire rouge. Le plus grand est rond et mesure 0,040^m. Dans une niche à trois pignons se trouvait une *Notre-Dame* tenant l'enfant Jésus dans ses bras. A droite et à gauche sous deux élégants pinacles à jour deux anges adorateurs. Au-dessous, dans une arcade carrée et garnie de croisettes le prélat à genoux, les mains jointes, crossé, mitré. A droite et à gauche, deux écussons aux armes des du Bosc, *une croix échiquetée cantonnée de quatre lions*, en dessous deux petits lions issants et affrontés complètent cette partie qui descend jusque dans la légende. Celle-ci, entre deux grenetis, porte : S. Nicolai Dei gra—epi. Baiocensis (*sigillum Nicolai Dei gratia episcopi baiocensis*).

Le second est admirablement conservé et d'une grande finesse de gravure. C'est, à quelques détails près, la reproduction en plus petit de celui qui précède. Ici tous les montants sont couvert de croisettes. Le dais se termine par cinq pinacles égaux. L'écusson de gauche porte les deux léopards de la Normandie avec une crosse, *brochant*. A droite et à gauche, ils sont soutenus par deux *hommes nus* et très-habilement rendus, malgré leur excessive petitesse. La légende est absolument la même. Ce sceau mesure 0,032^m. On le trouve dessiné au folio 19 *bis* des manuscrits de Gaignères 17024. Désormais la gravure des sceaux va devenir de moins en moins bonne et, sauf quelques exceptions, elle sera plate, sans relief et sans ensemble.

Le troisième sceau ou signet est apposé au bas du contrat de mariage d'Isabelle de France. La forme indique un anneau dont la sertissure renflée au milieu porte ces lettres gravées 𝕴 — 𝕭. La pierre représente une tête laurée, de profil et tournée à droite. Le tout mesure 0,015^m.

Archives du Calvados.
 T. II. Appendices. 1384. *Attribution de biens du chapitre, sis à Carpiquet, pour distribuer à 12 personnes afin de les aider à faire le service divin et être ès heures en l'église de Bayeux.*
 1389. *Achat de la terre d'Ermentreville moyennant 500 livres.*
Mss 17024, f. 18. 20 fév. 1375. *Quittance de la somme de 600 francs d'or pour la contribution du videment de St-Sauveur-le-Vicomte.*
Titres scellés. f. 43. 5 fév. 1375. *Mandement du roi Charles V donnant à N. du Bosc 1,000 francs d'or une fois payés* pour lui aidier à avoir et acheter un hostel à Paris qui soit sien et pour faire sa voulenté. — *Quittance de cette somme en 1377.*
 f. 44. 12 juin 1377. *Mandement pour payer 200 francs sur les gages à XII fr. par jour au voyage de Boulogne sur la Mer.—Quittance de cette somme.*
 f. 45. 25 juillet 1377. *Reçu de 424 francs d'or, dus sur son voyage en 1376 et 1377.*
 f. 18. *Mandement de payer XII francs par jour. — Reçu de 360 francs, idem.*
 f. 48. 28 juin 1378. *Reçu de 200 francs sur 814 restés dus sur le voyage de Bruges.*
 f. 51. 15 janvier 1380. *Reçu de 18 livres pour droit d'hommage de la terre dé Thórigny.*
 f. 18. 4 juin 1381. *Don de 2,000 francs pour son voyage de Monstreuil et Boulogne.*
 f. 19. 26 mars 1383. *Reçu de 288 francs d'or pour son voyage en Picardie.*
 f. 52. 10 nov. 1383. *Mandement l'envoyant en Picardie.*
 f. 53. 20 nov. 1383. *Reçu de 240 francs pour 20 jours.*
 f. 19. 6 janv. 1383. *Quittance de 360 francs à ce sujet.*
 f. 19. 15 juillet et 7 sept. 1384. *Don de 1,000 francs comme récompense.*
 f. 18. 8 oct. 1384. *Reçu de 252 livres.*
 f. 57, 58. 5 juin 1386. *Mandement du roi donnant 500 francs d'or pour trois semaines de séance à l'échiquier.—Reçu de cette somme.*

f. 59. 9 mars 1387. *Nouveau don de 500 livres pour le même sujet.*
f. 18. 14 juillet 1387. *Reçu de 180 francs pour voyage en Allemagne.*
f. 19. 13 déc. 1388. *Reçu de 570 francs à Boulogne pour certaines besognes.*
f. 19. 11 avril 1390. *Mandement d'aller en Picardie.*
f. 19. 15 avril, 1ᵉʳ juin 1390. *Reçu de 2 mois de gages.*
f. 62. 24 août 1390. *Reçu de 68 livres.—Idem 360 francs d'or.*
f. 20. 18 avril 1391. *Mandement de lui payer 200 francs pour ses robes de l'année.—Quittance de cette somme le 18 décembre.*
f. 66. 21 janv. 1391. *Reçu de 360 francs, voyage de Tours et Orléans.*
f. 19. 26 mars 1393. *Reçu de 200 francs prêtés à son neveu Symon, abbé de Jumièges, pour son église.*
f. 19. 17 nov. 1391. *Institution d'un prieur pour l'Hôtel-Dieu de Villers-Bocage.*
f. 67. 2 nov. 1404. *Lettres de Nicolas déclarant* faire avaler par la rivière de Seine, à Rouen ou batel de Richard Harent... quarante cinq queues, treize ponçons et un caque de vin et un caque de noix et de là... seront portées par eaue jusques à Caen pour nos garnisons.

Bibliothèque du Chapitre. *Inventaire de 1479.* Item un beau reliquaire dargent doré faict en manière de sépulchre de Nʳᵉ Redempteur du quel lymage gist au millieu et aux deux boutz et au costé et derrière a quatre ymages eslevées. Et au dessoubs sont en esmails les armes de feu Monsieur Nicole du Bosc, jadis evesque de Baieux lequel le donna à l'église.

Item un vase de cristal ront soutenu par les deux bouts de deux pinacles et aux deux bouts tout en esmail les armes de feu Monˢ leveque du Bosc et dessous le cristal a trois petites ymages. Assis sur un pié fait en manière de nacelle séant sur six oyseaulx le tout d'argent doré et dedens le cristal a des os de saint Panthaleon et de Marie Magdalaine.

Item une belle croix d'argent doré à esmaulx aux quatre cosnières, avec les armes de feu Monˢ Nicole du Bosc qui la donnée.

LII.

JEAN DE BOISSEY, Iᵉʳ DU NOM.

1408-1412.

Armoiries : *d'hermines au lion de gueules couronné d'or.*

Jean de Boissey était fils du gouverneur de Fécamp et originaire du pays de Caux. Il était chanoine de Rouen et archidiacre de Caux, quand il fut nommé, le 26 novembre 1408, à l'évêché de Bayeux. Il résigna ses fonctions à Louis de Harcourt ; il était aussi maître des requêtes, et Jean de Corbie, par lettres datées du 6 décembre 1408, fut nommé à sa place. Jean de Boissey prit possession par procureur le 4 février 1409 et envoya un député au concile de Pise où fut institué le pape Alexandre V après la déposition des deux prétendants. En 1410, il se rendit à Rouen pour prêter serment entre les mains de son métropolitain. Il ne gouverna l'église de Bayeux que fort peu de temps. On ne sait rien de son administration sinon qu'il fit défendre de chasser sur ses terres de Neuilly et de La Motte.

Par son testament, il ne laissa à son frère et à son neveu qu'un cheval alesan et bay. Il mourut le jour de Pâques (3 avril) 1412. En creusant une fosse dans le chœur, en face du mausolée de son prédécesseur, les ouvriers trouvèrent une chapelle souterraine dont le souvenir s'était perdu. Il y fut enterré du côté du midi dans un tombeau en forme d'autel qui a été mutilé par les protestants. L'épitaphe existe encore : Cy gist home de noble memoire, Jehan de Boissay evesque de Baier et conseiller du Roy, qui trespassa le jour de Paques iii jour davril l'an mil ccccxii Priez Dieu pour so ame. A la voûte on voit une petite croix qui porte en forme de légende : Jehan de Boissay evesque de Baieux.

Au-dessus de la *fenêtre* qui fut ouverte pour éclairer la crypte on plaça une pierre où furent gravés ces vers, qui occupent toute la longueur en plusieurs lignes de belle gothique :

>En lan mil quatre cens et douze,
>Tiers jour davril que pluye arouze
>Les biens de terre, la journee
>Que la Pasques fut celebree,
>Noble home et reverent Pere
>Jehan de Boissay, de la mere
>Eglise de Baieux pasteur
>Rendi lame a son createur ;
>Et lors en foissant la place
>Devant le grant autel de grace
>Trouva leu la basse chapelle
>Dont il n'avait este nouvelle
>Ou il est mis en sepulture
>Dieu vieulle avoir son ame en cure ; Amen.

Nous n'avons pu retrouver aucun acte de l'administration de Jean de Boissey.

LIII.

JEAN DE BOUQUETOT, II° DU NOM.

1412.

Armoiries : *de gueules à deux fasces d'or à la bordure engreslée de ... au franc canton d'hermines brochant.*

Après le décès de Jean de Boissey, quelques auteurs placent sur le siége de Bayeux Jean de Bouquetot, abbé de Saint-Wandrille. Mais, s'il fut réellement nommé, il ne prit pas possession de son siége, étant retenu à Rome par ses fonctions de référendaire, et dès le 26 octobre de la même année, Jean Langret prenait possession de l'évêché de Bayeux. Le 6 septembre 1412, l'évêque obtint du roi des lettres-patentes pour forcer ses vassaux à faire la garde du château de Neuilly.

Bréard, prieur de Sainte-Marie de Bellemont, en parle ainsi :

Jean de Bouquetot je m'appelle
Père et pasteur de Fontenelle (St-Vandrille)

Qui me fis de Rome venir
Les Pouvoirs d'ornements bénir
Puis tiré de ce monastère
Fus du pape référendaire
Et au gré des bons et pieux
Éleu évêque de Bayeux.

Quoi qu'il en soit, il mourut à Rome en 1419.

Nous donnons ici le sceau de Jean de *Braquetot* comme abbé de Saint-Wandrille, *Titres scellés, abbayes*, t. XV. Il est de cire rouge et mesure 0,035 de diamètre. Sous une arcade gothique à 5 pignons légèrement cintrés et accompagnée de 2 pinacles, la Sainte-Vierge tenant l'enfant Jésus à gauche ; au-dessous un écusson à 2 fasces avec une bordure engreslée et un franc canton chargé de 3 hermines. La légende entre deux lignes porte en caractères gothiques cursifs : S f Johis de braquetot abbis Sti vandrilli (*sigillum fratris Johannis de Braquetot abbatis sancti Vandrilli*). Le graveur a mis *Braquetot* au lieu de *Bouquetot*, que porte la charte elle-même.

LIV.

JEAN LANGRET, IIIᵉ DU NOM.

1412-1419.

Armoiries : *de gueules à la fasce d'or accompagnée de trois couronnes de même posées 2 et 1.*

Jean LANGRET était originaire de la ville de Poligny en Franche-Comté. Il était archidiacre de Rouen, conseiller du roi Charles VI et du duc de Bourgogne. Nommé évêque de Bayeux, il prit possession par procureur le 18 juin, et en personne le 26 octobre 1412. Ses occupations à la cour de Charles VI et les malheurs du temps nous ont laissé peu d'actes de lui. Le roi d'Angleterre ayant envahi de nouveau la Normandie, vint prendre Caen. Bayeux fut obligé de se rendre au duc de Glocester qui accorda aux habitants la vie et leurs biens, en 1417. Jean avait fait fortifier son château de Neuilly et y avait placé comme capitaine Thomas de Creully, qui devait, nous l'avons déjà vu, l'hommage et le service militaire à l'évêque de Bayeux. Thomas dut se rendre ; la capitulation est du 15 mai 1418. L'année suivante, le pape écrivit au roi d'Angleterre : *Ut Johannem cubicularium suum et familiarem continuum qui diu noctuque constanter ipsi adhærebat totius episcopatus sui fructibus gaudere permitteret*, et il fit hommage à Bayeux en présence de trois évêques Anglais commis à cet effet. En 1419, il fut nommé administrateur plutôt qu'abbé de St-Wandrille ; il résigna à Guillaume Ferrechart son compatriote et mourut le 14 juillet 1419. Il fut inhumé à Poligny, en la sépulture de sa famille ; on plaça cette épitaphe sur son tombeau : Cy gist Reuereud pere en Dieu Messire Jean Langret de Poligny Euesque de Bayeux en Normandie Conseiller du Roy de France et de Monseigneur le Duc de Bourgogne qui mourut à Paris le xiv Juillet de l'an 1419. Dieu veuille auoir pitié de son ame. Amen.

Dans les *Titres scellés*, t. III, de Gaignières, on trouve le sceau en cire brune de l'officialité de Bayeux sous Jean Langret. Ce sceau, maigre et plat d'exécution, présente un buste d'évêque de profil ; la mitre est garnie d'un galon. Le col de la dalmatique est fortement accusé ; à droite dans le champ une crosse accompagnée vers le bas d'une rose ; la légende qui porte : sigillum..... baiocensis (*sigillum curie episcopalis baiocensis*), est coupée par deux écussons aux armes du prélat : *une fasce et trois couronnes*. Ce sceau de forme ronde mesure 0,040. On trouve aussi ce sceau dessiné et *complété* folio 21, M^e 17024. Gaignières y a mis une légende évidemment fausse car il en a fait le sceau de l'évêque : sigillum Johannis dei gra episcopi baiocen.

Titres scellés. T. III, n° 68. 16 mai 1414. *Quittance de 47 livres 14 sols 5 deniers pour recompensation du droit de l'hommage de la baronnie de Thorigny et pour les dîmes des bois de Bur-le-Roy.*
   3 sept. 1414. — 15 juin 1415. — 28 avril 1416. *Reçus de la même somme.*
Mss 17024. 21 may 1425. *Décharge des héritiers de l'évêque de Bayeux de ce que Guillaume, abbé de St-Wandrille, réclamait en sa succession.*
Société des Antiquaires de Normandie. 23 vol., n° 142. *Capitulation du château de Neuilly. 1418.*
   938. *Lettres du roi pour une levée d'impôt sur le clergé en 1421, adressées* : Vicariis in spiritualibus episcopatus Baiocensis sede ibidem vacante.
   1492. *Lettres du 25 février 1421 sommant de faire exécuter cette levée qu'on n'avait pas faite.*—Aux vicaires de l'église de Bayeux, sede vacante.

LV.

NICOLAS HABART, II° DU NOM.

1421-1431.

Après la mort de Jean Langret, l'évêché de Bayeux resta quelque temps sans titulaire. Henri V, par lettres du 1er août 1419, permit au chapitre d'élire un évêque. Nicolas HABART fut nommé en 1420 et prit possession par procureur le 23 mai 1421. Il y envoya son frère Richard, archidiacre de Caen, chanoine d'Amayé, qui fut reçu par le doyen avec le cérémonial ordinaire. Nicolas Habart fut chargé par le roi d'Angleterre de recevoir le serment de fidélité des ecclésiastiques. Etant à Paris en 1421, il consacra l'église des Billettes. Ce fut lui qui fit rebâtir à ses frais la pyramide du midi, qui commença la construction de la bibliothèque du chapitre et qui fit réparer les orgues telles qu'elles étaient encore au XVIII° siècle. Il embrassa avec ardeur le parti du roi d'Angleterre, fut député par lui aux États de Rouen et assista, dit-on, au jugement de la Pucelle d'Orléans, qu'il eut la faiblesse de condamner contre ses convictions. Il mourut l'année même en 1431 et fut inhumé proche du pilier du côté gauche. Les protestants arrachèrent les plaques de cuivre qui recouvraient son tombeau. Il fonda quatre obits en donnant les dîmes du Pin et de Flinville.

On trouve aux *Titres scellés*, t. III, le sceau de Nicolas Habart et celui de l'official de Bayeux pendant son épiscopat : le premier, de cire rouge, est rond et mesure 0,032ᵐ ; il est finement gravé. Au centre une Notre-Dame assise sur un siége à volute et tenant l'enfant Jésus est placée sous un riche dais à trois compartiments soutenu de pinacles ; au-dessous un monstre à tête d'oiseau mais sans ailes. La légende porte en petite gothique sigillum nicolae · episcopi baiocen. Ce sceau est dessiné f. 22, Mʳ 17024. L'autre est la reproduction du sceau de l'officialité de Jean Langret, et, chose bizarre, il porte les mêmes armoiries ; la mitre de l'évêque est décorée de trois feuilles, le collet est plus petit et en face de la rosette se trouve une étoile. Celui-ci a un contre-sceau où sont reproduits l'écusson à une fasce et 3 couronnes, surmonté d'une crosse et accompagné des 2 lettres C. B. (*curia baiocensis*), le tout a 0,012ᵐ.

Titres scellés. T. III, nº 71. 18 fév. 1422. *Reçu de 19 livres pour l'hommage de Thorigny.*
    72. 23 sept. 1423. *Idem.*
    73. 24 janv. 1425. *Reçu de 452 livres pour 160 jours passés à Rouen comme député du roi d'Angleterre aux Etats.*
    f. 20. 24 sept. 1425. *Reçu de 468 livres sur le prix de 1000 par an ou de 55 sols 9 deniers par jour.*
    2 oct. 1427. *Reçu de 216 livres pour 77 jours.*
Archives du Calvados.
    T. II. Plessis-Grimoult. 1431. *Le prieur du Plessis proteste, comme premier chanoine, contre l'élection de l'évêque disant qu'on aurait dû le préférer au pénitencier.*

1 D'après Gaignières

LVI.

ZANON DE CASTIGLIONE.

1431-1459.

Armoiries : *de ... au lion de ... tenant un château de ...*

Le chapitre de Bayeux, après la mort de Nicolas Habart, ne put, sans doute sous la pression du roi d'Angleterre, s'entendre pour lui nommer un successeur. Les voix se portèrent sur quatre personnes : Pierre Cauchon, l'évêque de Beauvais, celui-là même qui avait condamné Jeanne d'Arc, Jean d'Esquay, Richard de Courcy, chanoines de Bayeux, et enfin Zanon de Castiglione. Mais grâce aux démarches du Pape, les deux premiers se retirèrent et Richard s'étant désisté de lui-même, Zanon fut élu le 27 février 1432. Il était Italien de naissance, d'une famille qui, à cette époque même, comptait deux cardinaux et avait fourni un pape à l'Église sous le nom de Célestin IV.

Après s'être fait recevoir docteur-ès-droits, il fut nommé évêque de Lisieux par la résignation de son oncle le cardinal de Plaisance. Huit ans après, il passa à Bayeux où il envoya Robert de Servie, doyen de Lisieux, prendre possession en son nom, dès le 26 mai 1432.

Il prêta serment de fidélité au roi d'Angleterre le 28 juin de la même année. Au commencement de son épiscopat, Zanon séjourna peu dans son diocèse et en laissa l'administration à ses grands vicaires qui nommèrent aux églises, chapelles, etc., du diocèse, d'après un petit manuscrit fort curieux (1433-1444) qui se trouve dans la riche collection de M. le vicomte de Toustain, et donne des renseignements précieux sur le *patronage* à cette époque. D'ailleurs, la position du nouvel évêque était loin d'être facile. Obligé par sa position de suivre le parti du roi d'Angleterre, il assista à la fin de cette lutte, sans cesse renaissante, qui laissa cette province épuisée d'hommes et d'argent.

En 1434, il fut envoyé par le roi d'Angleterre au concile de Bâle et reçut à cet effet 900 livres qu'il toucha le 27 juillet. Pendant son absence, il obtint des délais pour son dénombrement et aveu.

En 1436, il était encore *occupé au concile de Basle*. En 1439, il se rendit au concile de Florence où eut lieu la réunion des Grecs à l'Église et rapporta à Bayeux les actes de ce concile écrits sur parchemin, en grec et en latin, avec les signatures authentiques du pape Eugène, des cardinaux, des évêques, de l'empereur Jean Paléologue. Lui-même signa ainsi : Ipse Zanonus Episcopus Baiocensis manu sua RR. PP. Dom. Ludovici archiepiscopi Rothomag. (L. de Luxembourg). Episc. Beauvicent. (Pierre Cauchon) et abbatis S. Michaelis (Nicolas Le Vitrier) procuratorio nomine et mea subscripsi et suprascriptas definitiones veras elle affirmo. Cette charte précieuse, revêtue de la bulle en plomb du pape et du sceau de l'empereur, était conservée dans le trésor de l'église de Bayeux. Elle disparut sans doute au moment de la Révolution et fut retrouvée en 1861 à Ryes où, rognée il est vrai du côté des signatures, elle servait à raper du tabac. M. Vautier l'a donnée au musée de Bayeux, où elle est placée dans un cadre gothique en face de la tapisserie de la reine Mathilde.

A quelque temps de là, il fut député par Henri VI pour traiter de la paix avec le roi de France et reçut 200 livres de rente annuelle pour avoir contribué au recouvrement de Dieppe et de Granville. En même temps, il était nommé conseiller au grand conseil, aux gages de 1,000 livres par an et envoyé en 1448 à Alençon et dans le Cotentin, pour la réformation de la justice. Après quelques années de trêve, la guerre venait encore de recommencer. Mais Zanon, voyant la mauvaise foi des Anglais, abandonna leur parti pour se rattacher à celui du roi de France qui faisait alors de grands efforts pour terminer la guerre. Aussi Mathieu Got, capitaine du château de Bayeux, pour se venger de cette *trahison*, pilla la maison de l'évêque, s'empara de tout, même des vêtements sacerdotaux qu'il avait donnés à son église (22 août 1448). Zanon avait pu se sauver ; d'ailleurs il revint bientôt, car, après la bataille de Formigny, la ville de Bayeux, assiégée par le comte de Dunois, fut délivrée du joug des Anglais le 4 mai 1450. Peu après, Caen dut capituler et l'évêque assista aux actions de grâce pour cet heureux événement. Quelque temps auparavant, il avait prêté serment de fidélité au roi de France Charles VII, qui le retint, de son conseil, aux gages de 600 livres par an. Ce fut lui qui fit le premier une procession solennelle le 12 août, pour rendre grâce à Dieu de ce qu'en ce jour les Anglais avaient été chassés de Normandie. A cette même époque, il remit entre les mains du roi son château de Neuilly qui devint forteresse de l'État.

Quelque temps avant qu'il ne fut nommé à l'évêché de Bayeux, le duc de Bedfort, au nom de Henri VI, avait fondé à Caen une Université où l'on enseigna d'abord le droit civil et canonique, puis, en 1436, la théologie, la médecine et les arts.

Le pape, par ses bulles de 1436 et 1439, nomma l'évêque de Bayeux chancelier de l'Université, et les évêques de Lisieux et Coutances, conservateurs apostoliques. Charles VII, à son passage à Caen, s'empressa d'en confirmer les priviléges qui furent encore étendus par plusieurs Souverains Pontifes. On y fonda plusieurs colléges, ceux *du Cloutier, du Bois des Arts, du Mont, du Brouet, d'Avoine et de la Couronne.*

Au milieu de ces guerres terribles et pendant son absence aux conciles, Zanon dut agir d'autorité pour faire rentrer dans le devoir le doyen de son Chapitre qui avait obtenu par une bulle du pape la puissance d'absoudre de l'excommunication, soit par lui-même, soit par ses officiers ; il se vit forcé aussi d'excommunier Hugues de Juvigny, abbé de St-Étienne de Caen, qui ne voulait pas reconnaître sa juridiction épiscopale et le força à se soumettre. Il eut encore avec son Chapitre des difficultés qui furent réglées par l'abbé de Mondaie en 1440. Il reçut aussi le serment d'obéissance de l'abbé du Val-Richer.

En 1443, il se rendit à Rouen, où il consacra, le 26 juillet, le nouvel archevêque Rodolfe Roussel, et le lendemain, assisté de Martin, évêque de Sées, lui donna le *pallium*.

Lorsqu'en 1454 le cardinal d'Estouteville, archevêque de Rouen, vint *visiter* Bayeux, l'évêque accompagné de son clergé alla solennellement le recevoir à la porte St-André et de là le conduisit à l'église cathédrale où il fut harangué par Robert des Talents, chanoine du Locheur, qui prit pour thème de son discours la prise récente de Constantinople par les Turcs.

Zanon reconstruisit le palais épiscopal de Bayeux et fit réparer la salle de saint Regnobert. On voit encore en face de la porte une double niche d'une grande élégance, mais mutilée, qui doit remonter à cette époque. Il fit tous ses efforts pour enrichir son église et autorisa la fondation de Nicolas de Clémangis qui disposa de la moitié des biens de sa prébende en faveur des six enfants de chœur de la cathédrale. Le portrait que nous en fait Robert des Talents est des plus louangeurs : *Personne*, dit-il, *n'égale son savoir, ni la gravité de ses mœurs, ni la réputation qu'il s'est acquise..... on peut dire... qu'il est au-dessus de toutes sortes de louanges.* Ce fut lui qui fit inhumer à ses frais, après avoir payé les sommes dues, le corps de l'un de ses prédécesseurs, Pierre de Vilaines, resté en la chapelle du château de Neuilly. Il força les chanoines réguliers de St-Augustin de l'Hôtel-Dieu à suivre la règle que leur avait donnée le grand vicaire de Nicolas Habart. Il assista aussi à la nombreuse procession qui eut lieu à Bayeux, le 4 avril 1456, pour demander à Dieu la cessation d'une épidémie qui dépeuplait la ville.

A la fin de son long épiscopat, il se retira à Neuilly pour y vivre dans la retraite, et c'est là qu'il mourut le 11 septembre 1459. Il fut inhumé dans la chapelle Notre-Dame sous un tombeau de pierre noire qui fut détruit par les protestants. Par son testament, il laissa 1200 livres pour la fondation de 4 obits qui se célébraient les 15 mars, 28 juin, 11 septembre et 27 novembre, et tous les jours après la grand'messe, les enfants de chœur allaient réciter le *De Profundis* sur son tombeau.

Les trois sceaux de Zanon de Castiglione sont remarquables par leur beauté et leur caractère. Ils se trouvent dans les *Titres scellés* de la Bibliothèque Nationale et au Mss 17024. Le premier, dont l'original, dessiné par Gaignières, n'existe malheureusement plus, est de forme elliptique et mesure 0,075 sur 0,055. Sous une large arcade à 9 pignons portant au milieu une tour, on voit le couronnement de la Vierge. Celle-ci et N.-S. sont assis sur un siége ; derrière eux, une draperie semée d'étoiles laisse voir la voûte de l'arcade. N.-S. met sur la tête de sa mère une double couronne en forme de tiare. Deux pinacles à jour décorent le champ. Au-dessous, dans une niche en ogive on voit l'évêque à genoux, les mains jointes, accompagné à droite et à gauche de deux écussons à ses armes *un lion tenant un château ;* l'un porte la crosse, l'autre *la mitre ?* La légende placée sur une banderole offre ces mots Sigillum Zanoni episcopi baiocen. De petits rinceaux remplissent les intervalles. Ce sceau, si on en peut juger par les autres, devait être fort beau et sortait de l'ordinaire par son sujet principal.

L'autre, en cire rouge, est rond et mesure 0,045. L'exécution est extrêmement soignée et les reliefs bien accusés. Au centre, sous un riche dais à trois pignons, soutenu de deux arcades à jour et à deux étages, on voit la Sainte-Vierge, couronnée et assise sur un siège et tenant de la main droite son Divin Fils vêtu d'une robe et de l'autre une branche de trois roses qui remplit le fond. Les vêtements de la Vierge sont bien étudiés et fidèlement rendus. Sous la base garnie encore de croisettes, on voit dans une porte à pans coupés, le prélat, crossé et mitré, tourné à droite et accompagné de deux écussons : celui de gauche à ses armes, celui de droite à celles de la Normandie, tous les deux sont surmontés d'une crosse. Le grenetis qui entoure le champ est décoré d'un *engrêlé* qui fait ressortir le sujet central. La légende porte en fine gothique Sigillum Zanonis — epi baiocensis (*Sigillum Zanonis episcopi baiocensis*), de chaque côté des deux écus sont deux petites palmes adossées. Ce sceau est également dessiné folio 25 du Mss 17024, ainsi que le suivant, fol. 28.

Le sceau de l'officialité de Bayeux sous l'épiscopat de Zanon de Castiglione n'est pas moins curieux que les autres. Le soin avec lequel on a rendu la figure de l'évêque, son nez fin, ses joues saillantes, ses moustaches, ses cheveux droits, nous permettent d'y voir un portrait comme cela se faisait souvent à cette époque. Quoi qu'il en soit, le buste de l'évêque porte le collet de la dalmatique garni de croix ; dans le champ, on retrouve la crosse, symbole de la puissance spirituelle ; le reste est occupé par de légers rinceaux comme sur les manuscrits du temps. Deux écussons aux armes de Normandie et du prélat (ici le lion semble tenir un *annelet*) coupent la légende qui porte Sigillum curie epalis baiocen. (*sigillum curiæ episcopalis baiocensis*). C'est par erreur que l'on a gravé deux m (*sigillum magnum*). Ce sceau de 0,036ᵐ de diamètre est en cire noirâtre, ce qui prouve qu'à cette époque la cire *rouge* était réservée aux évêques et celle d'une couleur foncée, *brune* ou *verte*, à l'officialité.

Archives du Calvados.
 T. Cordillon. 1453. *Nomination à* St-Pierre de Manvieux *sur la présentation de l'Abbesse.*
Mss 17024. f. 25. 6 juillet 1494. *Lettres accordant 900 livres lors de son départ pour Basle.*
 27 juillet. *Quittance de cette somme.*
 23 id. *Répit d'un an pour faire hommage.*
f 24. 1ᵉʳ août 1435. *Le vicaire général nomme à la cure de* St-Pierre du Manoir.—*Sceau dessiné.*
 27 octobre 1435. *Répit d'un an pour faire hommage.*
 29 nov. 1436. *Id.* pour ce qu'il est occupé au conseil de Basle.
f. 26. 5 fév. 1442. *Don de 200 livres de rente pour* la recœuvre des villes de Dyepe et de Grantville. — *Sceau.*
 4 mai 1443. *Nomination de C*ˡˡᵉʳ *au grand conseil à 1000 par an de gaiges.*—*Prestation de serment.*
 Juillet-octobre 1443. Juillet 1446. *Reçus de gages à 10 livres par jour.*
 T. III, n° 88. 26 oct. 1448. *Reçu de 500 livres signature autographe.*
 N° 89. 13 déc. 1458. *Reçu de 600 pour un an. Il signe ainsi:*
  Ita est Zanonus
  Epūs bayocēn   manu p̄pa.

On trouve dans la bibliothèque du Chapitre un manuscrit in-4°, contenant 47 opuscules de Roland des Talents que Zanon de Castiglione avait amené d'Italie. Ce volume enlevé sans doute par les protestants, fut rendu à la bibliothèque du chapitre, où on le conserve encore, par M. Petite, official de Mgr de Nesmond. Il renferme plusieurs morceaux où il parle de son évêque en termes pompeux mais trop souvent vagues. M. l'abbé Laffetay en a fait le sujet d'une intéressante notice publiée en 1852 dans les *Mémoires de la Société des arts et belles-lettres de Bayeux.*

Bibliothèque du Chapitre. *Inventaire de 1479.* Item un reliquaire d'argent doré, un ymage d'un évêque tenant en sa main senestre une croix de cinq pierres.... le piés assis sur huict petites tourelles d'argent doré et dessous est écrit que c'est du don de feu Monsr Zanon de Castillion, evesque de Bayeux.

Item une belle croix aux deux costés les ymages de N.-Dame et de S. Johan assis sur deux batons d'argent doré esmailly a fleurs et ficielles aux quatre cornières sont quatre cristaux au deux de bas et de hault apparessent deux petites croix d'or... et aux deux aultres a reliques de plusieurs saincts. Le pié assis sur six petits angelots. Entre lequel pié et la croix a six diverses ymages. Et sur le dit pié a six esmaulx en tiers est escript *Jhesus* en celui de devant sont les armes de France et aux deux autres les armes de Castillion qui sont celles de Zanon, qui donna la dicte croix.

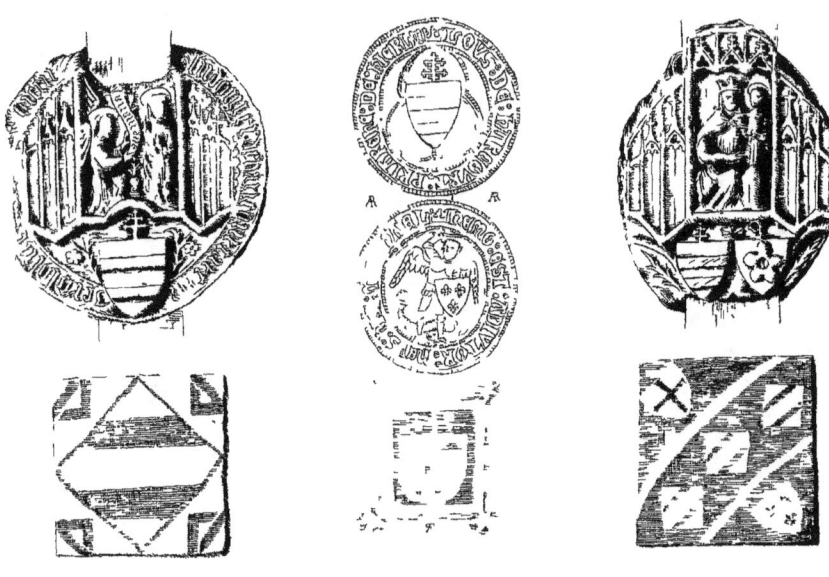

LVII.

LOUIS DE HARCOURT, IIᵉ DU NOM.

1460-1479.

Armoiries : *de gueules à deux fasces d'or*.

Le successeur de Zanon de Castiglione fut un prélat non moins distingué, qui mérita par sa générosité le surnom de *secundus ab Odone primo*. Il était de cette famille d'Harcourt à qui l'église de Bayeux en particulier doit deux illustres évêques. Jean d'Harcourt, comte d'Aumale et de Mortain, gouverneur de Normandie et capitaine du Mans, devait épouser, le jour même où il fut mandé par le roi Charles VII pour se rendre à l'armée, Marguerite de Prullay; mais il partit avant que le mariage pût être célébré à l'église et périt à la désastreuse journée de Verneuil, le 17 août 1422, à peine âgé de 27 ans. Quelque temps après, Marguerite de Prullay mit au monde un fils qui fut *Louis d'Harcourt*. Elevé par son grand-père, le connétable de France, veuf alors de Marie d'Alençon, il ne revit pas sa mère qui, dès 1426, épousa Jean de Scacauville, écuyer tranchant et maître d'hôtel du roi. Cependant son grand-père le traita comme son petit-fils et obtint pour lui des lettres de légitimation (1442).

Les excellents exemples d'honneur et de vertu qu'il reçut à la maison de son aïeul lui inculquèrent, dès son jeune âge, l'amour de la piété. Il fit avec succès ses premières études au collége d'Harcourt, à Paris, où l'on conservait, au XVIII° siècle, un exemplaire des *offices de Cicéron*, annoté de sa main ; puis il reçut les ordres sacrés sans avoir eu besoin d'aucune dispense.

Il perdit, en 1452, son grand-père et son protecteur. Il se vit bientôt disputer son riche héritage par ses tantes qui le lui contestèrent en alléguant le défaut de sa naissance. D'un caractère doux et tranquille, il préféra le leur abandonner, *ne voulant*, disait-il, *d'autre héritage que celui du Seigneur*.

Mais déjà ses qualités avaient attiré sur lui l'attention du roi Charles VII, qui le nomma, en 1450, maître des requêtes. Deux ans après, l'archevêque de Narbonne, Jean d'Harcourt, son parent, étant venu à mourir, le roi, quoiqu'il n'eût encore que 27 ans, le nomma à ce siége. Dès lors, justement apprécié pour ses qualités, nous le voyons constamment chargé des intérêts du roi, employé comme arbitre, investi de missions délicates et importantes. Aussi habile politique que sujet fidèle, il sut toujours conserver la faveur d'un prince, souvent difficile à satisfaire. Ce fut lui qui fut chargé de recevoir l'hommage-lige fait au roi de France, par Pierre II, duc de Bretagne. Membre du conseil, il présida les échiquiers de Normandie tenus en 1453, 54, 56 et 74, régla le différend qui s'était élevé entre l'Université de Paris au sujet de ses priviléges, et la province de Normandie qui les contestait. Le 3 juillet 1453, il prit possession de l'archevêché de Rouen comme procureur de Guillaume d'Estouville, cardinal.

Il fut aussi choisi par le pape pour faire savoir à l'archevêque de Lyon que celui de Rouen ne dépendait pas de lui, comme il ne cessait de le prétendre. A la mort de Guillaume le Bas, abbé de Notre-Dame de Lyre, au diocèse d'Évreux (1457), il fut nommé abbé commendataire. Ce fut également lui qui, en 1458, adressa au roi le rapport sur les négociations entamées avec l'Angleterre.

Présenté à l'évêché de Bayeux par le Roi et le Chapitre après la mort de Zanon de Castiglione, tandis que les évêques de Lisieux et d'Avranches voulaient faire nommer Jean de Gaucourt, il fut agréé par le pape Pie II, qui le créa en même temps patriarche de Jérusalem, titre honorifique qui lui donnait le pas sur tous les prélats du royaume et lui permettait, quoique archevêque, d'accepter un évêché. Le 18 mars 1459, il envoya le doyen de Lisieux prendre possession, et lui-même vint en personne l'année suivante. A peine installé, il prêta serment au roi et fit l'aveu du temporel de son évêché qui se composait des baronnies, terres et seigneuries de St-Vigor, de Neuilly, de Douvres, du Plessis-Grimoult, de Cambremer, d'Isigny, des bois d'Elle, de Ferrière-Harenc, etc.

Peu après mourait, à Meung-sur-Yeure, le roi Charles VII, son bienveillant protecteur. Louis d'Harcout eut, du moins, la triste consolation de le suivre jusqu'à sa dernière demeure. Pendant le convoi, il marcha immédiatement avant le corps, fit le service et officia à St-Denis, assisté des évêques de Troyes, de Chartres, de Paris, de Senlis, d'Orléans, d'Angers, etc.

Au sacre de Louis XI, le 15 août 1461, il marchait le premier après les pairs du royaume. Il fit aussi aveu, en 1463, du temporel de l'abbaye de Lyre.

Comme premier ministre d'État, il fit l'édit du roi du 2 juillet 1464, pour maintenir les libertés de l'église gallicane contre les entreprises du pape Paul II et de ses officiers, qui faisaient en France des levées d'impôts considérables. Il fut aussi nommé gouverneur de Normandie, chancelier de France... Le roi ayant été forcé par la paix de Conflans de céder la Normandie à son frère Charles, le nomma pour recevoir son serment, qui fut prêté en la cathédrale de Rouen. Ce prince s'étant peu après retiré en Bretagne, il le suivit afin de sauvegarder les intérêts du roi, compromis par la faiblesse du nouveau duc. Il ne fut pas compris dans la disgrâce de ses autres conseillers qui, comme l'évêque de Lisieux, furent obligés de s'expatrier.

Il assista aussi, primant tous les autres membres du conseil, aux États tenus à Tours, pour enlever la Normandie au prince Charles et la réunir irrévocablement au trône de France. En 1470, il présida l'échiquier tenu à Caen, où fut rendue la fameuse ordonnance des *francs-fiefs*, qui régularisa la position de tant de familles de cette province, et, en 1478, le concile d'Orléans, où fut rétablie la Pragmatique-

Sanction, que le roi avait abolie en 1467. Enfin, il présidait encore les États de Tours, quand il fut frappé de la maladie qui l'enleva le 14 septembre 1479. Son corps fut rapporté à Bayeux et inhumé dans le chœur de la cathédrale, sous l'aigle. On lui éleva un beau monument qui fut détruit par les protestants. Son tombeau fut alors violé et ses cendres jetées au vent.

La carrière politique de Louis d'Harcourt ne l'empêcha pas de s'occuper avec sollicitude des intérêts des peuples qui lui étaient spécialement confiés.

Narbonne et Bayeux lui doivent une égale reconnaissance. Il répara son église métropolitaine qui tombait en ruines, lui fit des dons magnifiques, entre autres des ornements précieux qui servaient encore au XVIII° siècle. Plusieurs autres églises de Narbonne se ressentirent également de sa libéralité. Il fit réparer, par ordre du roi Louis XI, la porte *St-Martin*, et les autres fortifications de Bayeux, *par commission pour faire accroistre et de nouvel édifier en plusieurs et divers lieux la cloture, fossés, muraille de la ditte ville.* Pour cela, il leva de l'argent en mai 1474, fit détruire plusieurs maisons et bâtit les deux boulevards de St-Jean et de St-Georges, qui furent démolis en 1615 et 1681. Pour favoriser le commerce de la ville, il avait entrepris de creuser un bassin en sa terre de Port-en-Bessin, mais ces travaux furent arrêtés à sa mort. Lors des sondages faits dernièrement pour l'exécution de ce bassin, on a retrouvé les anciennes fondations.

En 1462, sur la demande du Chapitre, il consentit à l'union de l'église *N.-D.-des-Champs* à la mense des chanoines. Il obtint l'érection en haute justice des baronnies et terres dépendant de l'évêché de Bayeux, par lettres-patentes données à Missy au mois d'octobre 1477 « en faveur de *R. P. en Dieu, le patriarche de Jérusalem, évêque de
« Bayeux, son cher et féal cousin et conseiller qui avait servi le feu roi
« aux principalles affaires du royaume de France, comme aussi pour
« demeurer quitte du dommage qui avait été fait à l'église de Bayeux
« en fortifiant la ville et la reparant, et parce que les corps et les re-
« liques de St-Raven, de St-Rasiphe, de St-Pantaléon, de St-Antonin, de
« St-Space et de St-Regnobert, reposent en cette église.....* »

Lors du pèlerinage du roi Louis XI au sanctuaire vénéré de La

Délivrande, il le reçut à Caen et à Bayeux avec une très-grande magnificence, et ce fut à cette occasion que le roi, pour témoigner sa reconnaissance, donna à l'église paroissiale de St-Pierre de Caen *la place où se vend le poisson en cette ville*, à charge de célébrer une messe par le curé et les 12 prêtres habitués en présence du bailli et du vicomte de Caen, le 25 août, jour de la fête de saint Louis.

Les grands biens qu'il donna à l'église de Bayeux lui ont fait donner le nom de second fondateur après Odon. Ce fut lui, en effet, qui fit bâtir la tour centrale, haute de 224 pieds. Elle est octogone et devait à l'origine avoir un dôme à l'intérieur ; elle était percée à jour de tous côtés avec de grandes fenêtres à meneaux fleurdelisés et terminée par une lanterne pyramidale portée par huit piliers très-déliés que surmontait la statue de l'archange saint Michel, son patron. Elle était couverte en plomb. Le 13 février 1676, par l'imprudence d'un plomblier, le feu prit à la couverture de la nef; en moins de trois heures elle fut la proie des flammes, ainsi que la tour centrale, dont nous décrirons plus tard les transformations. On garde à la bibliothèque du Chapitre le journal des dépenses de ces travaux. Commencés le 1er octobre 1477, ils furent terminés le 1er août 1479, quelques mois seulement avant sa mort. Ces dépenses s'élevèrent à la somme totale de 4092 livres 12 sols 6 deniers. On peut voir encore la forme de la lanterne primitive sur un tableau du XVIIe siècle qui se trouve dans la salle Capitulaire.

Ce fut lui aussi qui acheva les travaux de la bibliothèque du Chapitre commencés sous son prédécesseur, et il l'augmenta de cent volumes. Il enrichit également de ses dons celle de l'Université de Caen, dont il était chancelier-né. Il prit le soin de faire rédiger les aveux des baronnies de l'évêché, dont quelques volumes sont encore conservés à la bibliothèque du Chapitre. Reliés avec des ais de bois, en cuir garni de gros clous de cuivre, ils portent sur les plats, disposées en *quadrillé*, les armes du patriarche avec la croix dans un carré garni aux angles d'une étoile. Ces *fers* armoriés sont rares à cette époque où l'on ne trouve ordinairement que des rinceaux, des inscriptions et quelquefois des personnages.

Enfin, voulant décorer la cathédrale de monuments précieux, il fit faire une magnifique *contre-table* pour l'autel en argent massif, donna divers ornements, joyaux, tapis et livres évalués à plus de 10,000 livres tournois !

Toutes ces richesses furent pillées ou fondues par les protestants, et, si nous pouvons en parler aujourd'hui, c'est grâce au curieux inventaire qui fut fait en 1479 par son ordre, et dont l'original est à la bibliothèque du Chapitre : *En front de l'autel a une excellente fort belle table toute dargent bien dore et decentement esmaillie là où mestier en est. En millieu a ung crucifiement et en chascun des côtés a dix ymages en deux rens. Tout le champ semey de fleurs de liz et tous les bas hault et bas et aux costés ennoblis de précieuses reliques qui portent leurs escriptaux et en millieu du bort de bas en champ de azur et lettres d'or en est escript comme la table a esté de nouvel faite des biens et du don dud. très resvérend père en Dieu. Monsr Loys de Harcourt.... en laquelle ont été emploie et tout entres trois cens sexante trois marcs deux onces quatre gros de fin argent dont la façon et dorure a cousté autant environ come la valeur dudit argent.* A cela, il convient d'ajouter ce qu'il donna par son testament : un calice, une patène, une croix d'or, une mitre d'une richesse fabuleuse à *champ de perles menues, semée d'autres perles plus grosses ; ornée d'émaux, de pierreries, affichets et ferets d'or et d'argent,* une crosse de vermeil, un bâton de chantre, un bonnet à l'usage du chantre, enrichi de pierres précieuses et aux quatre angles duquel étaient représentés l'Annonciation, la Visitation, la Nativité et le couronnement de la Sainte-Vierge, enfin *deux mitres à l'usage du petit évêque* (qui servirent jusqu'en 1482), son anneau pontifical avec un saphir de grande valeur, ses gants...

Là ne s'arrêtèrent pas ses libéralités. Il fonda en la cathédrale de Rouen quatre obits, et, pour cela, engagea 115 marcs de vases et vaisselle d'argent, en attendant qu'il pût fournir 800 écus d'or. A Bayeux, il donna 3,500 livres pour la fondation de six obits pour lui, son père et sa *mère*. C'est avec cette somme que fut acheté le second fief de *Sommervieu*, qu'il échangea ensuite contre les dîmes de *Chef-du-Pont*.

Il obtint aussi que, quand l'évêché de Bayeux tomberait en régale, la terre et seigneurie de Sommervieu appartiendrait à la fabrique de l'église pour aider à entretenir les bâtiments et fournir les ornements nécessaires au service, à condition que le chapitre s'abstiendrait de faire pêcher les étangs. Aussi tous les jours à la messe on dit encore pour lui le psaume *Lœtatus sum*, et, à toutes les messes des défunts qui se chantent dans le chœur avant l'*Agnus Dei*, on psalmodie le *De Profundis* pour le repos de son âme.

Ses armes se voient encore avec celles du roi de France aux angles de la tour centrale, soutenues par un lion assis, à des clefs de voûtes et à des linteaux de pierre déposés dans le musée lapidaire de la cathédrale. Elles existaient autrefois à l'évêché, à la cour épiscopale de Caen dont il avait rebâti un corps de logis, à son hôtel de Rouen, à l'église St-Godard de cette ville où était *son effigie à genoux, revêtue d'une chape de couleur rouge, les parements d'or, tenant une croix patriarchale, la mitre posée sur un prie-Dieu.*

Nous avons trouvé dans les *Titres scellés* de Gaignières deux sceaux de Louis d'Harcourt, l'un comme abbé de Lyre, l'autre comme évêque de Bayeux. La Roque en avait vu un troisième ressemblant à l'avers de sa monnaie et qui était appendu à un titre de 1459, concernant sa terre de Carcagny.

Le premier, de cire rouge très-vive, est rond et mesure 0,052^m de diamètre. Au centre se trouve une N.-D. couronnée, assise et tenant l'Enfant-Jésus à droite sous un dais gothique à trois compartiments, soutenu de deux arcades avec contreforts de chaque côté. Dessous se trouvent deux écussons, l'un aux armes d'*Harcourt*, *deux fasces*, surmonté d'une croix patriarchale, l'autre à celle de l'abbaye *de Lyre*, *une quintefeuille*, à droite et à gauche une branche de feuillage. La légende, malheureusement, est disparue en son entier.

Le second, également de cire rouge, a la même forme et la même grandeur. Il représente au centre une *Annonciation*. L'ange, un genou en terre, tient une banderole où on lit encore ave maria. Le dais et les arcades sont semblables au 1er, quoique plus finement gravés ; au-dessous, un grand écu aux armes pleines d'Harcourt, avec une croix patriarchale et fleuronnée, soutenu de deux branches de roses. La légende entre deux grenetis porte en gothique fine et serrée... Ludouici : be haricourt arr.. i — Jerusalim.....nren. (*Sigillum Ludovici de Haricourt archiepiscopi Jerosolim... episcopi baiocensis*).

Nous avons reproduit ici deux briques émaillées de la fabrique du Molay, que Monseigneur d'Harcourt avait fait faire et dont on retrouve des spécimens dans la salle du Chapitre, à St-Étienne de Caen, à Longues et dans beaucoup d'anciennes maisons de Bayeux. L'une est décorée d'un écu en losange, à ses armes, garni aux angles de combinaisons géométriques qui se complétaient mutuellement. L'autre, beaucoup plus riche d'effet, se composait, pour former un tout complet, de quatre briques formant une rosace divisée en trois par deux cercles concentriques, au centre, 4 écussons *de France* affrontés, au milieu, douze petits écussons en losange aux armes d'*Harcourt*, enfin, aux 4 angles, un écusson chargé d'une croix, qui sont les armes attribuées à l'archange Saint Michel son patron. Ces briques carrées ont 0,12° de côté.

Comme patriarche de Jérusalem, Louis d'Harcourt avait le droit de battre monnaie d'or et d'argent. En 1549, on gardait encore dans le trésor de la cathédrale 29 pièces d'argent à ses armes. Elles furent prises au moment des guerres de religion. La Roque, en son histoire de la Maison d'Harcourt, en a donné un dessin que nous reproduisons; c'est une imitation de certaines monnaies royales; au centre dans un trilobe, un écu à 2 fasces surmonté d'une croix recroisettée. La légende qui commence par une petite couronne, porte en gothique très-ornée : Loys : de : harcourt : priarche : de : hierlm. Le revers présente un S. Michel armé de toutes pièces et grossièrement rendu, tenant d'une main un glaive, de l'autre, un écu de France et terrassant un monstre. La légende porte : nemo : est : adiutor : meus : nisi : michael. Nous dirons, en finissant, que la dévotion de Louis d'Harcourt envers S. Michel fut une des causes qui déterminèrent le roi Louis XI, qui la partageait aussi, à créer l'*Ordre de Saint-Michel*, le 1ᵉʳ août 1469.

Bibliothèque du Chapitre. *Aveu des terres et seigneuries de l'évêché de Bayeux en 1460.*

Titres scellés, n° 90. 1ᵉʳ décembre 1460. *Reçu de* trois mille livres tournois à nous ordonnés estre baillés en ceste presente année... pour nous aider à supporter la grant despense que faire nous a convenu et convient chacun jour ou dit païs et duchié en la commission a nous bailliee.—De Harecourt.

91. 1ᵉʳ fév, 1462. *Lettres patentes du roi Louis XI scellées de cire jaune et donnant une pension de 3000 livres à Louis d'Harcourt, pour le récompenser de ses bons et loyaux services et le mettre en état de les continuer comme du vivant du roi Charles VII.*

92. 7 fév. 1462. *Reçu de ses 3000 livres de pension.*

93. 10 juillet 1464. *Reçu de 17 livres 8 sols six deniers de rente dues sur la vicomté de Breteuil, à l'abbé commendataire de l'abbaye et monastère de Notre-Dame de Lyre.—Sceau.*

Mss 17024, f. 214. 18 nov. 1464. *Même reçu pour le terme de St-Michel.*

f. 94. 7 août 1465. *Reçu de 300 livres qui, taxée et ordonnée nous a esté pour nostre vacation d'avoir assisté à la convocation et assemblée de gens des troiz estats d'icelly tenue en la ville de Rouen... pour l'octroy du dit aide ou nous avons esté lung des commissaires sur ce ordonnés.*

f. 215. 27 juillet 1468. *Reçu de 27 livres sur la vicomté de Conches et Breteuil.*

f. 216. 24 fév. 1472. *Reçu de 119 sols dus à l'abbaye de Lyre.*

f. 95. 4 mai 1476. *Reçu de 2700 livres sur sa pension.*

f. 96. 26 déc. 1479. *Lettres du roi donnant à Pierre d'Amboise le droit de régale et le gouvernement de l'abbaye de Lyre vacante par la mort de l'évêque de Bayeux.*

Bibliothèque du Chapitre. — Ce fut lui aussi qui fit faire les volumes contenant copie des aveux rendus aux baronnies de Douvres, du Plessis-Grimoult, de La Ferrière-Harenc, etc. Sous son épiscopat, on fit également des additions au *Livre pelut*, additions que l'abbé Beziers en son histoire de Bayeux a indiquées par des caractères italiques.

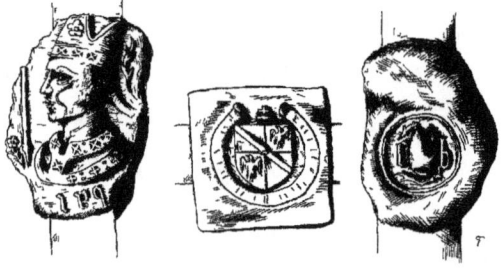

LVIII.

CHARLES DE NEUCHATEL, 1ᵉʳ DU NOM.

1479-1498.

Armoiries : *écartelé aux 1 et 4 de gueules à la bande d'argent aux 2 et 3 de gueules à l'aigle éployée d'argent.*

Charles de NEUCHATEL était d'une famille d'origine Suisse, qui a donné à l'Église un cardinal et plusieurs prélats. Il était fils de Jean de Neuchâtel, seigneur de Montargis, chevalier de la Toison-d'Or, et de Marguerite de Castro. Il se consacra de bonne heure au service des autels, et se fit religieux bénédictin à la fameuse abbaye du Bec. Peu après il fut nommé abbé commendataire de saint Paul de Besançon. Ses qualités d'administrateur le firent bientôt remarquer ; il fut appelé au conseil, créé comte du Saint-Empire et nommé en 1462 à l'archevêché de Besançon, poste alors fort difficile et où il sut acquérir les bonnes grâces du roi de France et de l'empereur d'Allemagne. Louis d'Harcourt, évêque de Bayeux, étant mort, le chapitre le choisit pour évêque le 27 janvier 1480. Après avoir pris possession par procureur le 8 juin, il vint en personne le 10 décembre et se rendit après à Rouen pour prêter le serment de suffragant entre les mains de son métropolitain. En même temps, il obtenait du roi Louis XI des lettres de naturalisation et d'absolution pour avoir tenu le parti du duc de Bourgogne; après quoi il rendit aveu du temporel de son évêché, le 11 octobre 1482.

Il se rendit à Sées pour y consacrer le nouvel évêque Gilles de Laval, et y parut revêtu des ornements pontificaux que son prédécesseur avait légués à la cathédrale de Bayeux et que le Chapitre lui permit de porter en cette cérémonie.

A quelque temps de là, le roi d'Angleterre, furieux du mariage de Charles VIII avec l'héritière de Bretagne, débarqua à Calais et assiégea Boulogne, pendant que des troupes venaient ravager la Normandie. C'était en 1492 : Charles de Neuchâtel, pris à l'improviste dans son château de Neuilly, et dans l'impossibilité de se sauver à temps, mit résolument la place en défense, y réunit ses vassaux et attendit de pied ferme. Les Anglais, qui ne pouvaient entreprendre un siége en règle, firent quelques efforts pour le prendre et passèrent outre. Le roi le nomma de son conseil à 4,000 livres de gages, et il assista, en 1495, à l'échiquier de Rouen.

Du reste, Charles de Neuchâtel séjourna peu dans son évêché, il préférait le séjour de Besançon qui le rapprochait de son pays natal. Il donna donc à ses grands vicaires les pouvoirs les plus étendus pour l'administration, et même, dans un acte de 1491, il ne prend que le titre d'*administrateur de l'évêché de Bayeux.* Cependant il était très-occupé de ses devoirs, très-exact à faire respecter ses droits et la dignité ecclésiastique. Il sut la maintenir avec vigueur et fermeté contre les empiétements sans cesse renaissants des chanoines.

Il ne fut pas moins généreux que ses prédécesseurs en faveur de l'église de Bayeux. Ce fut lui qui donna la grosse cloche de l'horloge qui pesait 7,000. Elle fut placée dans la tour centrale, mais elle avait été sans doute mal fondue, car, dès 1568, elle manqua par les anses. Il fallut la descendre pour la refondre. Hermant nous a conservé l'inscription latine qu'elle portait et les noms des chanoines qui avaient aussi probablement contribué à la donner. Parmi eux figure *Leo* CONSEIL, *canonicus Sancti Petri*, celui-là même qui, en 1499, donna une tapisserie estimée à 1,000 livres, qui servait à orner les siéges du chœur les jours de grande fête. Elle représentait les mystères auxquels la Sainte-Vierge a pris part. Léon Conseil y était représenté à genoux, vêtu d'une robe rouge et d'un surplis; au-dessous on lisait : 𝔏𝔢𝔬 𝔆𝔬𝔫𝔰𝔢𝔦𝔩 𝔠𝔞𝔫𝔠𝔢𝔩𝔩𝔞𝔯𝔦𝔲𝔰 𝔢𝔠𝔠𝔩𝔢. 𝔅𝔞𝔧𝔬𝔠𝔢𝔫𝔰𝔦𝔰. Nous en avons vu un fragment, long de 7 mètres environ, dans le musée lapidaire de la cathédrale. On y voit encore *Hérode donnant l'ordre de massacrer les Innocents, leur massacre, la fuite en Egypte, la Sainte-Vierge et saint Joseph trouvant Jésus au milieu des docteurs*, et *les noces de Cana*.

Charles de Neuchâtel donna aussi une statue de la Vierge en argent massif, pesant plus de 100 marcs, et que l'on plaçait au milieu de la *contre-table*, entre les chandeliers. Cette statue n'échappa pas à la cupidité des protestants.

En revenant du sacre de Louis XII, Charles de Neuchâtel tomba malade au Pontaudemer et y mourut le 25 juillet 1498 ; il demanda à être enterré à Bayeux et son cœur fut déposé à Saint-Etienne de Besançon. Par son testament, il laissa 400 livres pour fonder un obit en la cathédrale pour le repos de son âme. Il ne fut pas moins généreux pour Besançon, et, grâces aux obligeantes communications de M. Gaultier, archiviste du Doubs, nous dirons qu'il donna, en 1481, à ses deux églises cathédrales, une mitre enrichie de pierreries, sa crosse et sa croix. La mitre existe encore ; *elle est brodée en soie et enrichie de quelques pierres, fausses la plupart, comme celles de l'orfèvrerie du XVe siècle*. En 1482, il offrit un encensoir d'or et donna de l'argent pour contribuer à la châsse de saint Ferréol et au reliquaire de saint Etienne. Par son testament, il institua l'église de Besançon héritière des biens qu'il possédait dans le diocèse, et lui légua un missel qu'il avait fait imprimer sur vélin, pour son usage personnel, chez *Dupré*, à Paris, en 1489.

On trouve encore à la bibliothèque de cette ville deux manuscrits provenant de ce legs. L'un « *est un bréviaire énorme in-4 sur vélin,*
« *splendidement illustré de nombreuses miniatures. Un grand nombre*
« *remplissent toute la page et contiennent de véritables petits tableaux*
« *très-intéressants au point de vue du groupement et du costume des*
« *personnages. Partout se retrouvent les armoiries du possesseur, qui sont*
« *écartelées de Neuchatel et de Montaigu.* — *Le second est un livre*
« *d'heures également armorié...* »

Nous avons trouvé deux sceaux de Charles de Neuchâtel, et M. Gaultier nous en a signalé un troisième d'environ 0,032^m, et portant cette légende : SIG. CAMERE. DOMINI. CAROLI. DE NOVOCASTRO. ARCHIEPĪ. BISVŃT; mais nous n'avons pu nous le procurer.

Le premier, celui de l'archevêque de Besançon, est *imprimé sur papier* et assez fruste. Déjà ce n'est plus qu'un simple écusson aux armes du prélat, surmonté de la croix archiépiscopale; tout autour, sur une banderole, était la légende qui n'existe plus. Le tout mesure 0,017^m.

L'autre sceau, de cire verte, était celui de l'officialité de Bayeux, en 1490. C'est toujours le même type. Il avait 0,040^m de diamètre. Le buste de l'évêque est tourné à gauche, la figure du prélat est fine, sans barbe, la mitre garnie d'un galon à petites croisettes et de deux roses; il porte un *pallium* décoré de même. A gauche de la tête se trouve la crosse épiscopale, au bas une branche de roses. A droite et à gauche se trouvaient sans doute ses armoiries, mais elles ont disparu, et de la légende on ne lit plus que les trois lettres bai (*Sigillum curie episcopalis baiocensis*). Le contre-sceau porte une mitre accostée des deux lettres r et b (*curie bajocensis*) avec des feuillages. Il a 0,014^m de diamètre.

Titres scellés. T. IV. 3 avril 1480. *Quittance de la somme de 4000 livres pour la pension. — Signature et sceau.*

14 mars 1481. *Même reçu.*

T. III. 1er mars 1490. *Reçu de 12 livres 12 sols 2 deniers pour les dîmes et ventes de bois, amendes et verderie de Burleroy. — Sceau.*

LIX.

RENÉ DE PRIE, Iᵉʳ DU NOM.

1498-1516.

Armoiries : *Ecartelé aux 1ᵉʳ et 4ᵉ de gueules à 3 tierce-feuilles d'or 2 et 1, qui est* de Prie; *aux 2ᵉ et 3ᵉ d'or à l'aigle éployée de sable, couronnée de gueules, qui est* de Buzançois.

Après la mort de Charles de Neuchâtel, le Chapitre se réunit pour lui nommer un successeur ; mais les voix se partagèrent entre *René de* Prie et *Charles du Bec*, archidiacre de Caen et président en la chambre des enquêtes de Paris. Le premier l'emporta, grâce aux puissantes interventions du roi de France et de son cousin l'archevêque de Rouen. Le 17 septembre 1498, le Chapitre, réuni de nouveau, l'élut à l'unanimité. René de Prie était fils d'Antoine, seigneur de Buzançois, Grand-Queux de France et de Madelaine d'*Amboise.* On le destina de bonne heure à l'état ecclésiastique ; la haute position de son père et de son cousin, alors tout-puissant sur l'esprit du roi, lui valut de nombreux honneurs et bénéfices. Successivement nommé grand-archidiacre de Bourges, puis de Blois, protonotaire apostolique, doyen de St-Hilaire de Poitiers en 1489, il fut abbé commendataire de Notre-Dame de *Landais* (1473), de Ste-Marie de *Lévroux* (1474), de *Bourg-Dieu* en 1502, de la *Prée-sur-Aunon* (1513), et enfin de *Lyre* où il mourut. Il était également membre du Conseil du roi et l'un de ses aumôniers. Il envoya, dès le mois d'octobre, Charles de Martigny, abbé de St-Étienne de Caen, prendre possession en son nom et vint en personne le 24 mars 1499. Les registres de l'église cathédrale de Bayeux font mention de cette cérémonie qui attira dans la ville une foule énorme, évaluée à plus de vingt mille personnes. Le pape, à l'occasion du jubilé, avait accordé des indulgences à tous les assistants ; aussi le nouveau pasteur, accompagné des évêques de Lisieux, de Porphyre et d'un nombreux clergé, dut-il célébrer la messe sur un autel dressé au haut de la tour centrale, et de là bénir l'assistance.

René de Prie séjourna peu dans son diocèse. La faveur du roi et ses aptitudes aux affaires le firent choisir, en plusieurs circonstances, pour remplir des missions importantes et difficiles. Cette année même, il alla signer un traité de paix avec le roi d'Angleterre, et le 8 janvier, à Nantes, il apposait sa signature au traité de mariage du roi Louis XII avec la duchesse Anne de Bretagne. En 1502, il permit de bénir, en la chapelle du prieuré de St-Vigor, Jean *Ovene*, abbé de Longues. Il accompagna le roi en Italie et assista à son entrée à Gênes. Jules II le nomma bientôt après cardinal, du titre *de Ste-Sabine*, mais il fut plus connu sous le nom de cardinal *de Bayeux*. Son cousin, le cardinal d'Amboise, légat du pape et archevêque de Lyon, lui remit le chapeau rouge dans l'église des Jacobins de cette ville, le 5 août 1507.

Cependant le pape Jules II, furieux de ce que le roi de France avait rétabli la Pragmatique-Sanction, venait de soulever l'Italie et de faire arrêter le cardinal de Clermont. Louis XII envoya à Rome René de Prie ; mais bientôt celui-ci, craignant sans doute le même sort, s'enfuit à Gênes avec le cardinal de St-Séverin : dès lors, il fallut recourir aux armes. Cependant Louis XII convoqua à Tours une assemblée générale de l'Église gallicane, et, après avoir fait approuver par elle la sainteté de sa cause, envoya à Rome des députés pour solliciter le pape de faire la paix et le menacer, en cas de refus, de la convocation d'un concile libre. Celui-ci refusa. Alors les trois députés du roi de France et de l'empereur d'Allemagne, les cardinaux de Carvajal, Borgia et Briçonnet, en leur nom et en celui de six autres dont était l'évêque de Bayeux, convoquèrent le concile à Pise pour le 1ᵉʳ septembre suivant. Immédiatement Jules II en convoqua un à Latran et somma les cardinaux de comparaître en personne dans un délai de soixante-cinq jours. Ceux-ci n'en firent rien, et le 1ᵉʳ novembre les cardinaux de Ste-Croix, Briçonnet, de Prie et d'Albert, étaient à Pise pour l'ouverture du concile. Ils étaient accompagnés des procureurs des cardinaux du Mans, de St-Séverin, des archevêques de Lyon, de Sens, de treize évêques, de cinq abbés et des députés des universités de France. Mais les Pisans troublèrent les réunions, et, dès la troisième session, le concile se retira à Milan où il ne fut pas plus en sûreté. Après avoir déclaré le pape déchu de ses droits et s'être vus abandonnés par l'empereur d'Allemagne, les prélats du concile se réfugièrent à Lyon et bientôt cessèrent leurs réunions.

Le concile de Latran, deux fois prorogé, s'était enfin ouvert le 10 mai 1512. Dans la 3ᵉ session, on lut une bulle qui condamnait l'assemblée de Pise et confirmait les excommunications et dégradations lancées contre ses membres, puis les lettres monitoires qui mettaient le royaume de France en interdit. Jules II, emporté par sa haine contre ses ennemis, rédigea un décret qui transférait au roi d'Angleterre le titre de *roi très-chrétien*, mais il mourut peu après, enlevé par une fièvre lente et pardonnant aux cardinaux schismatiques. Son successeur, Léon X, effrayé des conquêtes des Turcs et craignant de les voir débarquer en Italie, rechercha l'amitié de Louis XII. Celui-ci, pressé par les sollicitations de sa pieuse femme, envoya à Rome des députés chargés de renoncer de sa part au concile de Pise. Les anathèmes lancés contre la France furent levés et deux cardinaux, au nom de tous, allèrent se jeter aux pieds du pape, vêtus en habits de simples prêtres et, après avoir fait amende honorable, furent rétablis dans leurs dignités. Dans la même année, mourut au château de Blois, la reine Anne. Elle fut rapportée à St-Denis et le cardinal de Prie officia à ses funérailles, assisté des évêques de Paris et d'Orléans. Ce fut lui également qui fiança le roi Louis XII avec la princesse

Marie, fille du roi d'Angleterre, dans l'église des Célestins de Paris. Le 15 avril 1515, il était à Bayeux et y présida un synode où furent rédigés différents règlements pour rétablir la discipline ecclésiastique. Il se trouvait en son abbaye de Lyre, au diocèse d'Évreux, quand il mourut le 9 septembre 1516. Il demanda, par son testament, à être enterré en son abbaye de la Prée, aux pieds du tombeau de sainte Fauste, dont les reliques y étaient conservées. Voici son épitaphe :

Hic jacet, heu mortales! Eminentissimus ac Reverendissimus D. D. Renatus de Prie, filius Antonii Baronis de Prie, domini de Buzançois et Magdalenæ d'Amboise. S. B. E. Cardinalis tituli sanctæ Sabinæ Episcopus Bajocensis ac Lemovicensis, abbas sanctæ Mariæ de Pratea : ab humanis discedens animam Deo optimo maximo tradidit suumque cadaver jussit humiliter recondi juxta sanctam Faustam. Obiit V idus septembris anno domini M.D.XVI.

René de Prie avait été nommé aussi à l'évêché de Limoges, dont il prit possession en 1514.

Le sceau de René de Prie, que nous donnons d'après l'original conservé aux titres scellés de la Bibliothèque nationale, est d'une remarquable simplicité. Sauf l'écusson du prélat, on n'y voit qu'une petite crosse qui conviendrait plutôt au simple prieur de Leyrac qu'au riche abbé, au puissant cardinal. C'est le premier type de ces sceaux n'ayant plus aucun caractère personnel ni local. Il est rond et mesure 0,028^m de diamètre. L'écusson porte un écartelé avec 3 tierce-feuilles et une aigle éployée, mais *non couronnée*. De chaque côté, une branche de feuillage. D'ailleurs tout est très-fruste, à cause du grain du papier substitué à la cire sur lequel il a été imprimé. Gaignères l'a dessiné exactement, et l'on pourra se rendre compte de la différence de la gravure, à cette même époque, en le comparant avec les magnifiques sceaux d'un autre cardinal, Richard Ollivier, évêque de Coutances, mort, lui aussi, en 1516.

Titres scellés. T. III.
Et Mss. 17024, f. 30. 20 février 1500. *Quittance de la somme de 1000 liv. pour sa pension, donnée à Loches.—Signature et sceau.*

ÉVÊCHÉ DE BAYEUX.   179

27 avril 1500. *Autre de la même somme pour cette année finissant au dernier décembre.*

22 nov. 1501. *Lettre du roi autorisant l'Évêque de Bayeux de faire enlever en toute franchise 60 tonneaux de vin de son prieuré de Leyrac.*

Loys, par la grace de Dieu roy de France, à nos arméz et feaulx les trésoriers de France . . . . . Savoir vous faisons que nous inclinans liberallement à la supplicacion de nostre amé et féal conseiller lévesque de Bayeulx en faveur des bons et recommendables services qu'ils nous a faiz et fait continuellement à l'entour de nostre personne à icellui pour ces causes . . . . . avons octroyé, voulu et nous plaist de grace espéciale que par ses gens serviteurs et commis qui lui plaira portans ces presentes ou vidimus d'icelle . . . . . il puisse et lui laisse faire tirer et enlever de son prieuré de Leyrac, en Gascogne, le nombre de soixante tonneaulx de vin et iceulx les faire amener et conduire par eaue ou par terre par deça pour la provision et despense de sa maison de cette présente année, francs quictes et sans aucune chose paier des droiz de traite, aydes, subsides . . . . . Vous mandons et expressement enjoignons et à chascun de vous que en faisant nostre dit conseiller joyr et user de nos presens permissions vous lui souffrez et permectez tirer et enlever les dits 60 tonneaulx de vin du dit creu, fermes . . . . . Car tel est nostre plaisir nonobstant l'ordonnance que ceulx de nostre bonne ville de Bourdeaulx, pouraient alléguer de ne pouvoir tirer en temps et saison ordonnés et accoutumez . . . . . donné à Bloys, le xxiie jour de novembre l'an 1501.

Signé, LOYS. -   *Par le Roy*, GEDOYN.

8 mars 1502. *Quittance d'une somme de 4000 liv. à nous ordonnée par le Roy pour nostre pension et entretenement en son service.* —*Signature et sceau.*

5 juin 1502. *Quittance de la même somme.*—*Signature et sceau.*

31 décembre 1502. *Déclaration de l'expédition des 60 tonneaulx de vin autorisée par le roi.*—Nous, René de Prye, evesque de Bayeux, abbé commendataire du bourg de Dieux et de Miseray, prieur et seigneur de Leyrac, conseiller du Roy nostre sire et maistre de ses oratoires et chapelles, certiffions . . . que nous avons fait conduire et amener de nostre dit prieuré de Leyrac par Jean Poncet, nostre serviteur, le nombre de 60 tonneaulx de vin pour

la provision de nostre maison pour cette année tant seulement, duquel nombre de vin le roi nous a donné la traicte de Bourdeaulx et tous autres peaiges par lettres patentes du... Et en témoing de ce nous avons faict mectre nostre scel à ces presentes signées de nostre main. Donné à Precigny le dernier jour de décembre l'an 1502.

PRYE, E. de Bayeux.

22 juillet 1505. *Quittance d'une somme de 1000 liv. pour sa pension.*
20 mai 1506. *Même quittance de René de Prye, évèque de Bayeux, abbé commendataire du bourg de Dieux et baron de Precigny.*
12 septembre 1506. *René de Prie faisant enlever de son prieuré de Leyrac, 100 tonneaulx de vin pour son usage, demande aux gardes des ports, péages et passages, qu'ils ne s'opposent pas au transport de ce vin, soit par terre, soit par eaue.—Donné à Blois.—Signature et sceau.*
15 octobre 1506. *Certificat de René de Prie que les 100 tonneaux de vin, enlevés du prieuré de Leyrac, ont été amenés par la Garonne jusqu'à Bordeaulx, et de Bordeaulx à Bayeux, Bourg-Dieu et ses autres bénéfices francs de tous droits en vertu d'un mandement du roi Louis XII, du 1er septembre 1506.—Donné à Blois.—Signature et sceau.*

Ce fut sous son épiscopat, en 1504, que fut imprimé à Rouen un Missel à l'usage de Bayeux. — Missale ad usum ecclesie Baiocensis, per optime ordinatum ac diligenti cura castigatum cum additione plurimarum missarum : scilicet. Missa contra pestem, de nomine Jesu, de quiqe plagis x̄p̄i, de sancta lacryma x̄p̄i, de Visitatione Beate Marie, de nostra dn̄a pietatis, de sāncto Sebastiano. *Imprimé à Rouen, devant Sainct Lo. Magister Martinus Morin, in-4° gothique.* Item nota quod in anno presenti M CCCCC et IIIJ in quo fuit impressum presens missale......

LX.

LOUIS DE CANOSSA, III° DU NOM.

1516-1531.

Armoiries: *de gueules au lévrier d'argent, tenant en sa gueule un os de même* — (*armes parlantes*, Canis ossa).

    Louis de Canossa, fils de Barthélemy, comte de Canossa, de la famille d'Este, naquit à Vérone, en Italie, en 1475, et se distingua de bonne heure par son aptitude aux affaires et la prudence de son caractère. L'habileté avec laquelle il dirigea diverses négociations dont le pape Jules II l'avait chargé, le mit bientôt en évidence. Il fut nommé abbé de St-André-du-Bois en 1512 et de Ste-Apolline de Canossa, député la même année en France en qualité de nonce, afin de traiter de la paix avec Louis XII. Il réussit et sut, au milieu des démêlés de son maître, mériter l'estime et la confiance de tous. Léon X l'envoya aussi près de François Ier, dont il put calmer l'ardeur guerrière en concluant un traité de paix entre le pape, le roi et le duc de Savoie. Ce fut alors qu'il fut nommé à l'évêché de *Tricarico* au royaume de Naples; mais il ne prit jamais possession de ce siége, et bientôt après à celui de Bayeux, qui était vacant par la mort du cardinal de Prie. Chargé par Léon X de négocier, avec le roi de France, le concordat qui devait terminer les querelles sans cesse renaissantes qu'avait occasionnées la Pragmatique-Sanction, il eut la gloire d'y parvenir et ce fut lui qui apporta en France, pour les présenter au roi, le concordat et la bulle de révocation. Après s'être acquitté de sa mission, il se rendit à Bayeux pour prendre en personne possession de son siége. Déjà il avait prêté serment entre les mains de son métropolitain, le 23 juillet 1517, et arriva à Bayeux à Noël. Il fit son entrée accompagné de Jean d'*Alloigny*, abbé de Longues, de Gilles *Godin*, abbé d'Aulnay, d'un nombreux clergé et suivi d'un train fort brillant qui scandalisa l'assistance par son luxe; mais il y mit de suite bon ordre et se montra désormais modeste et simple. François Ier l'employa en plusieurs ambassades : ce fut lui qui conclut une alliance avec les Vénitiens et fut envoyé près du roi d'Angleterre.

Ces importantes fonctions ne lui firent pas négliger l'administration de son diocèse, qu'il confiait au zèle de quelques ecclésiastiques éclairés et que lui-même dirigeait avec la plus vive sollicitude. Dès son arrivée, il réunit un synode, y publia les statuts de son prédécesseur et en fit de nouveaux où il traita les questions les plus graves et les plus importantes. Il insista surtout sur l'instruction des pasteurs et leur prescrivit l'usage d'un livre de Fillon, nommé le *Miroir des Curéz;* il en fit imprimer lui-même un autre qu'il recommanda dans une lettre pastorale datée de Paris. Il ordonna qu'on tiendrait tous les ans deux synodes. On a de lui un *Traité des négociations* et quelques lettres adressées à des princes.

Les registres de la cathédrale de Bayeux parlent de lui en termes flatteurs, et pour remercier le Chapitre d'avoir nommé son neveu doyen, il lui donna un riche ornement et sa mitre enrichie de perles et de pierres précieuses. Il fit réédifier à ses frais la chapelle de l'évêché et y mit ses armoiries. Ce fut lui aussi qui fit clore la cour de l'évêché, du côté de la chapelle de la Sainte-Vierge, en laissant libre le passage pour les processions qui, de tout temps, se faisaient autour de l'église. Il approuva, en 1529, les statuts de la confrérie de St-Claude, établie à St-Jean de Caen l'année précédente.

Louis de Canossa eut toujours la plus grande estime pour les savants, et fit tout ce qui dépendait de lui pour attirer à Bayeux ceux dont la science ou la vertu faisaient la gloire de cette époque de *Renaissance* à laquelle François Ier donna lui-même une si vive impulsion. Ami et admirateur d'*Érasme*, il lui écrivit d'Amboise pour lui offrir de venir près de lui, lui assurant une pension de 200 ducats. Celui-ci ne crut pas pouvoir accepter et peu après devint le conseiller d'état de Charles d'Autriche. Il amena d'Italie un savant, *Antoine Solerius*, qui, devenu chanoine de St-Germain, composa un *Traité de l'Invocation des Saints* contre Luther, et fit aussi nommer doyen son neveu, Jérôme de *Canossa*.

Mais bientôt après, accablé d'infirmités, quoique jeune encore, et peut-être irrité des tracasseries des habitants de Bayeux qui outrageaient souvent ses domestiques, Louis de Canossa se démit de son évêché entre les mains du roi, le 31 juillet 1531, et se retira dans la ville de Vérone où il mourut l'année suivante, à l'âge de 57 ans. Il fut enterré dans la cathédrale, au pied du trône de l'évêque, en un tombeau qu'il s'était fait construire. Voici son épitaphe : *Ludovico, Canossæ comiti, episcopo Bojocensi viro omnium virtutum gloriæ præstanti, cujus singularis apud christianos reges et pontifices Romanos gracia et auctoritas magnos sæpe bellorum motus sedavit. Galeacius et Bartholomæus fratres, fieri benè merentes pos.* Par son testament, il fit de riches donations pour lui et son frère Simon. Son ami et exécuteur testamentaire, l'évêque de Vérone, les fit approuver par le pape Paul III, en février 1534.

Bernardin *Donat*, de Vérone, prononça une oraison funèbre où il loua les vertus du défunt. G. *Dellacorte* et S. *Maffei* ont aussi écrit sa vie.

Nous avons trouvé le sceau de Louis de Canossa et celui de l'officialité de Bayeux sous son épiscopat; mais, malheureusement imprimés sur papier, comme l'usage commençait à prévaloir, ils sont très-frustres. Le premier est ovale. Au centre l'écusson, à l'italienne, aux armes du prélat où l'on voit plutôt un lion qu'un lévrier, est surmonté d'une mitre. De la légende on ne lit plus rien. Le second est le type ordinaire de l'officialité de Bayeux ; il est rond et mesure 0^m,04^c de diamètre. Au centre, le buste de l'évêque avec une mitre cintrée, à la mode nouvelle venue d'Italie. De chaque côté, les armes de Normandie et du prélat. La légende porte en gothique très-fine : S. magnum rurir rpi. h.... On voit encore la trace de la crosse adossée à l'écu de gauche. Le champ était décoré de feuillages et de légers rinceaux dont on soupçonne l'existence.

Titres scellés. T. III.

Mss. 17024. N° 103. *Ordonnance du roi François Ier de payer à Louis de Canossa* la somme de 990 liv., qui est la somme à quoy monte sa cotte et porcion *de la composition que les gens d'église de la province de Rouen ont faicte avec le Roi pour raison de l'amortissement à eux naguère octroyé.*—Donné à St-Germain-en-Laye, le xe jour de may, l'an de grace 1523, et de notre règne le neufvième.

FRANÇOYS.   Par le Roy, DORNE.

N° 104. 1er juin 1523. *Loys de Canossa confesse avoir reçu de Guillaume Preudorne, receveur g^{al} des finances en Normandie,* des deniers qui lui ont esté ordonnéz, pour convertir et employer au fait de son dit office proceddant de la composition que les gens de l'église de la province de Rouen ont naguère octroyé au Roy à cause des amortissemens la somme de neuf cens quatre vingts dix livres tournois . . . . . dont le roy . . . . . nous a faict don en faveur des bons et aggréables services que nous lui avons par cy devant faiz esperans encore faire en l'advenir . . . . . le 1er jour de juin l'an 1523.

L. DE CANOSSA. E. de Baieux.—*Sceau.*

Archives de la Manche, 1526. *Collation de l'église de Bény.—Sceau de l'officialité. Le contre-sceau est complètement effacé.*

Louis de Canossa fit imprimer un Bréviaire en 1518, un Rituel et des Catéchismes en 1523, mais aucun exemplaire de ces ouvrages n'est parvenu jusqu'à nos jours.

LXI.

PIERRE DE MARTIGNY, IV° DU NOM.

1531.

Armoiries : *écartelé aux 1er et 4e de gueules au lion d'argent, aux 2e et 3e d'argent à trois fasces vivrées de gueules, chargées d'une bande d'azur à 3 fleurs de lys d'or.*

Charles de Martigny, abbé de St-Étienne de Caen, évêque de Castres, avait élevé près de lui son neveu Pierre, qui lui succéda dans ses fonctions. François Ier l'avait envoyé en ambassade à Venise, quand il le nomma évêque de Bayeux, en vertu du concordat qu'il venait de signer avec Léon X. Le nouvel élu prit possession par procureur le 27 mai 1531 et prêta, le 18 juillet, serment entre les mains de son métropolitain. Il était en son abbaye de St-Étienne et se disposait à venir à Bayeux, quand il mourut le 13 septembre de la même année. Son cœur, suivant ses dernières volontés, fut placé au milieu de la chapelle Notre-Dame, dans le tombeau de Zanon de Castiglione, et son corps déposé dans le magnifique tombeau qu'il avait fait élever à son oncle dans la chapelle Notre-Dame, en son abbaye de St-Étienne.

Les Protestants détruisirent, en 1562, ce mausolée de marbre enrichi de sculptures et de bas-reliefs.

On trouve dans les dessins de Gaignères, *vol. coté* 17030, le sceau de Pierre de Martigny comme évêque de Castres et abbé de St-Étienne de Caen. Nous le figurerons parmi ceux des abbés de ce monastère. Ce sceau, de forme ogivale, mesure 0,075^m sur 0,050^m. Il est divisé en deux par une colonne soutenant une voûte : à gauche est la Sainte-Vierge et l'Enfant Jésus ; à droite, l'abbé à genoux et *présenté par un moine tenant en sa main une coupe ?* au-dessous, dans une arcade trilobée, les armes du prélat avec la crosse. La légende porte : Sigillum · pet · Dei · gracia · Castren · episcopi et abbatis · sti · Stephani · Cadum. L'écusson rappelle tout à fait celui plus grand qui se trouvait jadis sur le palais *dit de Castres*, que son oncle avait fait construire à Caen et dont un plâtre est conservé au musée de la Société des Antiquaires de Normandie, sous le numéro 588. Le même décore également la belle façade de la porte d'entrée du prieuré de Torteval, dépendant de St-Étienne.

LXII.

AUGUSTIN TRIVULCE, Cardinal.

1531-1548.

Armoiries : *palé d'or et de sinople de six pièces.*

Augustin Trivulce naquit à Milan de l'illustre famille des Trivulce qui venait de donner à la France deux maréchaux. Ses deux frères Pierre et Philippe se destinèrent comme lui à l'Église et devinrent archevêques, l'un de Reggio et l'autre de Raguse. Les qualités personnelles du jeune Augustin le mirent de bonne heure en évidence à la cour de Rome. Il fut d'abord protonotaire du Saint-Siége, camérier des papes Jules II et Léon X, archiprêtre de St-Pierre, et enfin le 21 juin 1517 nommé cardinal du titre *de St-Adrien.* La lettre du pape, annonçant lui-même cette promotion à son oncle le maréchal de France, contient l'éloge le plus flatteur de ses vertus. En cette qualité, il fut chargé de plusieurs négociations et était légat de la campagne de Rome quand le connétable de Bourbon vint, en 1527, assiéger cette ville. Il prit part lui-même à la défense et se retira ensuite à Naples. Nommé déjà à plusieurs siéges archiépiscopaux, il fut proposé par François Ier, le 17 septembre 1531, pour l'évêché de Bayeux. Un mois après, le pape autorisait ce choix par des bulles de confirmation. Mais ses fonctions à la cour de Rome l'empêchèrent de venir prendre en personne possession de son siége. Il prêta donc serment de fidélité au roi, étant à Marseille, et envoya son procureur à Rouen le 16 novembre et enfin à Bayeux le 28 du même mois. Il prit soin de faire administrer son diocèse par trois de ses grands-vicaires, Marius *Donatasius*, Jean *des Loges* et Jean *Péchion*. Le pape Paul III l'envoya en France pour annoncer au roi la convocation d'un concile général afin d'y réfuter l'hérésie de Luther. Le 27 mars 1548 il mourut à Rome et fut enterré dans l'église de Ste-Marie *del Popolo*.

Il eut pour amis les plus fameux cardinaux de cette époque et fit lui-même, à grands frais, des recherches immenses dans les divers pays où il fut envoyé afin d'écrire la vie des papes et des cardinaux. Ces notes, que la mort vint interrompre, ont été recueillies et complétées par un auteur de Vérone, Onuphre *Panvini*, dans sa *Vie des Papes*.

Ses grands vicaires firent réimprimer, en 1545, un bréviaire et un missel à l'usage de Bayeux.

La bibliothèque de Caen possède un exemplaire de ce bréviaire in-8°.

Breviarium bajocensi diligentia longe accuratiore quam antea nunc demum innumeris locis cum emendatis tunc psalterii dispositione passim conciniore studiosis commendabilius a Ricardo Hamillon Rothomagi excussum, ac in lucem denuo editum in edibus Mich. Angier *et Dionysii* bouuet *bibliopolarum Cadoni juxta Cordiferos moram trahentem*, 1545, in-8°.

C'est dans la bibliothèque du chapitre que se trouve le missel, également de 1545, in-folio gothique sur vélin.

Missale ad usum ecclesiæ Baiocensis, jam recens impressum et tam ĩ cantu quam ĩ litterā recognitum additis quotationibus ad marginem indicantibus unde unum quodque descriptum sit.

LXIII.

CHARLES D'HUMIÈRES, II° DU NOM.

1548-1571.

Armoiries: *d'argent fretté de sable de six pièces.*

Jean de HUMIÈRES, seigneur de Humières et de Mouï, gouverneur de Péronne et plus tard précepteur des enfants d'Henri II, eut de son mariage avec Françoise de CONTAY un fils, nommé Charles, qui, dès sa première jeunesse, se fit remarquer par sa piété et sa charité. Il fit ses études à Paris où il reçut la tonsure cléricale et fut nommé, en 1531, abbé commendataire de St-Martin-du-Bois, de St-Quentin de Beauvais, puis doyen de St-Furcy de Péronne, abbé de St-Riquier de Ponthieu, enfin évêque de Bayeux. Germain du Val, archidiacre de Bayeux, prit possession de son siége en son nom le 30 juin 1548, et, l'année suivante, il y vint en personne.

Nommé, en 1549, grand aumônier de France, il assista, en cette qualité, au couronnement de la reine Catherine de Médicis et resta plusieurs années à la cour, pendant lesquelles il fit administrer son évêché par ses grands-vicaires Germain *du Val*, Antoine *Gayant*, Jean de *Bourges* et Gabriel *Lescot*. Charles d'Humières assista aux funérailles du roi Henri II et servit de diacre à la messe de ses obsèques.

Ce fut sous son épiscopat qu'eurent lieu ces funestes guerres de religion qui couvrirent la France de sang et de ruines. Déjà à Rouen les calvinistes avaient pillé les églises. Ceux de Bayeux, enhardis par cet exemple, se livrèrent à tous les excès, « *entrent furieusement en*
« *l'église cathédralle deux ou trois cents harquebuziers, laschent leurs*
« *pistolles et harquebuzes, viollent les sépultures des saints évêques,*
« *brisent les orgues harmonieuses, brulent et consomment tout ce qui*
« *estoit combustible. Cela fait, se ruent sur la maison du dit sieur*
« *évesque, prennent tous ses chevaux et font toutes insolénces.* »

Cependant le duc de Bouillon, gouverneur de Normandie, revint de Rouen pour appaiser ces troubles qui avaient été non moins graves à Caen où les dommages furent évalués à plus de *cent mille écus*. Ce fut alors qu'il fit publier qu'on eût à apporter au château de Caen « *tous les reliquaires de Bayeux et de Caen, châsses, joyaulx et ornements ecclésiastiques qu'on avait pu sauver du pillage.* » Ils n'y furent pas plutôt apportés que celui-ci, qui au fond du cœur partageait les erreurs des réformés, les fit fondre sans merci et se servit du prix pour lever deux compagnies qu'il mit sous les ordres de Jean de Pellevé et du sieur de Fervaques. Quant aux reliques, entassées pêle-mêle, elles furent jetées dans des cloaques sans qu'on pût en retrouver trace. De Bras, témoin de ces saturnales, raconte en termes émus les scènes dont il fut témoin et la profonde indignation des catholiques impuissants à les faire cesser. De tous côtés on massacrait les prêtres, les moines, après leur avoir fait subir les tourments les plus barbares. Le 10 mai 1562, les protestants ayant à leur tête Coulombières et Ste-Marie-aux-Épaules se précipitent dans l'église, interrompent l'office divin, brisent les autels et les images, massacrent des prêtres et des catholiques. Charles d'Humières, craignant de tomber entre leurs mains, put s'enfuir avec Germain du Val et s'embarquer à Port-en-Bessin sur une barque que lui procura un gentilhomme nommé Dubosc. Il gagna ainsi Abbeville n'ayant pu emporter avec lui que la chasuble de saint Regnobert et la cassette d'ivoire qui la renfermait. Ses ennemis, prévenus de son départ, le crurent d'abord parti pour son château de Neuilly et arrivèrent trop tard sur le rivage, où, dit-on, ils tirèrent sur la mer pour se venger de voir leur proie leur échapper.

Ce n'était pas encore assez. Le capitaine de Bayeux, Jules Ravilio, avait mécontenté les protestants qui, secourus par Coligny, vinrent en foule assiéger la ville. Après trois semaines de siége, les bourgeois se rendirent le 4 mars 1563. Coulombières abandonna la ville au pillage et fit emmener à Caen pour y être pendu le gouverneur qu'on avait découvert caché dans une maison. Les églises furent de nouveau profanées, les prêtres, mis à mort; on voulait même démolir la cathédrale qui fut changée en *temple*, grâce aux prières d'un savant Cordelier, le Père *Feuardent*.

Telle fut la situation des catholiques jusqu'à l'édit de pacification du 19 mars 1563. L'arrivée du comte de Matignon les rassura un peu et l'office divin put de nouveau être célébré. Le 19 août 1563, quelques jours avant l'entrée du roi Charles IX à Caen, l'évêque et le chapitre présentèrent aux commissaires députés des articles contenant le récit du pillage de la cathédrale. Beziers, à la suite de son histoire de Bayeux, a donné cette pièce importante où l'on trouve la longue énumération des profanations et des destructions de ces prétendus réformateurs : « *Ils rompirent, démolirent et abbatirent les images,*
« *prirent, déchirèrent, brûlèrent... grand nombre de chappes, chasubles,*
« *calices, joyaulx, argenteries, etc., d'autant qu'ils en trouvèrent en*
« *lad. église..., rompirent les huis du lieu auquel étoient les lettres*
« *chartrières, cartulaires, titres concernant les anciennes fondations*
« *qu'ils prirent et emportèrent en grande partie, et le reste le brûlèrent*
« *et firent si grand feu qu'il prit à une maison et autres lieux circonvoi-*
« *sins..., emportèrent en la maison du s^r évêque les quatre châsses*
« *dont fut fait inventaire ensemble de deux licornes, la table de l'autel*
« *d'argent doré et plusieurs reliques, croix, calices, mitres, crosses...*
« *(objets remis au duc de Bouillon), inventorièrent certains objets*
« *cachés par le grand cousteur d'icelle église, livres, couverts d'argent,*
« *un encensoir... avec plusieurs chasubles, tapisseries, chapes, parements*
« *de drap d'or et de velours et autres de soye, un poële avec ses pen-*
« *dants, le tout de satin cramoisy-violet, bandes, passements d'or à*
« *grandes franges de drap d'or et fils de soye cramoisie...; il s'est fait*

« en lad. église grandes pilleries, démolitions, abattement, rompement
« des orgues et des chaires... et emportée fut la plus grande partie des
« tuyaux des orgues, abbatu une grande couronne de cuivre doré... en
« laquelle il y avoit grande quantité de lames d'argent, levé les tombes
« et sépultures de cuivre et signamment le corps de deffunt Patriarche de
« Harcourt étant dedans un cercueil de plomb et emporté grand nombre
« de paniers pleins de verre de diverses couleurs, plomb, etc..., enlevés
« les livres de la librairie de lad. église lesquels ont été du depuis, les
« uns pillés et dérobés, les autres rompus et brûlés... les maisons tant
« dud. s^r évêque que desd. s^{rs} du chapitre, dévalisées, ravagées,
« rompues et démolies, huis, fenêtres, ferrures, tellement qu'ils ont
« rendu bonne partie desd. maisons inhabitables... pris grand nombre
« d'ornements de drap d'or et velours cramoisi qu'ils ont appliqué à
« leur usage et en ont fait faire des manteaux, tours de lit, doublé
« des robes de nuit, tiré des linges et fait faire des chaises de grand
« prix..., emporté une tapisserie de grande valeur qu'on avoit accoutumé
« de mettre aux fêtes solennelles à l'entour du chœur..., rompirent dix
« cloches du nombre de douze... lesquelles cloches rompues étoient de
« telles grosseur et pesanteur qu'il étoit requis avoir vingt-sept hommes
« pour les sonner et ont été tant à rompre lesd. cloches, les porter et
« peser au Poid-le-Roy l'espace de quinze jours, puis en ont disposé
« à leur plaisir..., ont pris plusieurs sépulchres élevés et tombes de
« cuivre des évêques et autres gros seigneurs inhumés dans ladite
« église, emportés fragments de la couronne de cuivre doré d'or avec la
« chaîne de la pesanteur de 2,000 livres, arraché quantité de plomb
« de la couverture, gouttières, voûtes et galleries jusqu'à 4,000 livres.
« — Les autres églises du diocèse pour la pluspart ont été ravagées,
« pillées et dérobées, démolies et abattues, signamment les églises et
« couvents de St-François et de St-Augustin... »

Charles d'Humières s'efforça du moins de réparer, autant qu'il le
put, les désordres et les ruines qui couvraient son diocèse; il y demeura pendant quelques années. C'est ainsi qu'en 1566 il bénit le
maître-autel de Cerisy, que l'abbé commendataire, Antoine D'Apchon,
avait fait refaire, et donna à St-Étienne des ornements de damas où il
fit mettre ses armoiries. En 1571, il assista à St-Denis au couronne-

ment d'Élisabeth, femme du roi Charles IX; à son retour à Bayeux au mois de décembre, sentant sa fin approcher, il reçut les secours de la religion et mourut dans des sentiments de la plus vive piété. Son corps, déposé d'abord dans la chapelle St-Yves, fut inhumé en grande pompe dans le chœur, au pied du candélabre de l'évêque Guy. Par son testament, il laissa 500 livres pour la fondation de son obit et demanda que son cœur fût mis devant l'autel des Cordeliers. Sur la plaque de cuivre de son tombeau on avait gravé ces deux vers :

> *Hac sub humo Humerius genere et virtutibus ingens*
> *Carolus obtegitur, Pastor gregis optimus hujus.*

En 1681, quand « on changea le pavé du chœur pour lui donner un *nouvel ornement* par les belles pierres blanches et noires qu'on a mises à sa place », on remplaça cette inscription par une plus simple encore portant le nom et la date et qui, paraît-il, n'indique même pas la place exacte du tombeau.

On trouve des sceaux sur papier de Charles d'Humières dans les titres scellés et aux archives de la Manche. De forme ronde, ils mesurent 0,084^m de diamètre. Au centre, les armoiries d'Humières, un fretté, surmontées d'une mitre, et sur le tout une crosse de forme assez singulière qui permet d'y voir aussi la garde d'une épée. Les deux pendants de la mitre sont bien visibles. La légende, entre deux grenetis, porte : SIGILLVM . D . CAROLI . DE . HVMIERES . BA . EPI . Gaignières a dessiné ce sceau, ms. 17024; mais il n'a pu voir qu'un écusson surmonté de la crosse et quelques mots de la légende. Ces deux sceaux étaient contre-scellés de ceux de l'un de ses grands-vicaires : l'un porte 1 écu chargé de 3 roses avec un lambel à 3 pendants; l'autre, celui de Jean de Bourges, 1 chevron et 3 trèfles.

Archives de la Manche. 1552. *Règlement au sujet du patronage de l'église de Guilberville.* — *Scellé.*

Titres scellés. Tome IV. 1555. *Certificat de l'official de Bayeux attestant que depuis des temps reculés l'archidiacre de Bayeux a le droit de percevoir la troisième partie des bénéfices dans les doyennés de Fontenay, de Villers, d'Arcy, de Vire et de Condé.* — *Scellé.*

Nous comptions donner ici en entier le chapitre premier de l'inventaire fait en 1476 par ordre de Mgr d'Harcourt, et contenant la description des châsses, calices, etc. Il en existe deux exemplaires du temps dans la bibliothèque particulière du chapitre. Nous nous sommes vu refuser cette autorisation au dernier moment, et alors que déjà nous l'avions imprimé sur une copie que nous devions à la complaisance de M. l'abbé Laffetay, chanoine. *Elle priverait*, nous a-t-il été répondu, *le Chapitre du droit de publication dont il compte user pour lui-même.* Souhaitons donc pouvoir vivre assez pour voir mettre ce projet à exécution et réaliser cette promesse déjà plusieurs fois réitérée.

LXIV.

BERNARDIN DE SAINT-FRANÇOIS.

1571-1582.

Armoiries : *D'azur au sautoir d'argent à la bordure de gueules.*

René de BEAULNE, évêque de Mende, fut nommé par Charles IX au siége de Bayeux, mais n'ayant pu obtenir ses bulles de Rome, il fut obligé de remettre sa nomination entre les mains du roi qui, peu après, le désigna pour l'archevêché de Bourges.

On choisit pour le remplacer un jeune maître des requêtes au Parlement de Paris, Bernardin DE SAINT-FRANÇOIS. Il était déjà prieur de Grammont, abbé de Fontaine-Daniel, au Maine, et se trouvait alors à Rome. Le 15 octobre 1573, il vint, en personne, prendre possession de son siége. Il a laissé la réputation d'un savant et saint prélat, d'un poëte distingué et d'un habile prédicateur. A peine arrivé dans son diocèse, il s'efforça de réparer les ruines amoncelées par les protestants dans son église cathédrale et fit refaire à ses frais le pupitre, et il avait même l'intention de faire placer de nouvelles orgues. Nous le voyons aussi en 1574 et 1575 faire au nom du Roi la visite des abbayes de Cérisy et de Longues pour estimer les dégâts. Non content de cela, il s'efforça de remettre de l'ordre dans les biens du Chapitre et de l'Évêché.

Il obtint même un jugement du Parlement de Rouen qui donnait aux journaux et registres de la cathédrale la même authenticité qu'aux chartes qui avaient été brûlées ou enlevées.

Il favorisa de tout son pouvoir la fondation d'un collége à Bayeux et « *donna beaucoup de ses moyens pour aider à bâtir les maisons des* « *écoles assises à St-Jean en l'année* 1580 *et en sa mémoire y furent* « *apposées ses armes aux carreaux d'icelles.* »

Il assista en 1581 au concile provincial de Rouen. Louis du Moulinet, évêque de Sées, lui contesta le droit de préséance comme doyen par la date de son ordination. Les pères du Concile reconnaissant le droit de l'évêque de Bayeux, qui n'avait jamais été contesté, le maintinrent pour cette fois, mais le pape, consulté à ce sujet, se déclara pour l'évêque de Sées. Bernardin de Saint-François avait chargé trois grands vicaires de l'administration de son diocèse. Ils se nommaient Jean de Bourges, Jean Le Ravacheur et Jean du Chatel. Ce dernier remplissait aussi les fonctions d'official. Le 14 juillet 1582, l'évêque mourait en son prieuré de Grammont. Son corps fut porté dans la paroisse de Marigny, pour y être inhumé dans le tombeau de ses ancêtres, et le 20 on lui fit dans son église cathédrale un service solennel.

Ce fut lui qui fit rebâtir la bibliothèque de l'Évêché, qui était près des fossés de la ville, et réparer la chapelle du palais épiscopal, ainsi que les châteaux de Neuilly et de Sommervieu. Cette chapelle avait été bâtie par Louis de Canossa, l'un de ses prédécesseurs, et ornée par lui de riches sculptures du style de la Renaissance le plus pur. Elle sert actuellement de chambre du conseil au tribunal. On y accédait par la *salle des évêques*, où se trouvaient les portraits qui ornent actuellement la galerie de l'Évêché. Elle est octogone et percée de trois fenêtres. La voûte décorée de peintures repose sur huit colonnes ornées d'une niche très-élégante. Nous lisons dans l'un des ouvrages de M. le président Pezet, que « *le Conseil général du Calvados, appréciant le prix de ce monument, vient de le faire restaurer avec*

« *autant de soin que de goût.* » Il est vrai que l'on modifia la disposition en plaçant une sorte de cheminée de pierre avec les armoiries de la ville coiffées d'une couronne ducale, accompagnée de deux portes en bois très-finement sculpté et copiées sur celle de *l'hôtel de la Bourse, à Caen;* on plaça des vitraux du XIII° siècle; on répara à neuf, mais en leur ôtant tout caractère, des guirlandes de fruits qui datent probablement de la restauration de Mgr d'Angennes, qui, nous dit Hermant, fit mettre ses armoiries au centre de la voûte. On peut d'ailleurs comparer cet écusson avec le grand sceau de celui-ci que nous donnons plus loin; il faudrait donc y voir un sautoir d'*argent* sur fond de *sable*, et non, comme on l'a mis, un sautoir d'*argent* sur fond d'*azur*, auquel il manque une bordure de *gueules* pour être l'écu de Bernardin de Saint-François.

On trouve dans la riche collection de titres sur le pays, réunis par M. Lambert et actuellement en la possession de M. le vicomte Henri de Toustain, plusieurs sceaux de Bernardin de Saint-François. Ils sont en papier et plaqués sur des nominations pour des cures ou des chapelles. Le plus grand mesure 0,045 sur 0,035; il est de forme oblongue. Dans le champ, un écu aux armes du prélat surmonté d'une crosse à nœud très-gros. La légende porte : BERNARDINVS · DE · SANCT · FRĀCOIS · D · G · E · BAIOC, et est entourée d'une bordure à petits feuillages. Ce sceau est accompagné de celui de Jean du Chatel, son grand vicaire, et orné d'un écu avec un château au milieu d'un entrelac qui l'entoure de toutes parts. — Le petit provient également de chez M. Lambert; mais il a été coupé et se trouve dans notre collection ; il est la reproduction exacte du grand ; il mesure 0,025 sur 0,048. La légende seule diffère et porte : SIGILLVM · D · ·EPISCOPI · BAIOCENSI.

LXV.

MATHURIN DE SAVONNIÈRES (1).

1583-1586.

Armoiries : *De gueules à la croix pattée d'or.*

A la mort de Bernardin de Saint-François, le prince de Conty obtint du roi Henri III l'évêché de Bayeux pour Mathurin de Savonnières, à la condition d'en percevoir lui-même presque tout le revenu. Mathurin était fils de Jean de Savonnières et d'Olive de Mathéfélon, d'une famille ancienne d'Anjou. Il était abbé d'un monastère du diocèse de Cominges, et syndic général des états de la province. Après avoir pris possession par Jean de Bourges, sous-chantre, il vint en personne le 17 septembre 1583 ; mais la position où il se trouvait l'obligea de laisser l'administration de son évêché à ses grands vicaires. Il pré-

---

(1) Il existe au château de Jalesnes, dans le département de Maine-et-Loire, un portrait de Mathurin de Savonnières. Il fait partie de la galerie de M. de Maillé.

féra se retirer à Paris, où il mourut en mai 1586. Son corps fut enterré à *La Bretesche*, dans le tombeau de ses ancêtres.

Nous n'avons pu trouver aucun acte de l'administration de Mathurin de Savonnières.

Il fit imprimer en 1584 un missel in-folio en caractères ronds, chez Charles *Roger*, à Paris. Ce missel diffère peu des précédents; on y adjoignit quelques messes votives et le chant noté de la passion (1).

(1) M. l'abbé Laffetay, *Histoire du diocèse de Bayeux*, p. 170.

LXVI.

RENÉ DE DAILLON, IIᵉ DU NOM.

1598-1600.

Armoiries : *Écartelé au 1ᵉʳ et 4ᵉ d'azur à la croix engreslée d'argent, qui est de* Daillon, *au 3ᵉ écartelé d'azur et d'or qui est de* Batarnay, *au 4ᵉ d'or à la croix de gueules chargée de 5 coquilles d'argent et accompagnée de 16 alerions d'azur qui est de* Montmorency-Laval, *sur le tout d'or à 6 annelets de gueules qui est d'*Illiers.

Immédiatement après la mort de Mathurin de Savonnières, Henri III donna l'évêché de Bayeux au cardinal de Vendôme, Charles de Bourbon; mais avant qu'il n'eût pris possession de son siége, il fut transféré en 1588 à l'archevêché de Rouen, vacant par la mort de Charles I, cardinal de Bourbon, son oncle.

Après lui, l'évêché de Bayeux fut donné à Charles du Bain, qui n'en prit pas possession. On peut donc considérer René de Daillon comme le successeur immédiat de Mathurin de Savonnières. Comme lui, il était originaire d'Anjou, et était fils de Jean, comte du Lude, baron

d'Illiers, chambellan du roi, gouverneur du Poitou, etc., et d'Anne de
BATARNAY. Nommé tout jeune encore prieur commendataire du château
de l'Hermitage, au Maine, il fut successivement abbé de Notre-Dame
des Castelliers, en Poitou, évêque de Luçon en 1553, conseiller du
roi et commandeur de ses Ordres le 31 décembre 1579. Après la résignation du cardinal de Vendôme, il fut nommé évêque de Bayeux ;
mais il ne put obtenir ses bulles de Rome, car le légat avait déclaré
au roi Henri III qu'il avait encouru l'excommunication majeure par
l'assassinat du cardinal de Guise. René de Daillon s'appuyant sur un
arrêt du grand conseil, qui dispensait les évêques de cette formalité,
envoya son procureur Jean de Villais pour prendre possession; mais le
chapitre s'y opposa formellement, tout en se montrant plein de défé-
rence pour les délégués de l'évêque nommé. Les choses restèrent ainsi
jusqu'au 2 mai 1598, jour où le roi Henri IV signa la paix de Vervins. René assista à St-Denis à l'abjuration du roi, et ayant enfin pu
obtenir ses bulles, prit possession en personne le 23 juin 1598. Il
laissa d'ailleurs l'administration de son diocèse à ses grands vicaires,
étant retenu à Paris par ses fonctions, mais employa en faveur de son
église la presque totalité de ses revenus. Il fit faire à ses frais deux
cloches, dont l'une existait encore du temps d'Hermant, donna la croix
de vermeil dont on se servait dans les processions et fit rebâtir une partie
du château de Sommervieu.

Il était en son château de Briançon quand il tomba malade, et y
mourut le 8 mars 1600. Son corps fut inhumé au château du Lude,
dans le tombeau de ses ancêtres, et son cœur déposé, suivant son désir,
en son abbaye des Châtelliers.

Nous n'avons pu retrouver aucun acte de l'épiscopat de Mgr René de
Daillon.

Ce fut en 1589 que le Chapitre fit faire les *formes* du chœur par
Jacques Lefebvre, maître menuisier de Caen. Ce fut lui aussi qui fut
chargé de faire le buffet des orgues, la chaire du célébrant et le trône
de l'évêque, que Mgr de Rochechouart fit remplacer par un autre
« *d'un goût moderne.* » Ces stalles, au nombre de 104, étaient origi-
nairement placées dans le transept et la première arcade du chœur.
Quand on démolit le jubé reconstruit par Mgr de Nesmond et qu'on eut

refait les quatre piliers qui soutiennent la tour centrale, on en replaça 44 dans les deux premières arcades du chœur. Le reste gît pêle-mêle dans les combles de la cathédrale. Ces stalles sont fort remarquables par leur ensemble et la finesse des sculptures. On doit admirer surtout les lions qui servent d'accoudoirs aux stalles. Elles étaient jadis ornées des armoiries du chapitre, *un aigle d'or à deux têtes sur fonds de gueules*, dont on retrouve encore quelques spécimens dans la salle située au-dessus de la sacristie des chanoines; c'était au-dessus qu'aux grandes fêtes on tendait la tapisserie de l'histoire de la Sainte Vierge, donnée en 1499 par Léon Conseil, chancelier de cette église. Sur cette tapisserie, dont il existe encore un fragment, le donateur s'était fait représenter en robe rouge, entre saint Léon, son patron, et saint Exupère, premier évêque de Bayeux.

LXVII.

ARNAUD D'OSSAT, cardinal.

1601-1604.

Armoiries : *D'azur à la colombe d'argent tenant en son bec un rameau d'olivier de sinople.*

Le 23 août 1536, naquit à Cassagnabère, petit village du diocèse d'Auch, Arnauld d'Ossat, qui, par ses qualités et ses vertus, devint l'un des personnages les plus illustres de son époque. Son père, pauvre maréchal ferrant, le laissa orphelin à neuf ans et sans aucune ressource. Un gentilhomme du pays, nommé Thomas de Marca, appréciant son bon naturel, le donna comme compagnon d'études à l'un de ses neveux ; bientôt d'émule il devint précepteur de son jeune maître, et partit avec lui pour Paris en 1559. Là il s'occupa aussi de l'éducation de deux autres jeunes gens qu'il instruisit jusqu'en 1562. Puis il professa la rhétorique et la philosophie dans un des colléges de l'Université, alla à Bourges étudier le droit sous le célèbre Cujas, se fit recevoir avocat au Parlement de Paris et conseiller au présidial de Melun. Ce fut alors qu'il fit la connaissance de M. de Foix, conseiller clerc au Parlement de Paris ; il l'accompagna en 1574 à Rome et dans d'autres voyages. Il y retourna en 1580, en qualité de secrétaire, quand celui-ci fut nommé ambassadeur ordinaire. Il devait y séjourner vingt-quatre ans et y mourir sans être revenu en France. Deux ans après, M. de Foix mourait, et le cardinal d'Este s'empressa de se l'attacher en la même qualité. Dès lors ses aptitudes aux affaires et son profond talent pour les négociations le firent connaître tel qu'il était ; aussi, quand le cardinal de Joyeuse fut nommé *Protecteur de France*, le roi Henri III lui ordonna de garder M. d'Ossat comme secrétaire. En 1588, il fut nommé prieur de St-Martin du Vieux-Bellême et abbé de Notre-Dame de Varennes, mais il résigna ce bénéfice. Le roi Henri III lui offrit une place de secrétaire d'État, qu'il refusa, préférant rester à Rome, où il venait d'entrer dans le sacerdoce. Henri III était mort, frappé de la main des Ligueurs, et Henri IV venait de se convertir au catholicisme; mais le pape et les cardinaux, circonvenus par les Espagnols et les Ligueurs, refusaient de croire à la sincérité de cet acte qui lui aplanissait le chemin du trône et mettait fin à leurs espérances. Déjà le duc de Nevers, envoyé par le roi, était venu à Rome pour renouer les négociations et avait dû s'en retourner sans succès. Arnaud d'Ossat, pendant ce temps, agissait près du Pape et, à force de patience, d'habileté et d'adresse, parvint à obtenir la promesse d'absolution. Le roi envoya alors à Rome Jacob-David du Perron, nommé à l'évêché d'Evreux et depuis cardinal, auquel il adjoignit M. d'Ossat, simple prêtre il est vrai, mais, dit Mézeray, « homme d'une rare prudence et de grand mérite..., qui' avoit « le talent de s'insinuer dans les esprits les plus difficiles et de se faire « écouter..., qui ne laissoit aucun moyen de répondre quand on l'écou-« tait, si grandes étoient la rapidité et la force de ses raisons, qu'il « ne persuadoit pas seulement mais qu'il enlevoit. » Après sept mois d'une difficile et scabreuse négociation, il réussit pleinement à déjouer toutes les intrigues. Henri IV, pour le récompenser, lui donna, en janvier 1596, l'évêché de Rennes, que le pape lui accorda immédiatement. Il fut sacré en l'église de St-Marc par le cardinal-évêque de Vérone. Ses fonctions le retinrent à Rome, et il ne vint pas prendre possession, malgré la notification du procureur général au parlement de Bretagne, qui reçut du roi ordre de passer outre. Nommé en septembre 1597 conseiller d'Etat, il prêta serment à Rome entre les mains du duc de Luxembourg, alors ambassadeur de France. Le roi le chargea de plusieurs missions difficiles. Ce fut lui qui alla à Florence et obtint, après trois semaines d'efforts, du grand-duc de Toscane, la restitution du château d'Ifs, dont celui-ci s'était emparé après la prise d'Amiens. Il alla aussi en 1598 signifier à Venise la paix de Vervins, conclue avec les Espagnols. A son retour à Rome, il fut vice-ambassadeur en l'absence du duc de Luxembourg; le 3 mars 1599, le pape le nomma cardinal, du titre de S. Eusèbe, puis abbé de Nant, en Rouergue. Au mois d'août il remplit les fonctions de vice-protecteur; enfin, au mois d'avril 1600, il fut nommé à l'évêché de Bayeux. Après avoir résigné celui de Rennes et reçu ses bulles, il prit possession par son procureur Pierre *Ruel*, conseiller au Parlement de Paris; mais il n'en jouit pas, car deux ans n'étaient pas écoulés que, ne pouvant aller résider à Bayeux à cause de ses fonctions, de son grand âge, et aussi « *de la malice des gens du pais,* « *de la résistance qu'ils faisoient à choses bonnes et saintes,* » il demanda et obtint du roi l'autorisation de lui remettre son évêché, et en témoigna sa joie en ces termes : « *Je loue Dieu et le Roi, vous* (M. de Villeroy), « *et Monsieur de Rosny de la grâce que S. M. m'a accordée touchant* « *la resignation de l'évêché de Bayeux, dont je suis plus aise que du* « *don même qu'elle m'en fit.* » Mais elle fut de courte durée, car le 13 mars 1604, il mourut presque subitement à Rome, après avoir reçu du pape les plus grandes marques de sympathie. Il fut enterré dans l'église St-Louis, près du grand autel. Une statue en marbre ornait son mausolée, où on lisait l'épitaphe que voici :

DEO · OPT · MAX ·

Arnaldo Ossato Gallo, sancti Eusebii presbytero cardinali, episcopo Bajocensi, qui omnium per multos annos Gallicanorum in urbe negotiorum consiliorumque particeps et administer, rarissime in reges suos fidei egregiorumque meritorum testimonio sacra purpura ornatus, amplissimi ordinis dignitatem ea sapientiæ integritatisque fama cumulavit, cum tanta officiorum in omnes propensione, ut sui desiderium ceteris quoque nationibus cum admiratione reliquerit. Vixit annos LXVII · menses VI · dies XX. Decessit pridie idus Martii ann. M.DC.IV. Petrus Bossu lugdunensis, cubiculi prepositus a secretis et Renatus Courtin Andegav. a cubiculo item et secretarius, ex trientibus heredes Patrono optimo et indulgentissimo S. P. P. C.

Arnaud d'Ossat a écrit différents ouvrages dont voici les titres :

Expositio Arnaldi Ossati in disputationem Jacobi Carpentarii de Methodo. Imprimé en 1564. C'est la défense de la dialectique de Pierre de la Ramée, professeur de philosophie au collège de Prelle, contre Jacques Charpentier, docteur en médecine.

Addition à cette exposition.

Quelques épîtres contre Carpentier.

Traités de médecine.

Et enfin des recueils de lettres dont voici les principales réimpressions :

Lettres du cardinal d'Ossat à Henri IV et à M. de Villeroy (1594-1604). Vol. in-f° et in-4°, Paris, J. Brouillerot.

Id., in-4°, Rouen, J. Cailloué, 1643 et 1646.

Id., avec sa vie, par Amelot de la Houssaye, 2 vol. in-12, Paris, 1697, et 5 vol., Amsterdam, 1714 et 1732, ornés d'un portrait et armoiries, avec ces mots : « *Heic Ossatus Adest, obscurus origine, clarus ingenio, illustris purpura apostolica.* Le 5ᵉ volume de l'édition de 1732 contient divers éloges du cardinal, et son oraison funèbre, prononcée à Rome par le P. Tarquin *Gallucci*, de la Société de Jésus.

On trouve son éloge par le P. Henri Albi, dans le *Recueil des éloges des cardinaux.* Lyon, 1659, in-4°, p. 435, et *sa Vie avec son discours sur la Ligue.* Paris, Herissant, 1771. 2 vol. in-8° avec portrait.

Son portrait, peint par Boischevalier, se trouve au Musée de Versailles, salle n° 152.

Quoique Arnaud d'Ossat ne soit pas venu en personne administrer le diocèse de Bayeux, nous avons retrouvé un sceau dont ses grands vicaires se servaient et qui porte ses armes. Malheureusement il a été détaché de la pièce ; il se trouve actuellement dans notre collection. Imprimé sur papier, l'empreinte en est très-fruste. Il est rond et mesure 0,050. Au centre, dans un cartouche oval, à l'italienne, les armoiries du prélat surmontées d'un chapeau de cardinal décoré de ses houppes, coupées par la légende où on lit encore à grand peine ARNAUD..... CAR...BAIOC...EP. Tout autour règne une bordure de feuillages. Au-dessous se trouve le petit cachet du grand vicaire. On y voit un écu à trois épis de blé posés en pal, sans aucune inscription.

LXVIII.

JACQUES D'ANGENNES.

1604-1647.

Armoiries : *De sable au sautoir d'argent.*

Sitôt que l'on sut la résolution d'Arnaud d'Ossat de résigner son évêché, les demandes vinrent de tous côtés ; le roi Henri IV y nomma Jean d'Angennes, fils aîné de Louis, baron de Meslay et de Maintenon, et de Jeanne d'O. Celui-ci mourut avant d'avoir reçu ses bulles et le choix fut reporté sur son jeune frère, qui servait alors en Italie. Jacques, après avoir obtenu ses bulles, se fit sacrer en 1606, prêta le serment accoutumé au Roy et à l'église métropolitaine de Rouen, envoya Ambroise Le Gaufre prendre possession le 27 juillet de la même année, et vint lui-même le 20 juillet 1607. Il fut nommé conseiller du Roi en ses conseils d'Etat et privé, et prieur des Moustiers au Perche. Ce prélat, d'un caractère doux, affable et libéral, s'occupa avec le plus grand zèle de faire refleurir la discipline ecclésiastique, et quoiqu'il ne résidât pas souvent dans son évêché, on peut dire qu'il a laissé son nom attaché à presque toutes les fondations des couvents actuels. Nous ne croyons pas inutile de faire ici la longue énumération des maisons religieuses qui s'établirent à cette époque dans le diocèse de Bayeux :

La congrégation de l'Oratoire, que Mgr de Bérulle venait de fonder à Paris, vint s'établir à Caen en 1615, dans le voisinage de l'église St-Jean. Les religieux de cet ordre se livraient à l'étude et aux fonctions ecclésiastiques. Les fondateurs furent MM. de Répichon.

Le 14 juillet 1615, Antoine d'Escrametot, grand chantre de la cathédrale, appela à Bayeux les Capucins et leur donna un terrain situé devant sa maison, au faubourg St-Georges. Ils s'établirent également à Vire en 1623. L'un des fondateurs, le prieur Elzéar, y mourut en odeur de sainteté.

Les religieuses Carmélites de la réforme de Ste-Thérèse vinrent à Bayeux en 1616, et le 28 mai Mgr d'Angennes bénit leur chapelle.

Les Ursulines furent appelées de Paris à Caen en 1624, par Jourdaine de Bernières, qui fit elle-même profession dans la communauté et devint supérieure. Son père, trésorier de France à Caen, leur donna une maison située sur la paroisse St-Jean, près de l'ancien Hôtel-Dieu. Mgr d'Angennes, appréciant l'utilité de cet ordre qui se consacrait à l'instruction des jeunes filles, les fit venir à Vire en 1631 et à Bayeux en 1633, comme nous le verrons plus loin.

Il fit venir également de la Maladrerie de Rouen, en 1629, les religieuses Augustines pour desservir l'Hôtel-Dieu de Caen ; elles y sont demeurées jusqu'à la Révolution.

Il établit en 1631, à Thorigny, du consentement de l'abbé, un prieuré de religieuses Bernardines.

La même année, un couvent de la Visitation, d'abord établi à Dol, en Bretagne, vint s'installer à Caen, dans la rue St-Jean, et l'année suivante au Bourg-l'Abbé, rue des Capucins. M. l'abbé Laffetay reporte cette fondation en 1622. *Hist. du diocèse de Bayeux*, p. XLVI.

En 1631, Claude du Rosel, abbé de St-Sever, fit venir à Vire des Ursulines de Falaise.

Deux ans plus tard, Françoise d'Harcourt, fille du baron de Beuvron, les établit à Bayeux. Elles s'installèrent d'abord rue Jourdan et obtinrent plus tard le couvent des Billettes, qui leur fut cédé en faisant une pension au seul religieux qu'il renfermait.

Les Bénédictines, qui avaient adopté l'adoration perpétuelle du Saint Sacrement, furent appelées à Caen par Madelaine de Moges, marquise de Mouy, qui les établit rue de Geôle.

Mgr d'Angennes leur donna, la même année, le prieuré de Villers-Bocage, qui jusque-là avait appartenu à des religieux.

Elles s'établirent également à Vire en 1644 et à Bayeux en 1646, grâce aux libéralités du sieur d'Ecoville. Ces deux maisons avaient demandé des religieuses à l'abbaye de Ste-Trinité de Caen.

Enfin, en 1644, Mlle de la Hunaudière fit venir à l'Hôtel-Dieu de Bayeux des sœurs de la Miséricorde.

Jacques d'Angennes mit autant de zèle à rétablir les biens de son église; le droit *de déport* sur les bénéfices-cures lui fut accordé par arrêt du Parlement le 18 avril 1620. En 1626, il consacra de nouveau l'église de St-Etienne de Caen, que les protestants avaient ruinée et qui depuis n'avait pu être restaurée; il encouragea également Ambroise Hubert, abbé de Cerisy, à réparer son abbaye. Grâce à lui, les Prémontrés d'Ardennes et quelques autres maisons régulières embrassèrent la réforme. Il en fut de même à Ste-Trinité de Caen; il approuva en 1626 les constitutions que l'évêque d'Agde, Baltazar de Budos, avait rédigées pour sa sœur l'abbesse. Il assista à la procession générale que fit le chapitre de Bayeux à la chapelle de Notre-Dame de La Délivrande, en expiation d'un vol sacrilège. Ce fut sous son épiscopat que le P. Eudes établit à Caen un séminaire, situé dans la rue Saint-Laurent, sur la place des Petits-Prés, aujourd'hui place Royale, et que les Jésuites obtinrent du roi Henri IV le collège du Mont et le prieuré de Ste-Barbe en Auge, que leur résigna Robert de la Ménardière.

Il se trouvait à Bayeux quand éclata à Caen une sédition à l'occasion d'un nouvel impôt, et, par sa prévoyance, il préserva la ville épiscopale et obtint même du roi la grâce d'une foule de séditieux. Enfin, après quarante et un an d'épiscopat, il mourut le 16 mars 1647, en son prieuré des Moutiers au Perche. Il était âgé de soixante-treize ans. Son corps fut inhumé à Maintenon, dans la collégiale fondée par ses ancêtres.

Les armoiries de Mgr d'Angennes existent encore, comme nous l'avons déjà dit, à la voûte de la chapelle du palais épiscopal, et on les a blasonnées d'*azur au sautoir d'argent*. Elles sont peintes aussi au haut des fresques de la chapelle de Saint-Pantaléon, à la Cathédrale.

En 1627, M. d'Angennes fit réimprimer des livres ecclésiastiques qui manquaient presque partout dans le diocèse.

Le Bréviaire de Bayeux, dont nous ne connaissons pas d'exemplaires.

Le Missel de Bayeux, calqué à peu près sur le romain, fut imprimé en 1642 ; il contenait certaines observances particulières à l'église cathédrale, que son respect pour l'antiquité — *antiquitati debitus honos* — ne lui permettait pas d'abolir. Il y fit mettre ses armes et celles du chapitre.

Le Rituel fut imprimé en 1627 ; il en remplaça un qui n'existe plus actuellement et qu'il appelle : *Crassè compositum et mendosum*.

Il existe encore trois sceaux différents de Mgr d'Angennes. Le plus grand se trouve dans la collection de M. le vicomte de Toustain, et les deux autres dans la nôtre. Le premier que Gaignières a dessiné exactement dans le manuscrit coté 17024, est ovale et mesure 0,050 sur 0,042. Au centre, l'écu aux armes d'Angennes, surmonté de la mitre et de la crosse à volute ornée. La légende, bordée d'un grenetis, porte : IACOBUS-EPISCOPUS-BAIOCENSIS. 1604, et une branche de feuillage ; il date donc de la première année de l'épiscopat de Jacques d'Angennes. Les deux autres, détachés tous les deux, ont la même forme en plus petit ; l'un porte cette même légende sans la date, l'autre n'en a pas.

Titres scellés. M^{ss} 17024. *7 juin 1618, Jacques d'Angennes approuve la provision de l'office de Granger faite à Antoine de la Croix, religieux de St-Etienne de Caen. Datum baiocis... anno Domini 1618. Sceau dessiné.* — Extrait des titres de St-Etienne de Caen.

LXIX.

EDOUARD MOLÉ.

1647-1652.

Armoiries. — *Écartelé aux 1ᵉʳ et 4ᵉ de gueules au chevron d'or accompagné en chef de 2 étoiles et en pointe d'un croissant de même ; aux 2ᵉ et 3ᵉ d'argent au lion de sable.*

Le 20 mai 1647, le roi nomma à l'évêché de Bayeux, vacant par le décès de Jacques d'Angennes, Edouard MOLÉ, fils aîné de Mathieu, premier président au Parlement de Paris, garde des sceaux de France, et de Renée de NICOLAÏ. Sa complexion délicate avait donné dans sa première jeunesse les plus grandes inquiétudes et fait craindre longtemps pour sa vie. C'est à peine s'il pouvait se tenir debout et il demeura boiteux toute sa vie. Il prit de bonne heure le parti de l'Église et fut nommé abbé de St-Paul de Verdun et d'Hérivaux. Le cardinal Ursini le proposa au Consistoire tenu à Rome le 30 novembre 1648. Après avoir reçu ses bulles, il se fit sacrer à Paris en l'église de la Sorbonne, le 14 février 1649, par l'archevêque de Toulouse, Ch. de

MOUTCHAL, accompagné des évêques de Sarlat et de Saintes. Le 22 mai de la même année, il fut nommé trésorier de la Ste-Chapelle de Paris, sur la démission de M. l'abbé de *Ménac*. Le 9 juin, il envoya M. Robert *Le Savoureux*, chanoine, prendre possession en son nom et vint lui-même en personne quelques jours après; mais il n'y eut aucune solennité ni cortége à cause de l'état de sa santé. Il prêta le serment accoutumé, officia pontificalement et assista au repas qui se donna comme à l'ordinaire. Edouard Molé fut aussi conseiller ordinaire du Roi en ses conseils. Il eut des démêlés avec le chapitre touchant les bois dépendants du domaine de l'évêché, et signa une transaction à Paris en 1651. La même année, il assista en l'église des Chartreux au sacre de François de Harlay, archevêque de Rouen. Il eut soin aussi de publier divers statuts pour maintenir la discipline ecclésiastique, et enjoignit à ses curés de résider dans leurs bénéfices.

Il favorisa à Bayeux l'établissement du couvent de la Charité, fondé en 1650 par Marie *Morin* et Marguerite *du Bosq*, pour instruire et élever les jeunes filles pauvres.

Il confirma également la fondation du président de Langrie, qui confiait à des religieuses Augustines le couvent de la Charité de Caen, que le P. Eudes avait établi pour servir de refuge.

Cédant à des instigations malveillantes, il eut le tort de persécuter la congrégation des Eudistes et fit fermer leur chapelle, qui ne leur fut rendue qu'après sa mort par son propre frère, nommé à l'évêché de Bayeux. Il mourut en l'hôtel de la *Trésorerie*, à Paris, le 6 avril 1652, et fut inhumé avec ses parents en la chapelle des Cordelières de l'*Ave Maria*.

Les armoiries de Mgr Molé existent encore peintes à fresque dans la chapelle St-Pantaléon. Elles surmontent l'une des scènes de la vie de ce saint et font pendant à celles de son prédécesseur.

Nous avons trouvé, dans la collection de M. le vicomte de Toustain, le sceau d'Edouard Molé apposé à des lettres pour conférer les ordres mineurs, données à Bayeux en 1649 : *sub sigillo cameræ nostræ*. Il est rond et mesure 0,040 de diamètre. Au centre un grand écu aux armes des Molé, surmonté du chapeau, accompagné de ses cordons à six houppes. Le tout est très-plat et sans travail d'ornementation.

Bibliothèque nationale, M^{ss} 17024, f° 96 : *Lettre de Paris le 25 mai 1647. Cette semaine leurs majestez ont reconnu par leur nomination à l'évesché de Bayeux la doctrine et probité du sieur de Lacy, abbé de St-Pol, fils aisné du 1er président de ce parlement.*
Lettre de Rome le 30 mai 1648. Le cardinal Ursin propose au consistoire l'évesché de Bayeux pour l'abbé Molé.
Lettre de Paris le 22 mai 1649. Le 15, l'évesque de Bayeux prit possession de la trésorerie de la Ste-Chapelle par la démission de l'abbé de Ménac.
Lettre de Paris le 13 avril 1652. Le 6, Mre Édouard Molé, évesque de Bayeux, conseiller ordinaire du roi en ses conseils, et trésorier de la Ste-Chapelle de cette ville, mourut en son hostel de la trésorerie âgé de environ 41 ans. Son corps ayant esté mis le lendemain en cette sainte chapelle, les vespres des morts y furent chantées, et le 8 le service fait par les chanoines en la mesme église, puis il fut de là porté en celle de l'Ave Maria, pour y estre inhumé, auquel lieu l'on chanta un second service où se trouvèrent outre les parents plusieurs personnes de condition.

LXX.

FRANÇOIS SERVIEN, 1ᵉʳ DU NOM.

1654-1659.

Armoiries : *D'azur à trois bandes d'or, au chef cousu d'azur chargé d'un lion issant d'or.*

Portrait gravé par Rob. Nanteuil en 1657.

Le Roi avait nommé à l'évêché de Bayeux le frère cadet d'Edouard Molé, l'abbé de Sainte-Croix ; mais celui-ci refusa, et François SERVIEN fut choisi à sa place. Il était issu d'une famille d'Auvergne qui a donné des premiers présidents aux parlements de Dijon et de Bordeaux. Son père Antoine, était procureur général des trois états du Dauphiné. François fut successivement doyen de Saint-Martin de Tours, abbé de St-Jouin de Marnes au diocèse de Poitiers, de Mores au diocèse de Langres et du Perray-Neuf en celui d'Angers. Le 22 mai 1653, le Roi le nomma à l'évêché de Carcassonne, et l'année suivante, sur le refus de l'abbé de Ste-Croix, à celui de Bayeux. Ses bulles lui furent accordées le 3 novembre 1654. Le 13 janvier suivant, il fut sacré en l'abbaye de Joyenval, au diocèse de Chartres, par Henri de Maupas de la Tour, évêque du Puy, assisté de Ferdinand de Neuville, évêque de St-Malo, et de Hardouin de Péréfixe, alors évêque de Rodez. Après avoir prêté au Roi et à son église métropolitaine les serments accoutumés, il envoya son procureur Jean-Michel Bagnol prendre possession en son nom et vint lui-même quelque temps après.

Il venait aussi d'être nommé prieur de Ste-Catherine du Val-des-Ecoliers, à Paris; plus tard il se démit de ce bénéfice et de l'abbaye de St-Jouin de Marnes en faveur de son neveu, fils d'Abel Servien, ministre plénipotentiaire et ministre d'Etat.

Depuis près de cent ans, les abus s'étaient peu à peu glissés dans le clergé de Bayeux et les derniers évêques avaient été impuissants à les combattre, les uns ne résidant pas dans leur siége, les autres n'ayant ni la force ni le temps d'entreprendre cette grande tâche. A peine arrivé, François Servien résolut de les réformer. Le 8 juin 1655, il publia un mandement pour interdire la confession aux prêtres qui n'avaient pas charge d'âmes, jusqu'à ce qu'ils eussent passé un examen; l'année suivante, il publia de nouveaux statuts dans le synode et veilla à ce qu'ils fussent exécutés. Non content de cela, il parcourait lui-même son diocèse, inspectant les églises, réformant les mauvaises coutumes et supprimant les désordres. Sa fermeté et la pureté de sa vie en imposaient à tous, et il se vit récompensé de ses efforts. C'est ainsi qu'il suspendit l'abbesse de Cordillon pour avoir reçu une religieuse sans l'avoir préalablement examinée, suivant les ordonnances du concile de Trente. Il fit aussi la visite de l'abbaye de Troarn et appela au prieuré de Saint-Vigor-le-Grand les religieux de la congrégation de St-Maur. Il refusa de nommer supérieure des Bénédictines de Bayeux la troisième fille du fondateur, disant que : « *c'était posséder le sanctuaire du Seigneur par succession.* » Il eut aussi, par deux fois, de grandes difficultés avec Eléonore de Rohan, abbesse de Ste-Trinité de Caen, au sujet de la juridiction épiscopale. Il était à Paris pour s'occuper de ce procès, quand il fut atteint de la maladie dont il mourut.

Ce fut sous son épiscopat que l'abbé *Georges*, curé du Pré-d'Auge, établit les conférences ecclésiastiques, et Mgr Servien s'empressa de favoriser par son approbation ce moyen si efficace de maintenir et de développer l'instruction du clergé. En même temps, dans le synode de

1658, il publia la constitution du pape contre les cinq propositions de Jansénius et en fit souscrire la condamnation par ses prêtres.

Il contribua de ses deniers à la fondation de la Charité de Bayeux, qui était encore fort pauvre, et approuva l'établissement de la maison de Caen. Il donna 14,000 livres et une maison pour l'installation des *Nouvelles catholiques*.

Il s'appliqua aussi à enrichir son église de reliques précieuses pour remplacer celles que les protestants avaient dispersées. Après plusieurs démarches infructueuses, il obtint des religieux de St-Vigor des reliques de l'évêque de Bayeux, et les transféra en grande pompe à la cathédrale le 14 juillet 1658. Quelque temps après il y plaçait le corps de sainte Fauste, martyre, qu'il avait obtenu de Rome par l'entremise de son parent, M. de Lyonne. Tout le clergé s'y rendit en chapes, et il donna pour cette fête un ornement magnifique qui avait été fait pour le sacre du roi Louis XIV. Il se composait de six chapes avec la chasuble, les tuniques, dalmatiques et parements en étoffe violette semée de fleurs de lys d'or, avec ses armoiries. Il donna également 4,000 livres à son église cathédrale pour la fondation de son obit et pour la célébration de l'office de sainte Fauste. Il existe encore, dans la sacristie du chapitre, un don de Mgr Servien : ce sont trois grands vases en plomb, d'une forme curieuse, destinés à recevoir les saintes huiles et qui servent toujours à cet usage. Ils portent gravées au trait les armoiries du donateur.

François Servien était, comme nous l'avons dit, à Paris pour son procès avec l'abbesse de Caen, quand il fut atteint de la maladie qui devait l'enlever. Il revint à Bayeux où, après avoir reçu les derniers sacrements avec beaucoup de résignation, il mourut le 2 février 1659. Son corps fut exposé neuf jours dans la chapelle de l'évêché, où toutes les paroisses de la ville vinrent prier successivement, puis on le porta processionnellement autour de la ville, et on l'inhuma dans le chœur, près du candélabre, dans le tombeau de l'évêque Guy, qui fut ouvert par mégarde. On plaça dessus une plaque de cuivre avec les armoiries ; elle disparut lors du nouveau pavage sous Mgr de Rochechouart.

Il existe, dans la collection de M. le vicomte de Toustain, deux sceaux différents de François Servien. Le premier est ovale et est plaqué sur papier. Au centre l'écu surmonté de la crosse et de la mitre, que couvre le chapeau à six houppes ; la légende porte : FRANCISCUS · DE · SERVIEN · BAIOC · EPISCOP · REGALIS · MON · S · JOVINI · DE · MARN · ABBAS et est entourée d'un feuillage. L'autre, plus petit et de même forme, est en cire rouge; il est à peu près semblable, mais n'a pas de légende.

M. de Toustain. 2 avril 1655 *nomination à l'église de Thorigny, Paris. Sceau 1657. — Dispense de consanguinité. Sceau.*
Quittances ecclésiastiques. T. I. *Pièce en blanc signée F. Servien, évêque de Bayeux, et au dos : pour servir de quittance à M° Jannin de Castille, conseiller du roi en ses conseils et thrézorier de son espargne la somme de quatre mille cinq cents livres pour mes appointements de conseiller ordinaire du conseil pour la dernière année mil six cent cinquante cinq.*
Mss. 17024. f. 37. *Lettre de Rome 17 nov. 1654. — Le 9 de ce mois, le pape tint consistoire, où il préconisa l'évesché de Bayeux pour l'abbé Servien, frère du surintendant des finances.*

Paris, le 20 juin 1655. L'abbé Servien fut ces jours passez sacré dans l'église de l'abbaye de Joyenval par l'évesque du Puy qui avoit pour assistants les évêques de Rodez et de St-Malo.

Caen, 20 décembre 1658. Les facultez de l'université de cette ville s'estant assemblées par l'ordre de l'évesque de Bayeux diocésain et chancelier de lad. université pour souscrire aux bulles qui condamnent la doctrine de Jansénius, au formulaire dressé à ce sujet par le clergé de France, elles ont passé un décret portant qu'à l'avenir aucun n'y recevroit le degré s'il n'eut souscrit aux mêmes bulles et formulaires ainsi que firent les docteurs qui se trouvèrent à cette assemblée.

Bayeux, le 4 février 1659. Le 2 de ce mois, Mgr François Servien nostre évesque, frère du Cte de Servien surintendant des finances, mourut ici en son palais, d'une fièvre continue dans sa 60° année.

LXXI.

FRANÇOIS DE NESMOND, IIᵉ DU NOM.

1662-1715.

Armoiries : *D'or à trois huchets de sable enguichés d'azur.*
Devise : *Surgite in voce tubæ.*
Portrait gravé par R. Nanteuil en 1663.

Aussitôt après la mort de François de Servien, le roi nomma à l'évêché de Bayeux François de NESMOND, d'une famille illustre dans la magistrature. Son père était président à mortier au Parlement de Paris et avait épousé Anne de Lamoignon, fille et sœur de présidents au même Parlement. Il fit ses humanités au collége de Clermont, acheva ses études à celui de Navarre et se fit recevoir docteur en Sorbonne à l'âge de vingt-cinq ans. Bientôt après il reçut la tonsure et dès lors se livra tout entier à prière et à l'étude. Nommé prieur de La Voute, de Ruilly, il devint, en 1646, abbé de Mauléon, puis de Chézi au diocèse de Soissons. Déjà on pouvait apprécier sa charité et la pureté de ses intentions, car jamais il ne préleva pour lui-même la moindre somme sur les bénéfices dont le revenu était intégralement versé aux pauvres.

---

(1) Consulter l'*Histoire du diocèse de Bayeux*, par M. l'abbé Laffetay. Bayeux, 1855, dont cet article n'est que le résumé.

En 1655, il fut député du second ordre à l'assemblée du clergé et appelé à faire partie de la commission chargée d'examiner les cinq propositions de Jansénius.

François de Nesmond fut nommé à l'évêché de Bayeux au commencement de 1659 ; mais une contestation relative à une pension de 11,000 livres due sur l'évêché et que réclamaient les cardinaux Maldaquin et des Ursins retarda pendant trois ans l'expédition de ses bulles. Le 9 août 1661, le cardinal Orsini le proposa dans le consistoire et ses bulles lui furent délivrées quelques mois après. Aussitôt il se prépara par une retraite à son sacre qui eut lieu en l'église de la Sorbonne, le 19 mars 1662. Le prélat consécrateur fut Mgr de Harlay, archevêque de Rouen; il était assisté de Jacques Auvry, ancien évêque de Coutances et de François de Clermont-Tonnerre, évêque-comte de Noyon. Le mois suivant, Jean Ratier, prêtre et ancien précepteur du nouvel évêque, vint en son nom prendre possession du siége, tandis que celui-ci se rendait à Rouen où il prêta le serment accoutumé entre les mains de son métropolitain. Enfin, le 15 mai, il prit possession lui-même. On peut lire dans les ouvrages de MM. Laffetay et Hermant le détail de toutes les cérémonies de son sacre qui se fit au milieu de l'empressement général des fidèles et de la joie qu'avait occasionnée cette nomination. Les indigents y eurent une large part outre d'abondantes aumônes. L'évêque voulut servir lui-même les pauvres le jour de son arrivée et leur distribua 400 livres. C'était ainsi qu'il préludait à ses immenses bienfaits.

Les qualités personnelles de François de Nesmond justifièrent pleinement les espérances que l'on avait fondées sur lui, et pendant un épiscopat de 53 ans, il sut porter avec honneur un fardeau aussi lourd. « On admirait en lui une instruction solide, un zèle infatigable, une « héroïque charité, une patiente énergie et un sain discernement dans « le choix des hommes auxquels il accordait sa confiance. » C'est ainsi qu'il s'entoura de Jean Ratier, prêtre d'une grande vertu et qui devint official de Bayeux et de Caen, grand conteur et trésorier de la cathédrale, de Jean Petite, dont nous aurons accasion de parler, et de M. Hue de Launay, grand pénitencier, archidiacre de Caen et vicaire général du diocèse.

A peine installé, le nouvel évêque convoqua le synode où il y publia de nombreux statuts dont l'esprit est encore en vigueur, veilla à la réunion des *calendes*, ou assemblées particulières du clergé, et apporta le plus grand soin aux *visites* qui se faisaient annuellement et auxquelles il soumit toutes les cures, même celles qui, appartenant aux ordres religieux, se prétendaient, à ce titre, exemptes de sa juridiction épiscopale.

L'évêché de Bayeux ne renfermait alors que deux séminaires, celui de Caen, établi sous Mgr d'Angennes, et celui de La Délivrande, que Gilles Buhot avait fondé à la même époque. Mgr de Nesmond apporta tous ses soins au développement de ces établissements. C'est ainsi qu'il donna 2,000 livres aux Eudistes pour aider la construction du séminaire de Caen, où l'on plaça ses armoiries. Il en bénit la chapelle en 1677. Celui de La Délivrande était dirigé par son fondateur. Mais il avait eu de nombreuses difficultés dont sa vertu et son bon droit avaient su triompher. Ce saint prêtre proposa à Mgr de Bayeux de fonder à Bayeux même, dans la rue Franche, un séminaire auquel il unirait celui de La Délivrande. Ce don fut accepté le 11 mars 1669, et Mgr de Nesmond nomma Gilles Buhot supérieur. Il continua à Bayeux de se dévouer à son œuvre, ce qui ne l'empêchait pas de se livrer à la prédication et de publier quelques ouvrages. Ce fut dans son séminaire qu'eut lieu, en 1670, la première *retraite spirituelle* pour le clergé, que prêcha le supérieur des Jésuites de Caen. Quelques années après, le local n'étant plus suffisant, l'évêque résolut de transférer le séminaire dans les bâtiments du prieuré de l'Hôtel-Dieu, dont les moines avaient toujours été fort difficiles à gouverner. Il obtint, en 1675, la résignation du prieur titulaire, l'abbé Ratier, et, après avoir rempli toutes les formalités requises, fit enregistrer le décret d'union le 4 août 1676. Le séminaire se trouvait ainsi tenu d' « acquitter les obits et fondations de l'Hôtel-
« Dieu, d'y administrer les sacrements, d'y donner la sépulture, d'instruire
« et assister spirituellement les pauvres passants et de desservir la petite
« paroisse de St-Vigor. »

Après la mort de Gilles Buhot, le séminaire, d'abord dirigé par deux prêtres de mérite, fut confié, en 1682, aux Lazaristes, mais les lettres-patentes ne furent enregistrées qu'en 1697. Le séminaire de La Délivrande continua d'être annexé et régi comme celui de Bayeux. Enfin les bâtiments du prieuré St-Jean-Baptiste étant fort anciens et d'une grande incommodité, Mgr les fit abattre et commença, en 1693, le bâtiment actuel, qui a reçu divers agrandissements et où l'on voit ses armoiries replacées sur la porte intérieure.

Mgr de Nesmond n'apporta pas moins de zèle à la réinstallation de l'Hôtel-Dieu de Bayeux. Ce fut lui qui mit fin aux interminables procès des chanoines réguliers de St-Augustin. On y avait fait venir des *sœurs de la Miséricorde* pour soigner les malades. La maison conventuelle fut reconstruite aux frais du prélat, et la chapelle terminée en 1701.

Ce ne furent pas les seules difficultés que Mgr de Nesmond rencontra. Il eut à lutter, pour améliorer le sort du clergé des campagnes dont il fit porter la portion congrue à 300 livres, contre l'abus des patronages laïques. Il eut à soutenir contre son propre chapitre une lutte de sept années, et il se vit plusieurs fois en butte aux calomnies et aux outrages. Ce ne fut pas sans peine qu'il parvint à le faire rentrer dans l'obéissance : il dut pour cela épuiser toute la série des juridictions légales, car on avait rejeté ses propositions d'arrangement et les nombreuses concessions qu'il n'avait pas craint de faire. L'arrêt du 21 mars 1671 décida que « l'évêque de Bayeux était *maintenu* dans sa juri-
« diction sur les dignitaires, chanoines, grands et petits vicaires, cha-
« pelains et autres clercs immatriculés en ladite église cathédrale....;
« que la juridiction contentieuse du chapitre serait limitée à dix-neuf
« paroisses et à la chapelle de La Délivrande (auparavant ce nombre s'éle-
« vait à plus de cent); qu'elle serait exercée par un seul et même official,
« des sentences duquel il pourrait être appelé devant l'official de
« l'évêque; que ces dix-neuf paroisses seraient soumises à la visite de
« l'évêque et du chapitre, et les curés tenus d'assister au synode
« diocésain. »

Le chapitre s'était vengé des *ennuis* que lui causait son évêque en poursuivant à outrance l'official de l'évêque, M. Petite; il alla même jusqu'à le faire décréter de prise de corps et « un chanoine de Brecy,
« porteur de cet arrêt, le faisait proclamer à son de trompe, dans tous
« les carrefours de Bayeux, au milieu des huées de la populace !! »
M. Petite dut céder à l'orage, mais il se justifia sans peine et ses ac-

cusateurs furent condamnés à 300 livres de dommages et intérêts. Il put donc continuer ses pénibles fonctions et s'efforça de combattre l'inconduite et l'ignorance du clergé. Il s'occupa aussi de faire une *carte topographique du diocèse de Bayeux*, qui parut en 1675, et composa quatre volumes de notes sur l'histoire du diocèse. On ignore ce qu'ils sont devenus, et l'on suppose avec l'abbé Beziers que ce fut là qu'Hermant puisa les documents de son *Histoire du diocèse de Bayeux*. Le chapitre doit également à M. Petite la restauration de sa bibliothèque pillée et brûlée en 1562. Il laissa une rente de 100 livres pour son entretien et l'enrichit de quinze cents volumes. On trouve assez fréquemment des livres portant son *ex dono* ainsi conçu : *Ex bibliotheca M. Johannis Petite melodunencis protonotarii Apostolici, officialis Bajocensis et Canonici de Amaeyo. Et ejusdem dono bibliothecæ capituli Bajocensis* 1690. La bibliothèque du chapitre était alors *publique* les mardi, jeudi et samedi de chaque semaine. Mgr de Nesmond, d'accord cette fois avec son chapitre, eut aussi à lutter contre un chanoine qui refusait de se faire promouvoir aux ordres sacrés, et, cette fois encore, obtint un arrêt du Parlement pour condamner le récalcitrant. Nous le voyons aussi déployer une grande énergie et un grand zèle pour faire disparaître de son diocèse le protestantisme qui lui avait causé tant de mal. Il fit fermer un grand nombre de prêches qui n'avaient plus le nombre suffisant de sectaires, favorisa les controverses de l'abbé de Launey qui ne le cédait en rien à l'abbé Véron et au P. Eudes, qui déjà avaient converti un grand nombre de protestants, modéra les rigueurs de l'édit de Nantes et voulut attirer les nouveaux convertis *par les voies les plus douces*.

Il eut à lutter aussi contre le Jansénisme qui s'était glissé dans son diocèse : il condamna les Bénédictins de St-Etienne de Caen et le curé de St-Ouen de Bayeux, qui avaient refusé de signer le *formulaire*, et se montra en toute occasion le ferme soutien de l'Église et de sa doctrine.

Nous le voyons aussi favoriser de tout son pouvoir les réformes qui, de toutes parts, cherchaient à redonner une nouvelle vie aux nombreux monastères tombés en commende après le concordat de Léon X. Il érigea des offices de sacristain et de chantre dans l'abbaye du Val, dont la situation était des plus précaires, réunit à la mense conventuelle de

St-Vigor le tiers des revenus du prieuré de St-Gabriel, dont les fondations n'étaient plus acquittées. Il se rendit, le 12 juin 1696, avec le chapitre, à la chapelle de Notre-Dame-d'Yvrande « *pour implorer du* « *Seigneur la paix dans le royaume.* » Il assista à la canonisation de saint François de Sales, à la Visitation de Caen, en 1668. Il y avait deux ornements sacerdotaux : l'un blanc, l'autre rouge. Il existe encore, outre son calice, une paire de gants rouges qui lui ont appartenu, ils sont brodés d'argent et ont été donnés par M. l'abbé Do, ancien chapelain, à M. Laffetay, chanoine. Ce fut lui qui prêcha à cette grande cérémonie, et, « quoiqu'il ne cherchât pas l'éloquence, il la trouva souvent « dans les inspirations de sa piété. » Il se faisait un devoir et une joie d'assister à toutes les cérémonies de l'Église. Il bénit et consacra un grand nombre d'églises, fit l'ouverture des missions et prit part aux chants d'actions de grâce et services funèbres. Compatissant aux grandes infortunes comme aux petites, il donnait et quêtait pour les pauvres, il pensionnait Jacques II, réfugié en France, et envoyait à Louis XIV un régiment équipé à ses frais pendant la guerre de succession d'Espagne.

Ce fut lui qui paya de sa poche les frais de translation de la paroisse St-Sauveur de Bayeux à St-Nicolas-des-Courtils.

Le jour de son arrivée, Mgr de Nesmond avait fait présent à la cathédrale de deux statues d'argent, et il ne cessa depuis de l'enrichir ou de l'embellir.

En 1701, il fit refaire un jubé de l'ordre corinthien, dû aux dessins de Brodon, pour remplacer celui de Mgr de St-François. « Des colonnes « monolithes et des pilastres de marbre noir donnés par l'abbé Baucher, « chanoine, disposés symétriquement de chaque côté de la porte du chœur « et servirent d'encadrement à deux petits autels faisant face à la nef. » Ce jubé fut démoli en 1855, quand on refit les quatre piliers qui supportent la tour centrale, et quelques fragments de la corniche gisent encore à la porte d'une petite cour qui conduit à la bibliothèque du chapitre.

En 1714, il fit refaire la tour centrale qu'un incendie avait, en 1676, dévorée avec la charpente de la nef de l'église. Le plan en fut donné par un bayeusain, l'architecte Moussard. C'était « un dôme « parabolique surmonté d'un balcon circulaire, et les colonnes, d'ordre

« dorique, servaient de support à un pinacle très-aigu qui recouvrait le
« timbre de l'horloge et un carillon. » Il coûta 23,000 livres, dont l'évêque
paya une grande partie. Dans l'origine, il devait avoir une surélévation de vingt-cinq pieds, mais une fissure dans le pilier nord-ouest fit
modifier le plan. En 1855, les piliers, écrasés par le poids de la tour,
faisaient craindre pour sa durée, et on résolut de la raser. La ville
entière, soulevée d'indignation, réclama et obtint une enquête. Grâces
aux travaux de soutènement exécutés par MM. Flachat et de Dion, on
put refaire à neuf les quatre piliers du transept. Depuis, une seconde
couronne a été refaite dans le *style* de celle de Mgr d'Harcourt. On l'a
coiffée d'une calotte de cuivre que surmonte un clocheton à jour entouré
d'une balustrade d'où la vue s'étend au loin. Nous nous dispenserons
d'apprécier davantage cette construction.....

Depuis quelques années déjà la santé de Mgr de Nesmond s'était
altérée. Il put célébrer, en 1712, le cinquantième anniversaire de sa
promotion à l'épiscopat. Enfin, voyant sa fin approcher, il envoya
6,000 livres à l'hôpital général pour achever un bâtiment qui lui en avait
déjà coûté douze. Il en fit remettre quatre au chapitre pour l'acquisition d'un ornement, puis il ne pensa plus qu'à paraître devant Dieu.
Après avoir édifié tous les assistants par sa patience et sa résignation,
il rendit son âme à Dieu le 16 juin 1715, à l'âge de quatre-vingt-six ans.
Sa mort fut un deuil général, et ses obsèques eurent lieu au milieu des
pleurs et des regrets de tout son diocèse. Ses entrailles furent portées à
l'hôpital général, son cœur déposé dans la chapelle du séminaire. Ses
funérailles eurent lieu le samedi 22 juin, avec une grande magnificence.
« C'était un spectacle touchant que de voir marcher à la tête du convoi
« les pauvres de l'hôpital général avec quarante pauvres de la ville
« vêtus de drap gris, un pain sous le bras et un cierge à la main. Le
« jour même, pour se conformer aux dispositions testamentaires du
« défunt, on distribua 200 livres aux pauvres de la ville et des faubourgs, 200 livres aux pauvres de l'hôpital général, 100 livres à ceux
« de l'Hôtel-Dieu. Après les pauvres marchaient les corps de métiers,
« les communautés religieuses, le clergé de la ville et du diocèse, au
« nombre de plus de deux cents. Plusieurs compagnies de la garde
« bourgeoise, le mousquet sous le bras, deux compagnies à cheval du

« régiment Dauphin formaient l'escorte funèbre..... Le cercueil était porté
« par huit prêtres en aubes et en dalmatiques..... Le corps avait la face
« découverte. Venaient ensuite les ecclésiastiques de la maison du prélat,
« suivis de la noblesse en habit de deuil, des différentes juridictions et
« de tout le peuple. » Son oraison funèbre fut prêché à son service
par M. Le Vaillant, théologal de la cathédrale, et l'abbé Morel, curé
de St-Germain-le-Vasson, prononça son éloge au synode.

Son testament renfermait encore de nombreuses donations : il laissa
2,000 livres au chapitre pour la fondation de son obit, 100 livres à la
fabrique de la cathédrale, 1,050 livres à l'hôpital général pour un
service annuel et une messe mensuelle, 2,400 livres pour augmenter
l'école *de la Providence;* il n'oublia ni les séminaires, ni La Délivrande,
ni ses parents, ni ses *bons amis* les pauvres.

Lors des fouilles exécutées sous la tour centrale en juillet 1855, on
trouva le cercueil de plomb qui renfermait les restes de Mgr de
Nesmond. Le nom et la date se trouvaient sur la face interne du cercueil. Le corps, revêtu de ses ornements pontificaux, était entier, la
mitre sur le bras gauche et le chapeau à glands sur les pieds. Il fut
dessiné par M. Pancher-Belrose, et ce croquis est conservé dans la bibliothèque particulière du chapitre. On retira sa croix pastorale en or
et sa bague passée dans une cheville de bois placée entre ses mains.
Les objets précieux sont conservés par le chapitre et se trouvent, non
pas dans le trésor, puisqu'il n'existe pas, mais entre les mains de M. le
Doyen. La croix est de forme très-simple et l'anneau, émaillé, est orné
d'un beau saphir taillé. Mgr de Nesmond avait donné au chapitre, en
1698, sa chapelle de vermeil qui pesait en tout 101 marcs 4 onces.
Elle fut inventoriée en 1790 lors de la suppression du chapitre. Le calice seul et la patène sont parvenus jusqu'à nous. Ce sont les seuls
objets anciens et précieux, ayant appartenu à un évêque de Bayeux,
que l'on puisse voir à la sacristie du chapitre. Ce calice, d'une taille
énorme, est, quoique fort lourd, l'un des plus beaux spécimens de
l'art de l'orfévrerie à cette époque. Il ne mesure pas moins de 32 centimètres de hauteur; le diamètre du pied est de 20 centimètres. La
coupe est décorée de trois scènes artistement rendues et fort habilement dessinées : ce sont *La Sainte-Famille avec saint Jean, l'Ange*

avertissant saint Joseph endormi de fuir en Égypte, et *Le repos pendant ce voyage*. Le nœud, également divisé en trois, nous montre la Foi, l'Espérance et la Charité. Le pied est décoré de mascarons, d'anges, séparant *le Mariage de la Vierge*, *l'Adoration des bergers* et *le Vieillard Siméon*. Tout autour du pied, dans une élégante bordure à jour, figurent des anges portant les instruments de la passion. La patène est décorée d'un médaillon de 10 centimètres représentant le couronnement de la Vierge dans le ciel.

L'évêché de Bayeux possède aussi dans sa chapelle un calice de vermeil qui fut donné à Mgr Didiot par Mgr l'archevêque de Sens. Ce calice avait appartenu à Mgr de Nesmond dont il porte le nom gravé sous le pied : *Franciscus de Nesmond episcopus Baiocensis.*

On trouve assez fréquemment des livres aux armoiries de Mgr de Nesmond ou portant son *ex libris*, qui ressemble à son sceau avec cette légende deux fois répétée : Ex BIBLIOTHECA D. D. DE NESMOND EPISCOPI BAIOCENSIS.

Mgr de Nesmond, pendant son long épiscopat, se servit de plusieurs sceaux. Il en existe trois différents dans la collection de M. le vicomte de Toustain. Ils sont tous les trois plaqués sur papier. Le plus grand, de forme ronde, mesure 0,045. Les deux autres, de forme ovale, ont 0,030 et 0,022. Ils sont d'une remarquable simplicité et en général fort mal gravés ; au centre, un écu avec ou sans cartouche surmonté de la mitre et de la crosse, et au-dessus un chapeau garni de 6 houppes.

Presque tous les livres liturgiques furent réimprimés sous l'épiscopat de Mgr de Nesmond.

Le Missel était celui de 1642 auquel on ajouta quelques messes nouvelles, celle de saint François de Salles, celle de Notre-Dame de Pitié, et la messe de la Bonne Mort, imprimée à Caen en 1706.

Le Bréviaire 1665.

L'Antiphonaire. Paris, Louis Sevestre, 1676.

Le Graduel et le Supplément au Graduel.

Le Rituel, 1687.

Le Cérémonial. Caen, chez Bridard, 1675.

Le Catéchisme, 1700.

Bibl. de M. de Toustain. *Nomination à Castilly le 4 mai 1699, — à St-Vigor-le-Petit, 1703. — Sceaux.*

1671. *Nomination à une chapelle de la paroisse de Biéville.—Sceau.*

Bibl. nat. mss. 17024. *Lettre de Paris le 19 mars 1661. Ces jours passez l'abbé de Nesmond fut nommé à l'évesché de Bayeux.*

De Rome le 17 août 1661. Le neuf il y eut consistoire où le cardinal Orcini proposa l'évêché de Bayeux pour l'abbé de Nesmond.

De Paris le 25 mars 1662. Le 19 l'abbé de Nesmond évesque de Bayeux qui avoit quelques jours auparavant prêté le serment entre les mains de Sa Majesté fut sacré dans l'église de Sorbonne par l'archevesque de Rouen assisté de l'ancien évesque de Coustance et de celui de Noyon. La cérémonie s'estant faite en présence du nonce de S. S.

De Bayeux le 20 mai 1662. Le 15 de ce mois nostre évesque arriva en cette ville,. accompagné du chapitre de sa cathédrale avec tout le clergé régulier et séculier qui l'estoit allé recevoir en l'abbaye de S.-Vigor et ayant esté conduit en lad. église il y prit possession.

Quittances ecclésiastiques, T. 1. *5 décembre 1665 quittance de François de Nesmond, E. de Bayeux, de la somme de 625 liv. tournois pour les derniers sept mois et demi eschus au dernier décembre de l'année 1665.*

Id. autre de 625 livres pour un quartier eschu le dernier mars 1664 pour sa pension de 1500 liv. tournois de rente.

15 juin 1676. Quittance de la somme de 750 liv. pour le second quartier de l'année à cause de 3000 liv. de rente constituée le 1ᵉʳ septembre 1635 à prendre sur le scel.

15 août 1678. Id. de la somme de 64 liv. pour le second quartier à cause de 325 liv. de rente constituée sur les 5 grosses fermes de France.

15 juillet 1679. Id. de 750 liv. de la rente sur le scel.

Id. Id. de 225 liv. à cause de 900 liv. sur les gabelles de France.

15 décembre 1679. Id. de 354 liv. 3 s. 4 d. pour le 1ᵉʳ quartier à cause de 1416 liv. 13 s. 4 d. de rente sur les aides.

LXXII.

JOSEPH-EMMANUEL DE LA TRÉMOUILLE.

1716-1718.

Armoiries : *D'or au chevron de gueules accompagné de trois aiglettes d'azur becquées, membrées de gueules.*

Joseph-Emmanuel de la TRÉMOUILLE, fils du duc de Noirmoutier, fut nommé à l'évêché de Bayeux en 1716. Il avait été créé Cardinal en 1706, nommé en 1710 abbé de St-Etienne de Caen et était alors embassadeur à Rome. Il ne vint prendre possession ni de son évêché, ni de son abbaye, chargea l'abbé de Pibrac de le représenter près du chapitre et confirma le choix des grands vicaires nommés pendant la vacance. Le 13 novembre 1716, M. de Pibrac prit possession, au nom de Son Éminence, et l'année suivante, ce fut Jacques de Matignon, ancien évêque de Condom, qui vint conférer les saints ordres. L'année suivante, avant d'avoir été sacré, Mgr de la Trémouille fut nommé à l'archevêché de Cambrai, et le siége de Bayeux se trouva de nouveau vacant.

Nous avons trouvé deux sceaux aux armes de Mgr de la Trémouille et ayant servi à ses grands vicaires. Le premier, en cire rouge, se trouve dans la collection de M. le vicomte de Toustain ; il est bien gravé : l'écu, surmonté de la couronne de duc, est entouré du collier de l'ordre et placé sous le chapeau de cardinal garni de ses houppes. Il mesure 0,027. L'autre, sur papier, a été coupé, et se trouve dans notre collection. Celui-ci porte la croix archiépiscopale et un cartouche entoure l'écusson.

M. le vicomte de Toustain. *26 août 1717, présentation à la cure de Secqueville. — Sceau.*

LXXIII.

FRANÇOIS-ARMAND DE LORRAINE.

1719-1728.

Armoiries : *Coupé de 4 en chef et 4 en pointe ; le 1ᵉʳ du chef fascé d'argent et de gueules de 8 pièces, qui est Hongrie, au 2ᵉ semé de France au lambel de trois pendants de gueules, qui est Anjou-Sicile, au 3ᵉ d'argent à la croix potencée d'or cantonnée de 4 croisettes de même, qui est Jérusalem, au 4ᵉ d'or à 4 pals de gueules, qui est Aragon, au 5ᵉ de la pointe semé de France à la bordure de gueules, qui est Anjou, au 6ᵉ d'azur au lion contourné d'or, couronné, armé et lampassé de gueules, qui est de Gueldres, au 7ᵉ d'or au lion de sable armé, lampassé de gueules, qui est Flandres, au 8ᵉ d'azur semé de croix recroisettées au pied fiché d'or, à 2 barbeaux adossés de même, qui est Bar. Sur le tout, d'or à la bande de gueules chargée de 3 alérions d'argent, qui est Lorraine ; un lambel de 3 pendants de gueules brochant sur le tout en chef, à la bordure de gueules chargée de 8 besans d'or.*
Portrait gravé par Mathey, d'après Tournière et par Desrochers.

Dès le mois de mars 1718, le régent nomma à l'évêché de Bayeux, vacant par la translation à l'archevêché de Cambrai du cardinal de la

Trémouille, François-Armand DE LORRAINE, fils du comte d'Armagnac et de Catherine de Neuville-Villeroi. Nommé, dès l'âge de onze ans, abbé de Notre-Dame des Chastéliers, il posséda successivement les abbayes de St-Faron et de Royaumont, et fut primat de l'église collégiale et ducale de Nancy. A vingt-trois ans, il se fit recevoir docteur en Sorbonne, mais l'impétuosité de son caractère et la hardiesse de ses opinions religieuses empêchèrent Louis XIV de lui confier l'administration d'un diocèse. Le 5 novembre 1719, il fut sacré à Paris par le cardinal de Nouailles. Il envoya l'abbé Peschard prendre possession de son siége, et ce choix avait vivement mécontenté et inquiété le chapitre et le clergé. Déjà ses tendances à favoriser ouvertement le Jansénisme, se faisaient jour. Après avoir signé l'acceptation de la bulle *Unigenitus*, il retira sa signature et ne craignit pas, au grand mécontentement du Pape, d'ordonner plusieurs Hollandais qui relevaient du gouvernement spirituel des Nonces de Cologne et de Bruxelles.

Contrairement au pieux usage de ses prédécesseurs, qui se rendaient à Notre-Dame de La Délivrande avant de prendre possession, il arriva en chaise de poste au palais épiscopal, le 20 mars 1720. Après avoir reçu quatre dignitaires du chapitre, ce fut le tour des corps de justice, de la maison de ville, de la noblesse, des bourgeois en armes. Le surlendemain eut lieu la prise de possession. Après avoir juré de respecter les immunités de son Église, il alla baiser l'hôtel, où il déposa dix louis d'or, entonna le *Te Deum*, puis pontifia. On lui offrit un poisson monstrueux; le soir, il y eut feu d'artifice sur les remparts de l'évêché, et les pauvres reçurent d'abondantes aumônes.

Mgr de Lorraine commença par faire de sages ordonnances relatives au mariage, elles furent publiées dans le synode de 1721, et il veilla à leur exécution; il mit aussi un terme aux désordres qu'occasionnaient les pains de Pâques, le pain bénit, etc.

Mais déjà, en plusieurs circonstances, un zèle inconsidéré ou coupable l'avait entraîné trop loin. Son premier acte fut un mandement du 6 avril 1720, par lequel il révoquait, à partir du 1er juin, tous les supérieurs de communautés de filles, tous les pouvoirs de prêcher et de confesser... tous les statuts et règlements des congrégations... Nous ne pouvons ici rendre compte de ses démêlés avec son clergé et de l'appui qu'il donna au Jansénisme. Nous ne parlerons ni de sa lutte contre les Jésuites, ni de sa conduite avec la *Visitation* de Caen, nous renvoyons à l'ouvrage si compétent en ces matières de M. l'abbé Laffetay, chanoine. Son épiscopat fut pour le diocèse de Bayeux une époque triste, malheureuse et funeste dans ses conséquences.

François de Lorraine mourut le 9 juin 1728, à Paris, après une longue maladie. Son acte de décès fut inscrit sur les registres de la Madelaine de la Ville-l'Évêque, en présence de son frère, le prince d'Armagnac, grand écuyer de France, du prince de Lambesc, son neveu, etc.

On l'inhuma, suivant son désir, en son abbaye de Royaumont, auprès de son aïeul et de son père. Le 12 novembre 1856, leurs restes mortels furent transférés à Nancy, et descendus dans le caveau ducal de l'église de l'ancien couvent des Cordeliers, par les ordres et aux frais de Sa Majesté François-Joseph, empereur d'Autriche.

La matrice en cuivre du sceau de François-Armand de Lorraine faisait partie de la riche collection de M. Lambert, et se trouve actuellement entre nos mains. Elle est montée sur un manche en buis. Le sceau, de forme ronde, mesure 0,040 millim. C'est un joli spécimen de la gravure à cette époque. Il a été très-finement traité. Au centre, dans un cartouche, se trouvent les armoiries fort compliquées de LORRAINE-ARMAGNAC, timbrées d'une couronne ducale, ornées de la crosse et de la mitre, et soutenues par deux aigles affrontés, couronnés et portant attachée au cou la croix de Lorraine. Tout autour et passant derrière les aigles, le chapeau d'évêque orné de ses houppes. La légende en latin commence par une croix de Lorraine et porte FRANCISCVS ARMANDVS Â LOTHARINGIÂ EPVS BAJOCENSIS. Une large bordure à feuillages l'entoure.

Voici ses principaux écrits :

Ordonnance et instruction pastorale de S. A. Mgr de Lorraine, évêque de Bayeux, portant condamnation de deux libelles intitulés : l'un, *Instruction, en forme de catéchisme, au sujet de la constitution Unigenitus;* l'autre, *Instruction théologique pour servir de réponse à un libelle intitulé* : *Entretien familier au sujet de la constitution Unigenitus, que les Jansénistes ont répandu depuis peu dans la ville de Douai.* 17 juillet 1724, in-4°. — Par arrêt du Conseil d'État du roi du 24 septembre 1724, le mandement de Mgr l'évêque de Bayeux et les libelles y mentionnés furent supprimés.

Les très-humbles remontrances faites au roi par S. A. feu Mgr de Lorraine, évêque de Bayeux, au sujet de l'arrêt du Conseil du 24 septembre 1724, qui condamne à être supprimée et lacérée une ordonnance de ce même prélat contre deux catéchismes séditieux répandus dans son diocèse. S. l., 1730, in-4°.

Instruction pastorale de S. A. Mgr Fr.-Amand de Lorraine, évêque de Bayeux, au clergé et aux fidèles de son diocèse. 15 janvier 1722, in-4°. — Cette instruction fut supprimée par arrêt de la Cour du Parlement de Rouen, le 8 juillet 1727.

Remontrance de la Faculté de théologie de Caen, présentée le 28 juin 1727, à Mgr de Lorraine, évêque de Bayeux, au sujet d'une instruction pastorale imprimée sous le nom de S. A. et adressée au clergé et aux fidèles de son diocèse, en date du 15 juin 1722. Caen, J. Poisson, 1727, in-4°.

Imp Cadart

LXXIV.

PAUL D'ALBERT DE LUYNES [1].

1729-1753.

Armoiries : *D'or au lion armé, lampassé, couronné de gueules.*
Son portrait est au musée de Versailles, salle n° 152, et à la bibliothèque de la ville de Caen. — Il a été gravé par Fessard, 1756.

Le 18 février 1729, le roi nomma à l'évêché de Bayeux Paul d'Albert DE LUYNES, fils du duc de Montfort et de Marie de Courcillon. Formé par les leçons et les exemples de Fénelon, il ne démentit point sa brillante éducation. A 16 ans, il fut nommé colonel d'un régiment d'infanterie de son nom, mais il se dégoûta vite de la carrière militaire et entra dans les ordres sacrés. Au mois de mars 1727, il fut nommé abbé commendataire de Cerisy. Après avoir été préconisé à Rome, il fut sacré évêque de Bayeux le 25 septembre 1729, dans l'église des Dominicains de Paris, par Louis de la Vergne de Tressan, archevêque de Rouen, assisté des évêques de Saintes et d'Avranches, prêta serment

---

[1] Voyez *France pontif.* de Fisquet. Paris, s. d.

de 'fidélité au roi, et prit possession en personne, le 11 décembre suivant.

Zélé partisan de la bulle *Unigenitus*, il apporta tous ses soins à combattre les erreurs que son prédécesseur avait soutenues; il fut obligé même de révoquer les pouvoirs qu'il avait accordé et se montra constamment occupé de réprimer les hérétiques. On raconte qu'un jour, assistant à un sermon où s'étaient glissées quelques opinions Jansénistes, il imposa silence au prédicateur, le fit descendre de la chaire, y monta lui-même, et réfuta ses erreurs avec autant d'éloquence que d'exactitude théologique. Il confirma, en 1730, les statuts de la congrégation *des Bourgeois* de Vire. Il fut l'un des prélats consécrateurs de l'évêque de Mâcon et de Charles de Grimaldi, évêque de Rodez. Le 16 mai 1743, il fut nommé membre de l'Académie française, et succéda au cardinal de Fleury. En 1747, il fut choisi comme premier aumônier de Madame la Dauphine. Sur la requête du chapitre, il éteignit le titre de *grand-cousteur* de la cathédrale, et réunit ses revenus à la fabrique, par ordonnance de juin 1751.

Le 18 août 1753, il fut nommé à l'archevêché de Sens, vacant par la mort de Mgr Languet de Gergy, il remit entre les mains du roi son évêché de Bayeux. Nommé, le 5 avril 1756, cardinal, il fut aussi prélat commandeur de l'ordre du St-Esprit. Il assista, à Rome, à plusieurs conclaves. L'Académie des Belles-Lettres de Caen s'honora de l'avoir pour protecteur, et c'est à lui que l'Université de cette ville dut en partie sa bibliothèque, qu'il fit rendre publique trois fois par semaine, et à laquelle il donna son portrait. Ce prélat, qui n'était pas moins recommandable par son zèle et sa bienfaisance que par son amour des lettres, mourut à Paris le 22 janvier 1788, et fut inhumé dans sa cathédrale de Sens. Son cercueil fut profané le 25 mars 1794 et ses restes enfouis dans le grand cimetière commun.

Voici les titres que lui donne son acte de décès extrait des registres de St-Sulpice de Paris :

..... Mgr Paul d'Albert de Luynes, cardinal-prêtre de la Ste-Eglise romaine, archevêque, vicomte de Sens, primat des Gaules et de Germanie, doyen des évêques de France, abbé-comte de Corbie, de St-Vigor de Cerisy et du Mont-St-Martin, commandeur de l'ordre du

St-Esprit, premier aumônier de feu Madame la Dauphine, l'un des quarante de l'Académie françoise et de celle des sciences, décédé hier à l'hôtel de Luynes, rue St-Dominique, à l'âge de 85 ans 17 jours......

Mgr d'Albert de Luynes fit réimprimer, en 1738, un Bréviaire à l'usage de Bayeux. *Gabriel Briard*, 4 *vol. in*-8° ; et, en 1739, il publia un Processionnel *in*-4°.

On a encore de lui : Règles et constitutions données par M. de Luynes, évêque de Bayeux, aux filles du Bon-Sauveur, établies dans la ville de Caen. *Coutances, Jul. Fauvel*, 1733, 35, *3 parties in*-8°.

Statuts pour le diocèse de Bayeux, publiés le 20 avril 1735. *Bayeux, Gabriel Briard, in*-12, 1735.

Voir aussi *Relation de la prise de possession de Mgr de Luynes au siége de Bayeux. Lettre adressée à M*^{me} *la duchesse de Chevreuse par M. Lechevalier de St-Jory*. Caen, Cavelier, 1732, *in*-4°.

Nous possédons les deux matrices en cuivre du grand et du petit sceau de Mgr de Luynes. Ils sont d'ailleurs presque semblables. Les écussons et la légende ont été profondément rayés comme pour l'effacer. De forme ovale, ils mesurent 0,050 et 0,040 sur 0,045 et 0,037. Au centre, les armoiries de Luynes dans un cartouche surmonté d'une couronne ducale, les légendes portent PAVLVS D'ALBERT EPISCOPVS BAJOCENSIS et PAVLVS D'ALBERT DE LVYNES EPISCOPVS BAJOCENSIS.

On trouve enfin quelquefois un petit cachet sans légende, ayant servi à sceller les lettres de Mgr de Luynes ; il est la reproduction exacte du plus petit des deux que nous venons de décrire.

Imp. Cadart

LXXV.

PIERRE-JULES-CÉSAR DE ROCHECHOUART.

1754-1776.

Armoiries : *Fascé, ondé d'argent et de gueules de six pièces.*
Portrait peint par Rupaley et gravé par Tardieu 1761.

Pierre-Jules-César de ROCHECHOUART était fils de Louis, sieur de Montigny, et d'Elizabeth de Cugnac de Jouy. Il fut nommé, en 1724, prieur de St-Lô, au diocèse de Rouen, puis, en 1733, évêque d'Evreux, abbé de St-Nicolas de Verneuil, de Pacy, de Bonnecombe et de St-Pierre de Conches.

Le 18 août 1753, il fut transféré au siége épiscopal de Bayeux et prêta serment de fidélité au roi le 17 décembre suivant. Le lendemain il remit le *pallium* à Mgr de Luynes, archevêque de Sens, et prit possession en personne au mois de juillet 1754.

Il veilla à la réparation des églises, dont plusieurs tombaient en ruine. C'est ainsi qu'il unit à St-Exupère l'église paroissiale de St-Georges, qu'il interdit celle de St-Laurent, jusqu'à ce qu'elle eût été réparée. En juillet 1761, il posa la première pierre de la nouvelle église St-

Malo qu'il bénit 3 ans après. Il commença les démarches nécessaires pour unir au séminaire de Bayeux, afin d'y fonder une chaire de philosophie, les revenus de la mense conventuelle de Longues, mais elles n'aboutirent que sous son successeur.

En 1755, il avait été député de la province de Rouen à l'assemblée du clergé de France, dont il fut l'un des présidents en 1771 ; il chanta la messe du St-Esprit pour la rentrée du conseil supérieur installé à Bayeux, après la suppression du Parlement et de la Chambre des comptes de Normandie.

Ce fut lui qui fit, à ses frais, paver le sanctuaire en marbre de diverses couleurs, on y plaça ses armoiries faites en mosaïque. Il fit aussi refaire *à la moderne* le trône épiscopal. Ce fut en 1770 que le maître-autel fut décoré avec des marbres obtenus gratis par M. de Cugnac, vicaire-général du diocèse ; toute la garniture est ornée de bronzes dus à Caffieri l'aîné, et dont Beziers, dans son *Histoire de Bayeux*, qu'il dédia à Mgr de Rochechouart, ne se lasse pas d'admirer la belle proportion et les ornements très-agréables.

En 1776, alors âgé de 78 ans, ne se sentant plus la force nécessaire pour remplir ses fonctions, il résigna son évêché et se retira au château de Montigny, où il mourut le 21 décembre 1781, à l'âge de 94 ans.

Nous possédons la matrice en cuivre du petit sceau de Mgr de Rochechouart. C'est le type devenu invariable ; la légende porte : PET . JVL . CÆS . DE . ROCHECHOVART . EPV̄S BAJOCENSIS. Il mesure 0,040 sur 0,025.

Le grand sceau nous a été signalé par M. le Dr Pepin, mais l'empreinte est tellement fruste qu'il a été impossible de la reconstituer. Il mesurait 0,050 sur 0,045. La décoration était la même.

LXXVI.

JOSEPH-DOMINIQUE DE CHEYLUS.

1776-1797.

Armoiries : *D'azur au dauphin d'argent et un lévrier courant d'or, colleté de gueules, affrontés.* — Devise *fé et honour.*

Le roi nomma à l'évêché de Bayeux, le 18 novembre 1776, Joseph-Dominique DE CHEYLUS, d'une famille distinguée du Vivarais. Le nouvel élu s'était fait recevoir docteur en Sorbonne en 1745, avait été nommé chanoine, puis doyen d'Evreux, abbé de Cormeilles, évêque de Triguier en 1761, puis de Cahors en 1766, et enfin premier aumônier de madame la comtesse d'Artois. Joseph-Dominique prit possession du siége de Bayeux le 17 mars 1777. Il eut l'honneur de recevoir en son palais épiscopal M. le comte d'Artois, qui se rendait à Cherbourg, et le roi Louis XVI, qui allait visiter les travaux du port. Le 18 juillet 1787 il fut nommé commandeur des Ordres royaux, hospitaliers et militaires de N.-D. du Mont-Carmel et de St-Lazare. En 1788, il contribua généreusement à l'installation des frères des Écoles chrétiennes. Il s'était acquis l'estime de tous, une grande reconnaissance quand éclata la tempête révolutionnaire.

A l'assemblée du clergé, qui eut lieu à Caen le 17 mars 1789, il fut contraint par une violente opposition du bas clergé de renoncer à la présidence de son ordre. Essayant alors de ressaisir son influence, il sembla donner son adhésion aux idées nouvelles. C'est pourquoi il fut nommé maire de Bayeux ; mais bientôt ses fonctions devinrent incompatibles avec sa conscience. Il lui fallut maintenir la prédominance de la religion catholique, protester contre la nouvelle division religieuse de la France, qu'imposait à la juridiction épiscopale les limites du *département du Calvados*; puis il protesta énergiquement contre la constitution civile du clergé et refusa constamment le serment exigé par l'assemblée constituante. Aussi le déclara-t-on déchu de ses fonctions épiscopales et les nouveaux électeurs, malgré ses réclamations, lui nommèrent un successeur le 18 avril 1791.

Après s'être caché quelque temps à Bayeux, puis à Paris, afin de pouvoir fortifier son clergé dans la foi, il se vit obligé comme les autres évêques de France de prendre le chemin de l'exil. Il se retira à Jersey où il trouva une généreuse hospitalité dans la maison du prince de Bouillon. Il y vécut entouré de ses prêtres avec lesquels il partageait les faibles ressources qu'il avait pu sauver du grand naufrage, et y mourut, le 24 février 1797, à l'âge de 80 ans. Son bienfaiteur fit placer sur sa tombe une épitaphe retraçant ses titres, ses vertus et ses malheurs. Mgr de Cheylus n'oublia pas les pauvres et se vengea de l'ingratitude de ses diocésains, en laissant par son testament 20,000 livres à l'hôpital de Caen et 6,000 à celui de Vire. Ces dons ne furent recueillis et autorisés qu'en 1827, 28 et 29.

Nous possédons la matrice en cuivre du petit sceau de Mgr de Cheylus ; il est lourd, grossièrement gravé et peut servir de type au genre actuel. La légende porte JOS · DOMINI · DE CHEYLVS EPISCOPVS BAJOCENSIS, entourée d'un cordon caractéristique comme époque.

Depuis, nous en avons retrouvé un autre plus grand dans la collection de M. le vicomte de Toustain. Il porte le chef de saint Lazare et ressemble parfaitement au bois de ses mandements, que M. l'abbé Laffetay publiera à la suite de son *Histoire*, avec ceux des évêques de Bayeux, depuis Mgr de Nesmond.

LXXVII.

CHARLES BRAULT.

1802-1817.

Armoiries : *Coupé, le 1ᵉʳ parti d'argent à l'agneau pascal d'azur et de gueules à la croix alaisée d'or, le 2ᵉ de pourpre à la couleuvre d'or, tortillée en pal, accostée de deux colombes aussi d'or, posées en bande.*
Lithographie P. Sudre, 1828.

De 1797 à 1802, le diocèse de Bayeux resta sans pasteurs légitimes ; nous dirons plus loin quelques mots des trois évêques constitutionnels qui occupèrent successivement le trône de St-Exupère. Le premier consul, par arrêté du 9 avril 1802, nomma à l'évêché de Bayeux Charles Brault, originaire de Poitiers, où il avait été pour tous un modèle de vertu et de sagesse. Avant la Révolution il était 2ᵉ archidiacre de la cathédrale, vicaire général et professeur de théologie à l'Université de cette ville. Pendant la tourmente, il se réfugia en Piémont et se fit sous-précepteur.

Il prit possession le 26 juin 1802 et s'appliqua de suite à calmer les esprits, à faire disparaître le schisme, à réparer les ruines du sanctuaire et à rétablir les établissements religieux qui étaient partout détruits. En peu de temps il sut se faire aimer et le clergé le considéra comme un ami et un soutien, les pauvres comme leur protecteur et leur appui.

Le 1ᵉʳ mai 1808, il fut créé baron et le 15 août 1810, nommé chevalier de la Légion d'Honneur. Il assista au sacre de l'Empereur et au concile national de 1811. En 1815 il appela la congrégation de St-Sulpice au séminaire de Bayeux, fonda une association de Dames pour quêter en faveur des séminaires et rétablit, l'un des premiers, les retraites ecclésiastiques. Le 8 août 1817, il fut appelé à l'archevêché d'Albi, où il mourut le 25 février 1833, à l'âge de 81 ans. Il avait été créé pair de France en 1827 et siégea à la Chambre haute jusqu'en juillet 1830.

En mourant, il n'oublia pas son ancien diocèse et donna au séminaire de Bayeux une rente de 10 hectolitres de blé; aux religieuses de la Charité, une rente de 50 boisseaux de froment, estimée 5,000 fr., et 44 boisseaux à l'hospice St-Louis de Caen.

Il fit imprimer le *Processionale bajocense*. Cadomi 1812, et le *Cérémonial*. Bayeux, 1819.

Nous donnons ici son petit sceau d'après une empreinte en cire de notre collection. Il n'offre rien de remarquable que la couronne fermée, sommée des trois plumes que l'on retrouve sur toutes les armoiries de l'Empire, au-dessous la croix de la Légion d'Honneur. Il en existe un plus grand, absolument semblable, mais qui porte autour cette légende : CAROLVS BRAVLT EPISCOPVS BAJOCENSIS.

Avant d'avoir les armoiries données par Napoléon, Mgr Brault se servait de sceaux où l'on voit un C et un B entrelacés dans un écusson triangulaire dont M. l'abbé Laffetay donnera les bois. M. l'abbé Guérin chanoine, possède six sceaux-matrices différents de M. Brault, trois avec des armoiries, trois avec des chiffres.

Il fit refaire la grande porte du séminaire de Bayeux, où l'on voit ses armoiries et une inscription où il est mentionné comme archevêque d'Albi.

LXXVIII.

CHARLES-FRANÇOIS DUPERRIER-DUMOURIER.

1823-1827.

Armoiries : *D'azur à la bande d'or, accompagnée en chef d'une tête de lion arrachée et couronnée d'or, à la bordure engrêlée de gueules.*
Devise : *Ni vanité ni faiblesse.*
Il n'existe pas de portrait gravé de Mgr Duperrier.

Le 8 août 1807, Louis XVIII appela à l'évêché de Bayeux Jérôme-César de Couasnon, ancien archidiacre de Séez et son aumônier ; mais sa santé l'empêcha d'accepter et il remit sa nomination entre les mains du roi, qui désigna Jean de Pradelles, ancien archidiacre de Caen et vicaire général de Mgr de Cheylus. Celui-ci, préconisé le 1er octobre 1817, mourut à Paris le 2 avril 1818 avant d'avoir été sacré. Ce fut en 1823 seulement qu'une ordonnance royale transféra de l'évêché de Tulle à l'évêché de Bayeux Charles-François Duperrier-Dumourier, ancien archidiacre de Laval.

Il fut sacré dans la cathédrale du Mans le 4 mai 1823, par Mgr Claude de La Myre-Mory, évêque de cette ville, assisté des évêques de Chartres et d'Evreux. A peine arrivé, il continua l'œuvre de son prédécesseur, publia les *statuts du diocèse de Bayeux*, se montra constamment le zélé défenseur de la religion et mourut le mardi de Pâques 1827, à la suite d'une attaque d'apoplexie qui l'avait frappé à l'autel. Le 26 avril, il fut inhumé dans la crypte de la cathédrale.

Comme vicaire général de Mgr de Gonssans, évêque du Mans, il publia quelques écrits.

Il existe, à la bibliothèque de la ville de Bayeux, une empreinte en cire du sceau de Mgr Duperrier, auquel M. Fisquet a à tort attribué pour armoiries *d'azur à* 10 *billettes d'or* 4. 3. 2. 1. Ce sceau est lourd et mal gravé ; il est surmonté d'une couronne de comte et ne porte pas de légende.

M. l'abbé Guérin, chanoine, possède 4 sceaux-matrices et un timbre-sec de Mgr Duperrier. Celui que nous donnons est de la seconde grandeur. Le plus grand porte l'inscription entourée d'un large feuillage. — Nous espérions pouvoir nous servir des originaux pour les Evêques suivants, mais on a craint *les inconvénients qui pouvaient résulter de cette communication*. Leur peu de mérite, au point de vue de l'art, nous dispensera de les graver.

LXXIX.

JEAN-CHARLES-RICHARD DANCEL.

1827-1836.

Armoiries : *D'or à la fasce de gueules sommée d'un lion naissant de même et accompagnée en pointe de 3 trèfles de sinople posés 2 et 1.*
Portrait lithographié par Loisel.

Le successeur de Mgr Duperrier fut Jean-Charles-Richard DANCEL, curé de Valognes depuis 1805. Il était originaire de Cherbourg et s'était acquis l'amitié et l'estime générale par sa charité et sa sollicitude qui s'étendait à tout. Il fut sacré le 28 octobre 1827, dans l'église de la Sorbonne, par Mgr Frayssinous, ministre des cultes, évêque d'Hermopolis, et les évêques de Nancy et de Caryste.

Dès ce moment, il redoubla de zèle et d'activité, s'efforça de venir au secours des pauvres et des établissements religieux, parcourut chaque année son diocèse, encouragea les missionnaires, soutint les séminaires et rétablit les conférences ecclésiastiques. Ses forces s'épuisèrent vite à cause de sa pieuse activité et il vit venir la mort avec la plus grande résignation. Il mourut le 20 avril 1836, et fut inhumé dans la chapelle souterraine.

M. l'abbé Guérin, chanoine, possède quatre sceaux-matrices de Mgr Dancel.

LXXX.

LOUIS-FRANÇOIS ROBIN.

1836-1855.

Armoiries : *Coupé au 1ᵉʳ d'azur à la croix rayonnante d'or, au 2ᵉ d'argent à une barque de pêcheur de gueules voguant sur une mer d'azur.*
Devise : *Asilum miseris et tutela.*
Portrait lithographié et gravure par T.-C. Regnault (1).

Louis-François Robin était né à Bracquemont (Seine-Inférieure) en 1789. Il était curé de N.-D. du Havre quand il fut appelé, en 1836, au siége épiscopal de Bayeux, et partit après avoir rétabli son église et dépensé sa vie entre la chaire et les œuvres de charité. Il fut sacré à Paris par Mgr l'archévêque de Quélen, assisté des évêques de Nancy et de Versailles.

Renouant la chaîne des pieuses traditions de ses prédécesseurs, il se rendit d'abord à La Délivrande et prit possession le 25 août 1836.

(1) Placée en tête de l'*Histoire du diocèse de Bayeux*, par M. l'abbé Laffetay.

En 1839, il fut créé chevalier de la Légion d'Honneur, et en 1842 comte romain et prélat assistant au trône pontifical.

Pendant vingt ans, il gouverna le diocèse de Bayeux avec autant de sagesse que de prudence. Il établit à Vire un petit séminaire.

Il mourut à Bayeux, d'une fluxion de poitrine, le 29 décembre 1855. Ses obsèques eurent lieu solennellement le mardi 8 janvier 1856; elles furent présidées par Mgr de Bailleul, archevêque de Rouen. Il fut inhumé dans la crypte, à droite de l'autel et à côté de Mgr de Boissey. On plaça sur sa tombe une pierre gravée dans le style de celles du XIII° siècle. Le dessin en fut fait par M. Lambert, bibliothécaire de la ville. On peut, sans doute, lui reprocher une certaine raideur et une trop grande simplicité, mais ce n'en était pas moins un heureux retour vers les usages anciens et qui malheureusement n'a pas été assez suivi. Le testament de Mgr Robin renfermait un grand nombre de legs aux pauvres de Bayeux, de Caen, du Havre, aux séminaires. Il laissa ses ornements à la fabrique de la cathédrale et au séminaire des Missions étrangères, légua au chapitre sa bibliothèque et un grand Christ en ivoire d'un très-beau travail, ayant, dit-on, appartenu à la princesse de Lamballe, actuellement placé dans la salle capitulaire.

Ce fut Mgr Robin qui se fit appeler, le premier, évêque de Bayeux et Lisieux. Le 12 juin 1854, le St-Père autorisa cette demande, appuyée par l'Empereur, et le 24 janvier 1855, Mgr notifia sa détermination au clergé de Lisieux.

LXXXI.

CHARLES-NICOLAS-PIERRE DIDIOT.

1856-1866.

Armoiries : *D'azur au chevron d'argent chargé de trois croix recroisettées de sable et accompagné en chef des cœurs unis de Jésus et de Marie d'argent, et en pointe d'une ancre de même.* Devise : *Deo juvante.*

Charles Didiot naquit à Esmes, dans la Manche, en 1797. Il fut pendant 19 ans grand vicaire de Verdun, où il se fit remarquer par toutes les qualités d'un saint et vertueux prêtre. Il fut nommé à l'évêché de Bayeux le 7 avril 1856 et sacré à Verdun par Mgr Rossat, assisté des évêques de Nancy et de Metz, prit possession et vint à Lisieux comme évêque de cette ville.

Le 11 novembre 1856, il bénit et posa la première pierre du pilier nord-est de la tour centrale et s'occupa constamment de la conservation et de l'embellissement de sa cathédrale. Deux ans plus tard, il bénit trois cloches qui furent placées dans les tours. Il fut nommé chevalier de la Légion d'Honneur lors du passage à Bayeux de LL. MM. Napoléon III et l'Impératrice Eugénie. En 1859, il rentra solennellement dans le chœur de sa cathédrale restaurée, mais dont il ne put voir achever la tour. Il assista aux fêtes de la béatification de Thomas-Hélie de Biville. Il se rendit à Rome en 1860 et en 1862 déposa aux pieds du Pape une somme de 75,000 fr., recueillie par l'Œuvre du denier de S. Pierre. Il rétablit la liturgie romaine à son retour et favorisa l'établissement à Caen d'un monastère de Franciscains et d'une abbaye de Prémontrés à Mondaye.

Il mourut le 15 juin 1866 et fut inhumé dans la chapelle Notre-Dame, qu'il avait fait restaurer à ses frais. On vient de placer sur sa tombe une mosaïque fort habilement faite. Comme il est à déplorer que l'artiste chargé d'un travail si délicat et si beau y ait fait preuve de si peu de connaissances archéologiques! Est-ce un vitrail comme le fait supposer la bordure? une pierre tombale du XIII° sinon du XII° siècle, avec une inscription en *gothique* du XVI°, de *différentes grandeurs!* L'évêque porte la chasuble de saint Regnobert, à sa gauche sont ses armoiries, à sa droite, *un écusson rouge chargé des lettres C. D. en noir.* Son éloge fut prononcé par M. l'abbé Germain, actuellement évêque de Coutances, le jour de ses funérailles, et imprimé dans la *Semaine-Religieuse* de Bayeux du 8 juin 1866.

Voir *Notice historique sur Mgr Didiot*, par M. l'abbé Laffetay, chanoine. Caen, Chénel, 1866, in-8°.

Les sceaux de Mgr Didiot sont conservés au secrétariat de l'évêché.

LXXXII.

FLAVIEN-ABEL-ANTOINE HUGONIN.

1866. — *Ad multos annos.*

Armoiries : *Tranché de gueules à la croix fleuronnée d'or, et d'or au dauphin d'azur.*

Le successeur de Mgr Didiot fut Flavien-Abel-Antoine Hugonin, né à Thodure, au diocèse de Grenoble, le 3 juillet 1823. Après avoir passé de brillants examens de licence et de doctorat, il fut en 1855 appelé à la direction de l'École ecclésiastique des Carmes et nommé en 1861 supérieur de cette école. Doyen de Ste-Geneviève, lorsqu'un décret de 1862 transféra à l'École des Carmes l'institution des Chapelains de cette église, il obtint du St-Siége un bref autographe lui concédant, à lui et à sa famille, de précieux priviléges. Le 13 juillet 1866, il fut nommé à l'évêché de Bayeux, où il ne cesse de s'occuper avec le plus grand zèle des fonctions délicates de l'épiscopat.

CHAPITRES DU DIOCÈSE DE BAYEUX

AVANT LA RÉVOLUTION.

Le diocèse de Bayeux comptait avant la Révolution trois chapitres : celui *de la Cathédrale*, celui *du St-Sépulcre* à Caen et celui *de Croissanville*, au doyenné de Vaucelles.

I.

CHAPITRE DE LA CATHÉDRALE.

Le Chapitre de la cathédrale se composait de douze dignités, d'un grand pénitencier et de quarante-neuf canonicats.

Il jouissait, avant 1789, d'une très-grande autorité ; c'était lui qui nommait en corps à la cure de *St-Sauveur-de-Bayeux*. Il donnait, sur la nomination de l'évêque, la collation de la cure de *Carcagny*, et sur la présentation du chanoine semainier, de celles de *Cahagnolles, Cardonville, Douvres, St-Exupère, Isigny, Neuville-au-Plain, Caynet, St-Germain-du-Pert, St-Sauveur-de-Caen, Vouilly, Ver, et de la Chapelle-du-Marché*. Le chanoine semainier nommait encore à *Agnerville, Anguerny, Colleville-sur-Orne* (altern.), *Creully, Longvilliers, Louvières* (altern.), *Magny, Mondeville, St-Georges-d'Aulnay* pour partie, *St-Louet-sur-Vire*; enfin à *Ste-Marie-des-Champs* et *Doumesnil*, au diocèse de Rouen. Les dignitaires et les chanoines, à raison de leur titre, présentaient à de nombreux bénéfices, cures ou chapelles, entre autres celles de la cathédrale.

Le chapitre comprenait, outre les dignités : les chanoines dignitaires possédant une prébende canonicale, les chanoines non dignitaires, les six hauts-vicaires attachés au service du grand autel. Tous siégeaient dans les hautes formes et composaient le *grand chœur*. Le *bas chœur* comprenait les chantres dont le nombre a beaucoup varié et était réduit à six au XVIII° siècle; les chapelains au nombre de 55, deux chapiers, deux sacristains-prêtres, deux diacres et deux sous-diacres d'office, un acolyte, huit enfants de chœur, plusieurs musiciens, un maître de musique.....

Il se compose actuellement de onze membres, dont deux grands vicaires, un grand chantre et un archiprêtre de la cathédrale.

Le chapitre de Bayeux jouissait du droit de battre monnaie. On ignore absolument à quelle époque il a commencé à en faire frapper, car les seules monnaies que l'on connaisse ne datent que du XVI° siècle. Le registre des *conclusions du chapitre* contient une ordonnance pour en faire battre à la date du 2 août 1524 : *Item fiat nova moneta capituli perpetua ex œre et reserventur in capitulo cunei seu prototypi hujus monetœ.* Cette monnaie avait cours dans toute la vicomté de Bayeux et même à Caen. Il en fut frappé plusieurs fois, mais comme il y eut des contre-façons, le chapitre résolut de la faire décrier. « Le 20 mai 1577, le « doyen, le chantre et le maître-école, furent commis pour parler « aux officiers de la ville afin que la monnaie du chapitre fût décriée », et le 11 juin suivant l'ordonnance fut publiée. On trouve fort difficilement des monnaies du chapitre de Bayeux. Il y en avait de deux sortes, des pièces de 5 et de 2 deniers. Nous en possédons trois différentes, dont l'une a pour nous le *mérite* d'être une de ces pièces fausses qui occasionnèrent leur arrêt d'émission (*Voir sur la planche les numéros* 7, 8, 9). La pièce de cinq deniers est de cuivre jaune; elle mesure 0,020 mill. D'un côté elle porte au centre un aigle à deux têtes, les ailes éployées qui sont les armes du chapitre. Remarquons la queue de l'aigle, qui ressemble plutôt à une feuille déchiquetée. La légende porte entre deux grenetis : † MONETA : CAPITVLI ∴ † ∴ en lettres romaines; les A ont encore une forme gothique et l'L de *capituli* est rétrograde; de l'autre un

grand V (cinq), qui occupe le champ. La légende porte : † ∴ † BAIO-
CENSIS † ∴ La pièce de deux deniers est absolument semblable, sauf
au revers où l'on voit deux I ornés par le milieu. Nous arrivons à la
pièce fausse, pour laquelle on a répété deux fois le même coin en prenant
la légende de l'avers et le chiffre du revers. On y voit, en effet, les
deux I ornés, puis en légende : † : MONETA : CAPITVLI : Les lettres
sont moins serrées et l'L n'est plus rétrograde.

Ces coins étaient conservés précieusement dans le chapitre, où il y
a 20 ans on pouvait les voir encore. Ils ont disparu....., ce qui tient
sans doute à ce qu'à Bayeux, il n'y a pas de *trésor* où renfermer et conserver les objets précieux, sous la responsabilité d'un gardien.

Le chapitre jouissait du droit de *franc-salé* et avait ses entrées fran-
ches pour les Aydes. L'an 1519, François I confirma aux chanoines de
Bayeux le don de deux muids de sel, qui a été depuis porté à quatre
en dédommagement du droit qu'ils avaient d'user auparavant du sel
blanc des salines d'Isigny et de Neuilly, qui appartenaient à l'évêque.

Il jouissait aussi du privilége particulier de ne pas admettre d'illé-
gitimes dans son corps, nonobstant toutes dispenses : *Statutum est
in ecclesia ut nullus clericus instituatur in choro nisi constet capitulo...
quod sit de legitimo matrimonio procreatus* (1). Nous avons vu en 1482 le
chapitre refuser, pour cette raison, de recevoir Henri de Neuchâtel,
neveu de l'évêque, que celui-ci avait nommé à la dignité de grand-
couteur. Un arrêt de 1707 vint encore confirmer ce privilége.

Outre l'office canonical, les chanoines, possesseurs des anciennes prébendes antérieures au XIIe siècle, récitaient chaque jour une partie
du psautier. Ce partage, qui remonte à la fin du XIe siècle, fait le
sujet d'une curieuse peinture murale qui décore depuis le XVe siècle
tout le fond de la salle capitulaire, où l'on voit la Sainte Vierge, patronne
de la cathédrale, tenant en ses bras l'Enfant Jésus auquel des anges
présentent des banderoles où sont écrits, avec le nom des prébendes,
le nombre de psaumes que chaque chanoine doit réciter.

---

(1) Extrait du cartulaire de Langevin. Il en existe un exemplaire à la bibliothèque du chapitre et dans celle de M. le vicomte de Toustain. Il fut rédigé en 1269 par Raoul Langevin, chanoine de Bayeux et renferme les *statuts, usages et cérémonies de l'église de Bayeux.*

On dit que cette peinture doit disparaître quand on percera une grande fenêtre qui, dans les plans de l'architecte, est destinée à orner la salle capitulaire isolée des bâtiments curieux qui y sont accolés. Nous ne saurions, pour notre part, trop protester contre cette manie d'*embellir* ainsi les monuments qui ont eu le bonheur de parvenir presque intacts jusqu'à notre époque.

De cette manière, le psautier se trouvait récité en entier chaque jour. La prébende de la *Ferrière-Duval*, dévolue au doyen, en était seule exemptée. Le nombre des psaumes variait de 2 à 9. L'évêque récitait les psaumes 1, 2 et 3.

La juridiction spirituelle et temporelle, le siége vacant, appartenait au chapitre. Pendant la *régale*, ses officiers gouvernaient le diocèse. A chaque vacance, la fabrique de l'église jouissait par forme d'*annates* et au moyen d'arrangements survenus, de la terre de Sommervieu, qui dépendait de l'évêché, et du gros des prébendes vacantes par la mort du titulaire. Mais les réparations de l'église étaient à la charge de la fabrique. Ses ressources s'accrurent en 1751 des revenus de la charge de grand-cousteur, que Mgr de Luynes éteignit à son profit.

Le chapitre était exempt de la juridiction épiscopale, et cette exemption s'étendait sur plus de cent paroisses. En 1664, Mgr de Nesmond voulut réformer les abus qui en étaient résulté et obtint en 1671 un arrêt du parlement de Rouen qui la réduisait aux dix-neuf paroisses dont les noms suivent, et à la chapelle de *La Délivrande*, c'étaient : *St-Sauveur, St-André, St-Loup, St-Laurent* de Bayeux, *Les Aubeaux, Brecy, Cahagnolles, Carcagny, Cussy, Cardonville, Coulombières, St-Germain-du-Perth, Landes, Lesnault, Montbertrand, Ranchy, Russy, Vaubadon* et *Neuilly-l'Evêque*.

Le même arrêt réduisit à un seul les quarante-cinq officiaux attachés au chapitre.

Jusqu'au concordat de Léon X et de François I, le chapitre, à la mort de l'évêque, demandait au roi la permission de lui élire un successeur et au pape la confirmation de l'élu, et nous avons vu ce droit occasionner, en maintes circonstances, des difficultés très-grandes.

La bibliothèque du chapitre, dont il existe des inventaires faits notamment en 1439 et en 1476, renfermait un grand nombre de manuscrits précieux. Elle fut rebâtie par Nicolas Habart, et on peut encore voir les sculptures qui ornent la porte d'entrée. Elle fut pillée et brûlée par les protestants. Elle s'enrichit de nouveau de dons nombreux et entre autres de ceux de M. Petite, qui la rendit publique trois fois par semaine. Elle renferme actuellement un bon nombre de manuscrits et documents précieux que l'on garde très-soigneusement, sans qu'il soit possible au public d'en apprécier et connaître les richesses.

Il y avait aussi pour l'ordre et la décence de l'église un homme d'armes, *armiger capituli*, qui figurait, armé de toutes pièces, aux grandes fêtes et dans les processions générales, comme on le voit sur un curieux tableau du XVIIe siècle, qui se trouve dans la salle capitulaire. Cette charge était due par le possesseur du fief de la *Couronne*, et ce seigneur devait se trouver « au prieuré de St-Vigor, quand l'évêque « y vient descendre la veille de son entrée solennelle, afin de le sa- « luer, un genou en terre, et de lui ôter ses éperons d'argent, qui « alors lui appartenaient. »

On conserve dans la salle haute du chapitre les différentes pièces de l'armure. Elles sont unies à l'exception du casque, qui est gravé et date du temps de Louis XIII. Malheureusement la hallebarde, comme les coins des monnaies, a disparu depuis une vingtaine d'années !...

Le chapitre de Bayeux prit pour armoiries particulières un écu *de gueules à l'aigle à deux têtes d'or aux ailes éployées*. L'écu est appuyé de deux branches de palmier de Sinople croisées en sautoir par le bas. Il existe au secrétariat de l'évêché une plaque gravée du temps de Louis XIV et représentant les armoiries du chapitre avec support, guirlandes, etc. On y a frappé à froid le coin de la monnaie du chapitre du côté qui porte : NONETA CAPITVLI avec L rétrograde.

Le premier sceau du chapitre de Bayeux dont on ait connaissance se rencontre assez fréquemment dans les archives du Calvados, de la Manche et même à Paris. Nous avons pu, à l'aide des différents spécimens, dont les meilleurs sont ceux de Paris et de la Manche, reconstituer en grande partie la légende. Ce sceau et le contre-sceau portent les numéros 1 et 2 de la planche. Le sceau, de forme ogivale, avait 0,075 sur 0,055; il est assez bien gravé, malgré quelques raideurs dans les vêtements de la Vierge notamment. Au centre, assise sur un siége en forme d'X, la Vierge tient dans son giron l'Enfant Jésus, dont les mains devaient bénir; il porte à sa ceinture un large cordon terminé par une boule ronde que l'on retrouve de chaque côté du riche coussin d'étoffe losangée sur lequel repose la Vierge; ses pieds sont appuyés sur un escabeau orné sur le devant de trois petites arcades à plein-ceintre. La Vierge et l'Enfant Jésus portent tous les deux une couronne à trois fleurons, très-haute comme à cette époque. Celle de la Vierge est garnie de deux fanons fort longs et garnis aussi de losanges. Le manteau de la Vierge est attaché sur sa poitrine par une sorte d'agrafe en forme de rose. Elle tient des deux doigts de sa main droite une sorte d'épi de blé dont les feuilles seraient très-larges. La légende porte entre deux traits écrits en beaux caractères ces mots : SIGILL' · SCE · MARIE. EC. · BAIOC ET CANONICOR (*Sigillum sanctæ Mariæ ecclesiæ baiocensis et canonicorum*). Est-il possible de reconnaître là le dessin qu'en a figuré M. Léchaudey d'Anisy, dans la planche XII, numéro 7 de son *Atlas*. La Vierge assise n'est soutenue par rien dans le champ, et la légende recomposée en entier par lui, car les exemplaires des archives de Caen en sont presque tous dépourvus, porte : SIGILLVM : ECCLESIE · BAIOCENSI...! Le contre-sceau est en général bien mieux conservé; il reproduit, chose rare à cette époque, le même sujet que le sceau lui-même, et mesure 0,035 sur 0,025. La Sainte Vierge, la tête couverte d'un voile, est assise sur un X garni d'un coussin. L'Enfant Jésus bénit de la droite; dans le champ, quatre étoiles, dont l'une a six pointes. La légende porte : † SECRE-TVM · CAPITVLI BAIOCE'.

Ce sceau servait encore en 1315.

On conserve dans la bibliothèque du chapitre deux sceaux-matrices en argent, reliés entre eux par une longue chaîne aussi d'argent. Ils datent du XIVe siècle, et leur *faire* se rapproche beaucoup de celui du sceau de l'évêque Louis Thezard (1360-1374), quoiqu'ils soient plus anciens. Ils sont finement gravés et tous les moindres détails de l'architecture et des lettres ressortent avec la plus grande netteté. Ces sceaux ont servi jusqu'à la Révolution, et nous en avons vu des empreintes plaquées sur des collations et présentations de la fin du XVIII° siècle, dans la collection de M. le vicomte de Toustain. Le plus grand est rond et a 0,043 de diamètre (1). Au centre, sous un très-riche dais gothique à cinq arcades, on voit la Sainte Vierge assise, tenant debout sur ses genoux l'Enfant Jésus, qui a à la main un fruit? Celle-ci porte une couronne fleurdelysée, son vêtement est serré à la taille, les plis de son manteau et de sa robe retombent gracieusement sur ses genoux. Elle est assise sur un siége garni de quelques montants. De chaque côté, dans une *logette* couronnée d'arcades, terminée par un toit crénelé, se trouvent deux anges adorateurs aux ailes éployées. La base de ces logettes est ornée de croisettes, d'arcades, et laisse voir l'appareil de la pierre; sous les pieds de la Vierge, une large bordure de croisettes se détache avec un relief énorme. La légende, entre deux grenetis porte ces mots : S' . CAPITVLI . ECCE . BEATE . MARIE . BAIOCEN. M. Léchaudé d'Anisy donne, planche XX, numéro 12, un sceau qui ne provient pas des archives et qui doit être celui-ci. Il porte un contre-sceau dont nous devons une empreinte, bien incomplète il est vrai, à la complaisance de M. le docteur Pépin (fig. 5). Un aigle à deux têtes dans un quatrefeuille autour duquel se trouvait une légende que M. Léchaudé a lue ainsi : † S' . SECRETVM . CAPITVLI . BAIOCEN.

Le petit sceau (fig. 3) est absolument semblable au grand comme composition et exécution; il ne mesure que 0,025. La Vierge, assise sous un dais soutenu de pinacles et d'arcs-boutants, tient debout l'Enfant Jésus, ayant une fleur à la main; dans le champ, au-dessus des pinacles, deux petites roses. La légende porte : SIGILLVM CAPITVLI ECCE BAIOCEN.

Il existe encore un autre sceau-matrice du Chapitre. Il est également en argent et se trouve actuellement dans notre collection. Ce sceau dont le dessin se rapproche presque entièrement des coins de monnaie, est du commencement du XVI° siècle; au centre *un aigle à deux têtes*

---

(1) Il se trouve aux Archives nationales, numéro 7417, un fragment de sceau semblable à celui-ci comme grandeur. La légende porte : S.. APITV..... SIS (*Sigillum capituli baiocensis*). Est-il différent? Il est apposé à une charte du 27 avril 1317.

aux ailes éployées, puis un cercle de points espacés et la légende : † SIGILLVM . CAPITVLI . BAIOCENSIS. Le tout mesure 0,021 de diamètre. Ce sceau se retrouve également sur des pièces du XVIII° siècle dans la collection de M. le vicomte de Toustain. Nous n'avons pas voulu figurer ici le sceau actuel du chapitre, *sede vacante;* car il est impossible d'y voir un objet d'art.

DOYENS DU CHAPITRE DE BAYEUX.

La première dignité du chapitre de Bayeux était celle de DOYEN, qui s'appelait aussi quelquefois HAUT-DOYEN. L'origine en remonte au IX° siècle, à cette époque de barbarie et d'ignorance où les évêchés tombèrent en commende, et furent même donnés à des laïcs. Jusquelà les chefs des chapitres s'étaient appelés PRÉVÔTS, PRÉPOSÉS ou MAÎTRES.

Le doyen avait une juridiction presque épiscopale sur les paroisses de la ville et autres. Il la faisait jadis exercer par un grand vicaire, un official et autres officiers; mais ses prérogatives furent abolies par l'arrêt de 1671. Il ne lui resta plus que les droits de Visite et de Déport sur ses bénéfices.

Sa dignité emportait l'obligation de résider, à laquelle étaient aussi tenus, de toute antiquité, les chantres, trésorier, sous-doyen, sous-chantre, escolatre et custos. *Sed magis ad hoc astringitur Decanus vinculo juramenti* (1). Comme curé-né de la cathédrale, c'était à lui de faire administrer les sacrements aux chanoines et membres de l'église en cas de maladie.

Il avait la place d'honneur au chœur, à la droite en entrant. Il ne marchait jamais que précédé d'un bédeau. Il portait depuis 1642 la robe rouge, à laquelle il ajouta la ceinture en 1761. Il officiait solennellement une fois l'an, le jour de la fête des Saintes-Reliques. Il devait donner ce jour-là un repas qui fut réduit plus tard à un don de

---

(1) *Cérémonial* de Langevin.

onze livres aux officiers qui l'avaient assisté à l'autel et au chœur. Cet usage, qui datait de 1241, avait été établi par le doyen Etienne II.

Le doyen était chanoine de la *Ferrière-Duval* et dispensé de la récitation journalière des psaumes, seigneur et baron de la *Ferrière-au-Doyen*, patron collateur de ces cures et de celles de la *Ferrière-Harenc*, de *Castilly*, le *Fresne-Camilly*, *Than*, *Surrain*, *St-Loup* de Bayeux, collateur seulement de *St-André*, *St-Malo*, *St-Jean* de Bayeux, *Saint-Sulpice* et *Vaubadon*, etc.

Le doyen habitait l'hôtel qui sert actuellement d'évêché. Henri II et son Chapitre firent don de ces maisons au doyen Etienne, et le 16 septembre 1189 le roi Richard Cœur-de-Lion, confirma cette donation. La chapelle domestique, dédiée à St Thomas de Cantorbéry, fut fondée peu de temps après sa canonisation, elle était alors dans le jardin; en 1697, M. de Longaunay la transféra dans la cour. Ce fut lui également qui fit construire la belle porte d'entrée où l'on voyait ses armoiries que Mgr Didiot fit remplacer par les siennes. L'hôtel date du XVIII° siècle et fut agrandi, ainsi que la chapelle, par M. Néel de Cristot.

Le doyen, seul, entrait lors de sa prise de possession par la belle porte du transept qui fait face à son hôtel, après quoi elle était murée jusqu'à sa mort.

Nous donnons ici quelques renseignements sur les doyens de Bayeux, dont malheureusement nous n'avons pu retrouver que trois sceaux :

I. Le premier dont le nom soit parvenu jusqu'à nous est Guillaume Ier, de Ros. Il naquit dans le diocèse de Bayeux et fut élevé sous les yeux de l'évêque Odon de Conteville. Il fit tant de progrès dans les lettres qu'il passa pour un des hommes les plus savants de son temps, et son avancement dans la vertu ne fut ni moindre, ni moins éclatant. Il fut l'un des bienfaiteurs de l'abbaye de St-Evroul et figure dans plusieurs chartes comme chantre, archidiacre et doyen de Bayeux. Mais en 1077 il renonça à toutes ces dignités pour se faire moine dans l'abbaye de St-Etienne de Caen, l'année suivante il fut nommé troisième abbé de Fécamp. Il administra son abbaye avec un grand zèle et une grande charité. Ce fut lui qui agrandit notablement la nef et les bâtiments.

Après avoir assisté à Lisieux à une assemblée générale des Etats anglo-normands, il mourut le 26 mars 1107. Hermant nous a conservé deux épitaphes qui furent placées sur son tombeau, l'une était l'œuvre d'un moine de Flavigny, l'autre, gravée en lettres d'or, était de H. Robert, évêque du Mans. Ce tombeau fut détruit en 1496. Le 20 septembre 1875, des ouvriers, en faisant des travaux pour le gaz, trouvèrent, dans la chapelle Notre-Dame de l'église Ste-Trinité, un sarcophage très-bien conservé et contenant le corps intact de Guillaume de Ros. Une plaque de plomb de 0,50 c. de long sur 0,30 de large, placée au-dessus de la tête de l'abbé, ne laissait aucun doute sur son attribution. Elle porte en beaux caractères romans, gravés au trait et souvent intercalés les uns dans les autres, l'inscription que voici :

HIC JACET WILLELMUS PRIMUM ECCLESIE BAJOCENSIS CANTOR ET ARCHIDIA-CONUS, DEINDE CADOMI MONACHUS, AD EXTREMUM FISCANNENSIS CENOBII ABBAS TERTIUS, QUOD PER VIGENTI ET SEPTEM ANNOS ET DIMIDIUM OPTIME REXIT ET ECCLESIAM ATQUE OFFICINAS INTUS ET FORIS RENOVAVIT. VIR IN OMNIBUS BONI TESTIMONII HIC OBIIT VII° KALEND — APRILIS — M° C° VII° ANNO AB INCARNATIONE DOMINI SALVATORIS.

Le cercueil renfermait aussi un vase en verre très-curieux et de forme particulière, malheureusement brisé, des lambeaux de serge, de linon, un petit galon doré, une guêtre de cuir et le bâton de la crosse qui se terminait, à chaque extrémité, par un anneau en étain doré, sur l'un était écrit : VIRGA CORRECTIONIS, sur l'autre BACVLVS CORRECTIONIS. Tous ces objets ont été dessinés et replacés religieusement dans le tombeau.

II. Guillaume II du nom, dont on ignore le nom de famille, a signé la charte de donation du prieuré de St-Vigor à St-Benigne de Dijon par l'évêque Odon de Conteville, en 1096. Voici d'ailleurs le nom des témoins de cette charte conservée dans les archives de la Côte-d'Or et publiée en entier dans l'*Essai historique sur le prieuré de St-Vigor-le-Grand*, par M. l'abbé Faucon, Caen, 1861, p. 216. † *Ego Odo, Baiocensis episcopus hanc chartam lectam et perlectam confirmo et subscribo.*

Signum *Roberti nobilissimi comitis Normanniæ*. — *Willelmi decani*. — *Rodulphi archidiaconi*. — *Helgoti archidiaconi*. — *Roberti de Tribus Montibus*. — *Willelmi de Archis, monachi*. — *Engelrami filii Herberti*. — *Willelmi de Bretulio*. — *Willelmi de Similiaco*. — *Willelmi de Columberiis*. *Anno ab Incarnatione Domini M. XCVI..... Actum publice Baiocas, mense maio.*

III. Etienne figurait dans une charte de 1120 relative aux dîmes du territoire du Quesnet, qui sont passées depuis dans les mains du chapitre et à celles de Than qui, au XVIIIe, appartenaient encore au doyen. Il mourut le 12 janvier 1129. Son obit est marqué à cette date dans le *Nécrologue* de Bayeux.

IV. Richard de BOHON était doyen de Bayeux en 1144, quand le pape lui interdit de réclamer de l'argent et des vêtements sacerdotaux des abbés de St-Etienne et de Fontenay, lors de leur installation. Le *Livre noir* du Chapitre renferme des chartes de 1146, où il figure comme doyen. Il fut nommé, en 1151, évêque de Coutances, et mourut en 1179. Son sceau existe aux archives nationales et dans les dessins de Gaignières, nous le donnerons aux évêques de Coutances.

V. Guillaume III de TOURNEBU naquit à St-Germain de Tournebu et fut chanoine, puis doyen de Bayeux. Outre les différentes chartes que nous allons mentionner, il signa, en 1168, le traité fait avec Richard du Hommet, pour donner au chanoine de Cartigny le patronage et les deux tiers de la dîme de Cartigny. Il fut choisi par le pape Alexandre III avec Martin, abbé de Cerisy, pour terminer le différend qui existait entre l'abbesse de Préaux et le curé de Villy relativement aux dîmes de cette paroisse. A la mort de Richard de Bohon, évêque de Coutances, le Chapitre l'élut pour successeur, mais il ne fut sacré que six ans après. Il signa un diplôme de Henri II en faveur de Longues, mourut vers 1199 et fut inhumé dans une chapelle de son église cathédrale. Nous donnerons son sceau comme évêque de Coutances. Il existe aux archives de la Manche un sceau détaché en cire brune, provenant de l'abbaye de Savigny, au nom de Guillaume, doyen de Bayeux. La forme des lettres indique le XIIᵉ siècle, et nous pensons qu'on doit l'attribuer à Guillaume de Tournebu plutôt qu'à Guillaume, qui vivait en 1226. Il est figuré sous le n° 10. De forme ogivale, il mesurait 0,050 sur 0,035, au centre un agneau nimbé et contourné, tenant une croix garnie de son pennon, dont la laine est indiquée par des mèches ondoyantes. La légende porte SIGILLVM WLLI . D.... BAIOCENSIS. Ce sceau était très-bien gravé et les lettres ont beaucoup de caractère. Guillaume de Tournebu portait pour armoiries : *d'argent d'une bande d'azur.*

Archives du Calvados. Evêché de Bayeux. *Guillaume, doyen, et le Chapitre de Bayeux, consentent que Foulque Paynel exerce sa justice sur une maison en pierre située devant la cathédrale de Bayeux.*
Plessis-Grimoult, n° 36. *Guillaume, doyen, témoin d'une charte de 1155, par laquelle Philippe, évêque de Bayeux, donne au prieur du Plessis la prébende de St-Jean-le-Blanc, de manière qu'il soit chanoine et fasse sa semaine.*
N° 165. *Guillaume, doyen, et tout le Chapitre, consent et confirme la donation précédente.*
St-Etienne, n° 29. *1165, Guillaume, doyen, déclare que le pape Alexandre III a délégué Achard, évêque d'Avranches, et Richard, évêque de Coutances, pour régler un différend entre Richard de Chicheboville et Guillaume II, abbé de St-Etienne, au sujet de la présentation à l'église de Bretteville-l'Orgueilleuse — passé dans le Chapitre de Coutances.*
Plessis-Grimoult, n° 960. *Guillaume, doyen, témoin d'un accord de 1174 fait par Froger, évêque de Sées, entre le prieur du Plessis et l'abbé de St-André-en-Gouffern, au sujet de la dîme de Bretteville-le-Rabet.*

VI. Etienne II fut nommé doyen de Bayeux en 1182. Il fit accord avec Henri II, évêque de Bayeux, abandonna le patronage de la paroisse des Loges en échange de celle de la Ferrière-Harenc. Il reçut aussi du même évêque un don de deux maisons. Il donna à Caval, grand-couteur, une maison proche St-Etienne. Elle fut unie à celle de Conan, ancien trésorier, et donnée à la dignité de grand-couteur, puis reprise par le Chapitre et démolie en 1678 avec l'église St-Etienne pour faire une place. Ce fut lui qui donna au Chapitre une rente de 6 livres tournois pour son obit et 20 sols aux pauvres, et une autre de onze livres pour le repas que le doyen devait donner aux officiers qui l'assistaient à la messe solennelle qu'il célébrait le jour des Saintes-Reliques. Ces donations, faites en 1190, furent prises sur les réserves de sa dignité. Il assista, la même année, à la dédicace de l'église d'Aulnay. On ignore l'année de sa mort.

VII. Richard II de St-Amand était doyen du Chapitre en 1205, quand il fonda, avec l'évêque Henri, Henri chantre, et Jean, trésorier, la chapelle Notre-Dame de la cathédrale de Bayeux. L'évêque donna aux douze chapelains l'église Ste-Anne de Caen, qu'ils échangèrent, en 1220, contre une rente de 10 livres, et les trois dignitaires du chapitre chacun 40 sols de rente, monnaie d'Angers. Il fonda son obit, qui se célébrait le 17 août.

VIII. Richard III de Bohon eut des démêlés avec le curé de Ste-Mère-Eglise, au sujet des dîmes de cette paroisse, fut l'un des arbitres nommés par le pape pour juger la conduite de l'évêque de Dol, qui refusait de se soumettre à l'archevêque de Tours. A la mort de l'évêque Pierre Ier, les voix du Chapitre se partagèrent entre Robert des Ablèges, Guillaume, archidiacre, et lui ; mais le pape se prononça en faveur du premier. Richard mourut en 1213.

> Archives du Calvados. Evêché de Bayeux. *Richard donne à Roger Bonvalet une maison, sise dans la rue dite sous les Murs, à charge d'une rente annuelle de sept sols d'Anjou.*
> *Roger Bouet, chancelier de Bayeux, donne à Richard trente sols manceaux de rente sur les maisons sises à St-Sauveur, pour ses successeurs en jouir dans la prébende de Cartigny.*

IX. Guillaume IV succéda à Richard de Bohon ; il était chanoine de Pezerolles. Il ratifia le statut de Robert des Ablèges, qui décida que six des prébendes de la cathédrale ne pouvaient être données qu'à des prêtres, afin qu'ils célébrassent la messe canoniale. En 1218, il confirma, à Longues, le patronage de Fontenailles, donné par Guillaume de Réviers. — *Charte du Cartulaire*, n° 67. En 1220, il ratifia la donation de deux gerbes de blé de la dîme de Fontenailles, par Robert, évêque de Bayeux. — *Charte n° 68*. Il fonda son obit des revenus de sa prébende et se retira chez les Cordeliers de Bayeux, où il mourut en 1226.

X. Odon de VILLETERRE, doyen en 1227, donna au Chapitre une terre qu'il possédait dans le hameau du Val, sur la rivière d'Aure, près Bayeux, dépendant des fiefs de Pierre de Conion, qui la confirma en 1236. Il fut l'un des bienfaiteurs de la chapelle Notre-Dame et fonda son obit qui se célébrait le 9 janvier.

Archives du Calvados. Evêché de Bayeux, 1233. *Thomas La Pie donne, du consentement d'Odon, une pièce de terre à Audrieu, pour l'obit de Guill° Bonnet, chanoine.*
    1235. *Consentement d'Odon à l'acquisition de deux chanoines, de pièces de terre sises à Audrieu.*
    1236. *Don par Odon au Chapitre, de tout ce qu'il possédait à Vaux-sur-Aure, ce pour quoi il reçoit 50 livres.* — *Consentement de Guill° de Couvin, chevalier, de qui ces terres relevaient.*

XI. Herbert de CHARMONT était doyen en 1240. L'année suivante, il ratifia la charge que l'un de ses prédécesseurs avait imposée à ses successeurs de donner à dîner aux officiers du chœur le jour des *Saintes-Reliques*. Il donna en 1243 les dîmes de Tracy-sur-Mer pour l'obit de Pierre des Ablèges, trésorier, de ses frères et sœurs. En 1248, il fonda son obit qui se faisait le 27 mars et celui de son frère Radulphe, évêque d'Angoulême, et pour cela donna des maisons sur la paroisse St-Sauveur. Il mourut vers l'an 1258.

Archives du Calvados. Evêché de Bayeux, 1242. *Herbert et le Chapitre vendent en fief hérédital, à Jean de Loraille, diverses pièces de terre pour l'obit de Thomas d'Amfréville, chanoine.*
Reconnaissance par devant l'official de Jean de Loraille, 1244.
    1246. *Henri de Bracheguerre, vicaire de l'église de Bayeux, donne sa maison de la rue de Glatigny pour la fondation d'une messe anniversaire faite par les doyen et chapitre.*
    1248. *Le doyen cède à Geoffroy Lefèvre, clerc, une maison sise près la fontaine St-Vigor, à charge de diverses redevances.*
    1248. *Herbert abandonne au Chapitre 100 s. t. de rente sur des*

maisons qu'il avait données à l'église de Bayeux, à l'exception de 20 s. que le Chapitre prélevait déjà pour l'obit de l'évêque d'Angoulême, son frère.

1248. *Herbert reconnaît avoir donné à Jean Hamon, chevalier, en échange de son manoir situé paroisse St-Sauveur, une somme de 220 l. t. dont 160 furent payés par Pierre de Boissey, archidiacre, et les 60 autres de ses deniers. Il accorde la jouissance de cette maison à Jean de Boissey et reconnaît qu'à sa mort il sera prélevé 7 livres pour son obit.*

1256. *Herbert, témoin de la donation faite par Jean de Magny et Asceline, sa femme, d'une masure sise place St-Jean.*

1256. *Herbert et le Chapitre vendent à titre de fief hérédital à Gillebert Favaques, la moitié d'une maison de la rue St-Jean, à charge de 16 s. t. de rente.*

XII. Arnulphe de Capoue était originaire d'Italie et neveu du pape Grégoire IX. En 1260, il se démit de sa charge de doyen en faveur de son parent Grégoire de Naples, après qu'on lui eut préféré Odon de Lorris, qui avait, avec lui, partagé les voix du Chapitre.

Archives du Calvados. Evêché de Bayeux, 1259. *Guillaume de Floxel et Thomasse, sa femme, vendent aux doyen et Chapitre de Bayeux, pour 35 l. t., deux acres de terre, sises à Audrieu, sur lesquelles le Chapitre prélevait déjà 4 s. t. de rente pour l'obit de Richard de St-Amand, ancien doyen.*

XIII. Grégoire de Ségni, dit de Naples, unit en 1263 au doyenné la dîme de Than, qu'il devait à la libéralité de Richard de Surrain, chevalier. Il fonda un obit pour le repos de l'âme de son oncle Grégoire IX. A la mort d'Odon de Lorris, il fut nommé à l'évêché de Bayeux, qu'il posséda jusqu'en 1276.

M. Léchaudé-d'Anisy donne planche XX de son *atlas*, fig. 27 et 28, le sceau et le contre-sceau de G., doyen de Bayeux en 1273. Il est, dit-il, appendu à une charte d'Aunay, concernant l'attestation du don d'une maison sise paroisse St-Etienne. — Malgré toutes nos recherches, il nous a été impossible de le retrouver dans les archives du Calvados. Ce sceau rond mesurait 0,032. Au centre, un prêtre tenant des deux mains le livre des évangiles, à sa droite une fleur de lis, à sa gauche un croissant. La légende porte : S' G' DECANI BAIOCENIS. Le contre-sceau, en forme de losange, se rapproche beaucoup du type de celui de la Vicomte ; au centre deux fleurs de lis accompagnées d'une étoile et d'un croissant. A la légende on lit : S' S' G' DECANI BAIOCENSIS.

Archives du Calvados. Evêché de Bayeux, 1267. *Le doyen et le Chapitre de Bayeux vendent à Guillaume de Villers, la terre du Caisnet, moyennant 460 l. t. Cette vente est revêtue du sceau et contre-sceau du chapitre de Bayeux. — Voyez fig. 1 et 2 de notre planche.*

XIV. Pierre de Benais ratifia la donation de la dîme de Than faite par son prédécesseur et lui succéda au trône épiscopal.

On trouve aux Archives nationales, n° 7520, le sceau de Pierre de Benais comme doyen de Bayeux. Nous le reproduisons fig. 11. Ce sceau, qu'il faut rapprocher de celui dont il se servit comme évêque, est très-finement gravé et indique une origine parisienne. Il est ogival et mesure 0,050 sur 0,033. Au centre, un prêtre, la tête rasée, vêtu d'une longue dalmatique à revers dont les plis sont soigneusement traités, tient de ses deux mains les livres des Évangiles où l'on voit sur la reliure les lettres A et Ω. La dalmatique est également décorée par le bas ; les pieds reposent sur un escabeau à feuillages. Dans le champ, comme sur le sceau épiscopal, deux fleurs de lis. Le personnage qui représente le type particulier aux doyens est encadré par une arcade trilobée, dont les extrémités reposent sur un double grenetis qui borde la légende. On y lit : S' PETRI · DE · BENAYS · DEC.... BAIOCESIS. Remarquons, en passant, l'Y qui a la forme d'un V incliné. C'est sans doute ce qui a fait lire à M. Drouet d'Arq .... DE BENAVS. Ce sceau est attaché à une charte de 1275, concernant un aveu de la comtesse de Vendôme à Pierre de La Brosse, s' de Langeais, touchant le fief de Lavardin.

XV. Thibault de Pouancé fut doyen de Bayeux en 1277 ; deux ans plus tard, il fonda dans l'église cathédrale la chapelle *St-Laurent* et y nomma le neveu de Jean Le Boucher, archidiacre. En 1280, il fut appelé à l'évêché de Dol. Philippe le Hardi le nomma son exécuteur testamentaire et il mourut en 1305.

XVI. Robert de BERTHECOURT fut élu doyen en 1282 ; mais, l'année suivante, il entra dans le couvent des Franciscains de Bayeux et y mourut en 1288. Il avait donné à l'église Notre-Dame de Paris vingt-sept arpents de terre et demi.

Archives du Calvados. Evêché de Bayeux, 1282. *Le doyen et le Chapitre de Bayeux vendent à Étienne une maison sise paroisse Ste-Marie.* 1287. *Le doyen et le Chapitre de Bayeux cèdent à Denis Gervais, chapelain, la grande maison qui dépendait de la prébende de Cartigny, à charge de 4 l. de rente.*

XVII. Jean LE MOINE de Cressy fut l'un des personnages les plus illustres de son siècle. Il fut d'abord chanoine de Notre-Dame de Paris ; puis, après un séjour à Rome, nommé légat du Pape en France et chargé de signifier au roi Philippe le Bel l'interdit que le pape mettait sur son royaume. En 1288, il fut nommé doyen de Bayeux et se montra fort généreux. Ce fut lui qui fonda la chapelle de St-Jean, dans la paroisse de Than, deux obits dans la cathédrale et deux dans la collégiale du St-Sépulcre, à Caen. Il donna à la chapelle St-Pierre une vitre « dans laquelle on voit au milieu l'image de la Sainte Vierge, saint « Pierre à sa droite, et lui à sa gauche ayant à sa tête un chapeau rouge « avec des rubans et des houppes attachées au bout et un habit bleu. Au-« tour, on voit écrit en lettres gothiques dorées ces paroles par abréviation : « 𝔍𝔬𝔞𝔫𝔫𝔢𝔰 𝔱𝔦𝔱𝔲𝔩𝔬 𝔖. 𝔐𝔞𝔯𝔠𝔢𝔩𝔩𝔦𝔫𝔦 𝔢𝔱 𝔓𝔢𝔱𝔯𝔦 𝔆𝔞𝔯𝔡𝔦𝔫𝔞𝔩𝔦𝔰 𝔇𝔦𝔞𝔠𝔬𝔫𝔲𝔰 𝔇𝔢𝔠𝔞𝔫𝔲𝔰. » Nommé à l'évêché de Meaux, il fut l'arbitre du Pape et du roi de France et sut calmer leur irritation réciproque. Le chapeau de cardinal fut sa récompense ; il fut aussi légat d'Avignon et vice-chancelier de l'Église romaine. En 1302, il fonda à Paris un collége qui porta son nom jusqu'à la Révolution. Il mourut en 1313 et fut inhumé, suivant son désir, dans la chapelle de son collége, à côté de son frère André, évêque de Noyon. Il fonda également une chapelle dans l'église St-Malo de Bayeux, à laquelle ses parents nommèrent pendant longtemps. Elle était dédiée à saint Jacques et saint Roch. Ses armes étaient peintes sur le tableau de l'autel et sur le vitrail. Il portait *d'argent à trois clous de sable, au chef d'azur chargé de trois bandes d'or.*

XVIII. Raymond de FARGIS, neveu du pape Clément V, fut d'abord chanoine de Missy, puis doyen de Bayeux; il confirma la donation de son prédécesseur pour la chapelle de St-Jean de Than. En 1330, il fonda, au manoir de Coujon, à Vaux-sur-Aure, une chapelle dédiée à St-Gabriel. Il avait été créé cardinal-diacre du titre de Ste-Marie-la-Neuve, et mourut après 1348. Il portait pour armoiries : *de gueules au lion d'argent.*

XIX. Pierre ROGER de Beaufort naquit à Malemont, dans le Limousin; il était neveu du pape Clément VI, qui le fit élever près de lui, à Avignon, et lui donna les maîtres les plus distingués. Il fut nommé cardinal dès l'âge de 17 ans, puis abbé de Fécamp et archidiacre de Paris. Il était chanoine de Missy et de St-Patrice dans l'église de Bayeux quand il fut nommé doyen. Il prit possession le 11 juillet 1348, et remplit cette dignité jusqu'au 29 décembre 1370, qu'il fut élu pape après la mort d'Urbain V. Il n'était pas encore prêtre et prit le nom de Grégoire XI. Ce fut lui qui entreprit de transférer le Saint-Siége d'Avignon à Rome. Après un voyage des plus périlleux, il arriva à Rome, le 17 janvier 1376, mais les Romains se montrèrent peu soumis, et il s'en affecta tellement qu'il mourut le 27 mars 1378 et fut enterré à Ste-Marie-la-Neuve. Il portait pour armoiries : *d'argent à la bande d'azur accompagnée de six roses de gueules posées en orle.*

XX. Pierre FLANDRIN était le neveu du précédent et lui succéda dans la prébende de Missy et la dignité de doyen. Il fut aussi, en 1371, nommé cardinal du titre de St-Eustache. Les fonctions qui le retenaient près de son oncle ne lui permirent pas de venir en personne à Bayeux, il prit donc possession par procureur le 3 avril 1370. Il ne voulut pas quitter Avignon et y mourut le 23 janvier 1381.

XXI. Amédée de SALUSSES prit possession par procureur, le 7 mars

1381, de la prébende de Missy et du doyenné de Bayeux. Nommé archevêque de Valence, puis cardinal, il fut honoré de l'amitié et de la confiance de plusieurs papes qui l'envoyèrent comme légat en France. Il mourut le 28 juin 1419 et fut inhumé dans la métropole St-Jean de Lyon.

Il avait donné, en 1385, un bel aigle de cuivre doré pour servir de lutrin. On lisait ces paroles sur le piédestal : *Amadeus de Salucis S. Romanæ Ecclesiæ Cardinalis et hujus ecclesiæ decanus hoc pulpitrium dedit anno Domini* 1385 *mense junii III die*. En 1391, il se démit de sa prébende de Missy et resta doyen jusqu'en 1419, époque de sa mort. En 1395, il transigea avec le Chapitre et lui abandonna, moyennant une rente de 11 s. 6 d., la place qui est maintenant entre l'église et la maison du doyen pour en faire un jardin à l'usage des chanoines. Il fonda également, la même année, la fête de la très-Ste-Trinité, *avec quatre chapes et le luminaire requis dans les autres grandes fêtes.*

XXII. Richard de COURCY, fils du baron de Courcy, était chanoine de Bayeux quand il fut élu doyen, en 1419. Deux ans après, il fut troublé dans sa possession par Jean du Homme, vicaire général et official de Nicolas Habart, qui avait obtenu en cour de Rome les provisions de doyen de Bayeux. Richard préféra renoncer à sa dignité plutôt que d'entamer un procès. Il portait pour armoiries : *d'azur, fretté d'or de six pièces.*

Archives du Calvados. Evêché de Bayeux, 1419. *Supplique du doyen et Chapitre de Bayeux, à l'effet d'être payés d'une rente de 15 s. t. qu'ils prélevaient sur les halles de Bayeux. — Ordre du trésorier général de Normandie, adressé au receveur particulier de Bayeux, de faire droit à leur demande et leur payer les arrérages dus.*

XXIII. Barthélemy. On ignore le nom de ce doyen, qui figure jusqu'en 1433 sur les registres du Chapitre. On sait seulement qu'il fonda un obit qui se célébrait le 8 avril.

XXIV. Jean du HOMME ne figure comme doyen de Bayeux qu'en

l'année 1433, qu'il fonda la procession de Carême dans la chapelle St-Thomas de Cantorbéry, dépendante du doyenné. L'année suivante, il permuta ce bénéfice avec celui de scolastique et fonda un obit qui se célébrait le 19 août.

XXV. Guerri de MAGNY, doyen de Bayeux, fonda un obit le 14 février.

XXVI. Laurent LE BERRUYER ne fut qu'un an doyen.

XXVII. Martin PINARD naquit à Nonant, près Bayeux, fut d'abord chanoine de Froide-Rue, secrétaire du pape Eugène IV, puis doyen de Bayeux en 1437. Il obtint en cette qualité le pouvoir d'absoudre les personnes excommuniées du diocèse; mais l'évêque Zanon de Castiglione, considérant ce pouvoir comme attentatoire à son autorité, le fit révoquer. En 1440 il obtint la confirmation, pour le chapitre de Bayeux, des *annates* des prébendes vacantes et donna une somme de 250 saluces d'or pour son obit, qui se faisait le 24 mars. Il fut, deux ans après, élevé à l'évêché d'Avranches qu'il dirigea pendant dix ans et mourut en 1452.

On trouve aux *Titres scellés* de la Bibliothèque nationale, t. II, le sceau de l'officialité d'Avranches sous Martin Pinard. Nous le donnerons aux évêques d'Avranches. On y remarque un écusson chargé d'un sautoir.

Bibliothèque du Chapitre. Inventaire de 1476. *Item une chape de damas violet doublée de cendal pers à orfrais de broderie a ymages et en chaperon a une ymage de N^{re} Dame et est du don de feu Mons. Martin Pynard evesque d'Avrances et en devant doyen de Bayeux.*
Item ung casuble de drap violet figuré avecque tuniques dalmatiques estoles fanonons chamtures et parements de aulbes et amictz semés de treffles d'or et aux orfrais du casuble par derrière est l'Assomption N̄re Dame à broderie du don de feu Mons. Martin Pynard eveque d'Avrances et en devant doyen de Bayeux, fournis de trois aulbes et trois amictz.

XXVIII. Pierre BARBO, Vénitien, cardinal-diacre, fut nommé doyen en 1442 et prit possession par procureur le 12 novembre; mais il ne put venir en personne et se démit de sa dignité en 1444. Il fut, en 1464, nommé pape et prit le nom de Paul II.

XXIX. Guillaume de BAILLEUL naquit paroisse du Homme, vicomté de Falaise, et descendait d'une famille fort ancienne de la province. Il était chanoine de Bayeux quand, en 1444, il fut choisi pour succéder comme doyen à Martin Pinard. Il ne prit possession en personne qu'en 1448 et fut installé dans sa chaire, après avoir passé par la porte du transept qui fait face au doyenné. Il fut maltraité, dans le cimetière, par un nommé Guillaume Hébert, commandant une troupe d'Anglais, et obtint, par arrêt de l'Échiquier, une réparation éclatante. « Le cou-« pable lui fit publiquement réparation d'honneur devant la porte de « l'église.... ayant deux flambeaux allumés aux deux mains, les genoux « en terre, et donna à l'église deux cierges pesant 10 livres et 20 l. en « argent, après quoi il reçut l'absolution du grand vicaire de l'évêque. » Il fut député au Pont-de-l'Arche pour aller assurer le roi de France de la fidélité des habitants de Bayeux, après la prise de cette ville qui suivit la bataille de Formigny. Ce fut lui qui fit faire l'inventaire du trésor de Bayeux en 1476. Il ratifia, l'année suivante, l'échange du second fief de Sommervieu, appartenant au Chapitre, contre les dîmes de Chef-du-Pont que l'évêque lui donna. En 1476, il fonda son obit et mourut le 16 février 1482. Il demanda par son testament à être inhumé dans l'église des Cordeliers de Falaise, et exigea que l'on payât une certaine somme à toutes les paroisses par lesquelles on ferait porter son corps. Il portait pour armoiries : *parti d'hermines et de gueules*.

Bibliothèque du Chapitre. Inventaire de 1476. *Item une tente de serge vermeille du don de Mons. maistre Guille de Bailleul doyen de Bayeux où sont ses armes et un chevalier à cheval qui occit une beste, en œuvre de broderie.*

Item, deux candellabres d'argent doré, goderonnés du don de Monseigneur maistre Guillaume de Bailleul doyen de Bayeux, pesant huit marcs quatre unces.

Ils devaient servir à la procession générale qui se faisait la dernière semaine de Carême à la chapelle St-Thomas, placée dans la cour du doyenné.

XXX. Jean du Vesc, originaire du Dauphiné, était protonotaire du Saint-Siége. Il posséda la prébende de la Vieille et fut nommé doyen par le crédit du pape Sixte IV, ce qui le rendit odieux au Chapitre, qui refusa de le recevoir et de lui rendre les honneurs accoutumés. Il sut, par ses bonnes manières, reconquérir son estime et permuta avec le suivant pour l'abbaye de St-Pierre de Cannes. En 1491, il fut nommé évêque de Vence et mourut en 1495. Il portait pour armoiries : *palé d'argent et d'azur de six pièces, au chef d'or.*

XXXI. Gabriel Le Veneur, de Tillières, était prieur du Plessis-Grimoult depuis 1484, grâce à une lettre par laquelle Louis XI avait prié les chanoines du Plessis de le nommer de préférence à tout autre, quand il fut nommé doyen de Bayeux. Il résidait ordinairement en son prieuré du Plessis et y mourut en 1523. Il portait pour armoiries : *d'argent à la bande d'azur, chargée de 3 sautoirs d'or.*

XXXII. Jérôme de Canossa vint à Bayeux, avec son oncle Louis, quand celui-ci succéda à René de Prie. Il fut d'abord chanoine, puis doyen, malgré les recommandations du roi, en faveur d'Ambroise Le Veneur, neveu du précédent; il accompagna son oncle en Italie et résigna sa dignité au suivant. Il portait pour armoiries : *de gueules au lévrier d'argent tenant en sa gueule un os de même.*

XXXIII. Louis du Bain, italien d'origine, se vit contester sa dignité de doyen par un chanoine de Bayeux; mais il fut maintenu par sentence de Georges d'Amboise, archevêque de Rouen. Il prit possession en personne le 27 mars 1527, fonda un obit pour lequel il donna une somme de 106 l. 15 s. 6. d. et quitta Bayeux pour aller prendre le doyenné de Mantoue.

XXXIV. Gilles de la Haye était notaire apostolique, quand il prit en personne possession du doyenné de Bayeux, le 12 mai 1532. Il mourut en 1545.

XXXV. Sébastien de Laurépine ne put obtenir du Pape ses lettres de provision pour le doyenné de Bayeux, qu'en 1547. Il fut successivement abbé de Basse-Fontaine, de Massay, de St-Martin de Pontoise, maître des requêtes en 1557, évêque de Vannes en 1558, puis de Limoges, abbé de St-Martial, de St-Eloi de Noyon, conseiller du Conseil privé, ambassadeur en Allemagne, en Angleterre, et mourut à Limoges le 2 août 1582. Il portait pour armoiries : *écartelé aux 1er et 4e d'azur au sautoir alaisé d'or, cantonné de quatre billettes de même; aux 2e et 3e de gueules à 3 fleurs d'aubépine d'argent.*

XXXVI. Charles CLUTIN fut doyen de Bayeux par la résignation que lui fit le précédent en 1547, mais il mourut peu après avoir résigné à un de ses parents René Clutin, que le Chapitre refusa de recevoir. Il portait pour armoiries: *d'argent au chef crénelé par le bas d'azur chargé d'une étoile d'or au 1er canton.*

XXXVII. Germain DU VAL de Brévans était originaire du diocèse de Coutances. Il fut d'abord prieur de Pomponne et archidiacre de Bayeux. Nous l'avons vu, grand vicaire de Charles d'Humières, présider les synodes de 1550, 51 et 56. Il fut nommé doyen en 1552 et fit rebâtir, en l'augmentant considérablement, l'hôtel du doyenné qui s'était écroulé en partie. Au moment des guerres de religion, il se retira en son prieuré où il mourut. Il fut inhumé à St-Eustache de Paris, où ses ancêtres avaient une chapelle. Il portait pour armoiries : *d'azur au chevron d'argent, accompagné de 3 fers de lance la pointe en bas.*

XXXVIII. Jacques de LA MORISSIÈRE de Vic fut élu doyen pendant que la ville était assiégée par le duc de Montpensier, le 4 décembre 1589. Aussi ce choix fut-il attaqué par Antoine du Val, archidiacre d'Hiesmes, qui sur les registres du parlement de Rouen, dont il était conseiller, prenait le titre de doyen, et par Nicolas du Val, chanoine de Cussy, qui de son côté obtint des lettres du roi; mais un arrêt du Conseil maintint l'élection de Jacques de La Morissière et confirma au Chapitre de Bayeux le droit d'élire le doyen. Il rapporta de Rome deux tableaux représentant Notre-Seigneur et la Sainte-Vierge, avec son portrait aux pieds de Jésus-Christ et de la Vierge. Ils furent placés « aux « deux colonnes qui sont des deux côtés du chœur. » Il fonda avec

Jean Potier, trésorier et prieur de St-Nicolas-de-La-Chesnaie, le salut avec la procession solennelle après les vêpres de la fête des Morts où tous les chanoines et les clercs avaient un cierge à la main. En 1610, il résigna sa dignité à son neveu Jacques de La Morissière. Il portait pour armoiries : *d'argent au chevron de gueules, accompagné de 3 trèfles de sinople.*

XXXIX. Jacques de la MORISSIÈRE était prieur de Périères et se trouvait à Rome quand il reçut la résignation de son oncle. Il prit possession le 10 avril 1610; mais comme il voulait s'attribuer des droits quasi-épiscopaux, Mgr d'Angennes fut obligé de le rappeler à l'obéissance. Dans un voyage qu'il fit à Coutances, il eut le malheur de tuer dans une querelle le Sr de Vierville, et dut à la bonté de son évêque de pouvoir arranger cette triste affaire. Il était prédestiné à une fin tragique, car il fut tué par des gentilshommes qui le prirent pour leur ennemi. Il fut doyen de Bayeux pendant 27 ans et s'était acquis l'affection du Chapitre. Il portait les mêmes armoiries.

XL. Jacques TURGOT fut nommé doyen de Bayeux à l'âge de 18 ans, grâce au crédit de son père, conseiller d'État. Robert Le Comte, archidiacre de Caen, attaqua cette nomination comme peu canonique, mais se vit débouté par arrêt du Parlement de Rennes. Bientôt après, Jacques Turgot résigna à son père et se fit recevoir conseiller au Parlement de Rouen. Il portait pour armoiries : *d'hermines fretté de gueules.*

XLI. Jacques TURGOT, père du précédent, prit possession du doyenné en 1642; résigna bientôt, à cause de ses nombreuses occupations, en faveur du suivant, à charge d'une pension. Il laissa par son testament 10,000 l. pour la chapelle de la Sainte-Vierge, en la cathédrale. De là vient qu'on lui faisait tous les ans, le 25 mai, jour de sa mort, un service solennel en musique. Il portait les mêmes armoiries.

XLII. Charles de LONGAUNAY de Franqueville, fils du marquis de Dampierre, prit possession du doyenné de Bayeux le 22 août 1655. Il fut le premier doyen qui portât la robe rouge, car son prédécesseur l'avait comme conseiller au Parlement de Rouen. Ce fut lui qui fit rebâtir la chapelle de son hôtel et la belle porte qui sert actuellement d'entrée à l'évêché. On y voyait ses armoiries qui ont été remplacées par celles de Mgr Didiot. Mgr de Nesmond l'avait en grande estime et le nomma son grand vicaire ; il mourut en 1697. Il portait pour armoiries : *d'azur au sautoir d'argent.*

XLIII. François-Timoléon de CHOISI, prieur de St-Lô de Rouen et de St-Benoît-du-Sault, de St-Gelais, membre de l'Académie française, fut élu par le Chapitre comme doyen ; mais il ne séjourna pas, et deux ans et demi après résigna à l'abbé de Pibrac. Il portait pour armoiries : *d'azur au chef emmanché de quatre pointes et demie d'or.*

XLIV. Jérôme du FAUR de Pibrac, abbé de St-Mesmin, prieur de Montardier, prit, le 27 janvier 1700, possession du doyenné de Bayeux. Mgr de Nesmond, appréciant son mérite, le choisit comme grand vicaire et lui donna le canonicat de St-Germain. Il prit possession de l'évêché de Bayeux au nom du cardinal de La Trémouille ; il résigna le doyenné le 9 novembre 1730, se réservant 2,300 l. de pension, et mourut à St-Mesmin le 7 avril 1733. Il portait pour armoiries : *d'azur à deux fasces d'or accompagnées de six besants d'argent posés 3 en chef et 3 en pointe 2 et 1.*

XLV. Pierre-Jean-Baptiste DURAND de Missy naquit à Rouen en 1692. Il se fit recevoir docteur en théologie et en Sorbonne, fut nommé chancelier de l'église de Tours, abbé de Lieu-Dieu et chanoine de Meaux. Il fut installé comme doyen de Bayeux le 25 mai. Trois ans plus tard, il fut appelé au doyenné de St-Germain-l'Auxerrois, à Paris, député à l'assemblée générale du clergé de France pour la province de Rouen, et se démit de son doyenné de Bayeux le 22 octobre 1735. Il fut nommé à l'évêché d'Avranches et sacré à Paris, dans la maison des Jésuites de Paris, par Hardouin de Chalon de Maison-Neuve, évêque de Lescar, assisté des évêques du Puy et de St-Claude. Il mourut au château de Missy, près Caen, le 3 avril 1764. Il portait pour armoiries : *d'or à la fasce de gueules chargée de trois fers de pique d'argent.*

XLVI. Louis-François Néel de Christot, d'abord conseiller clerc au Parlement de Normandie, fut ordonné prêtre et devint successivement chanoine, vicaire général, trésorier et enfin doyen du Chapitre de Bayeux, le 9 octobre 1735. Nommé abbé de Notre-Dame de Silly, il refusa pour accepter l'abbaye de St-Ferréol d'Essommes. Le 5 mai 1740, il fut nommé à l'évêché de Séez et fut sacré dans la chapelle du château de Gaillon, par Charles-Nicolas de Saulx-Tavannes, archevêque de Rouen, assisté de Paul-d'Albert de Luynes, évêque de Bayeux, et de Pierre-Jules de Rochechouart-Montigny, évêque d'Evreux. Il mourut à Paris le 10 septembre 1775, et fut inhumé dans le chœur de l'église abbatiale de St-Victor. Il portait pour armoiries : *d'argent à 3 bandes de sable, au chef de gueules.*

XLVII. Jean-Jacques de Biandos, originaire du diocèse de Dax, était chanoine de Rouen depuis 1735, quand il fut installé doyen de Bayeux, sur la démission de Mgr de Christot, le 20 avril 1741. Mgr de Luynes le nomma grand vicaire. Il agrandit à ses frais l'Hôtel-Dieu de Bayeux, et donna les belles grilles qui ornent les arcades du fond de l'autel dans le chœur, où l'on peut voir encore ses armoiries qui sont : *écartelé aux 1 et 4 d'or au lion de gueules aux 2 et 3 d'argent à 3 merlettes de sable posées 2 et 1.* Il mourut le 1ᵉʳ novembre 1780.

XLVIII. Jean-François de Marguerye de Fontenay, nommé doyen en 1781, fut grand vicaire de Mgr de Cheylus; il échappa aux violences de la Révolution et mourut à Bayeux le 2 janvier 1805, à l'âge de 85 ans. Mgr Brault l'avait nommé chanoine titulaire de la cathédrale. Il portait pour armoiries : *d'azur à trois marguerites d'argent posées 2 et 1.*

CHANTRE.

Le chantre *cantor* était le second dignitaire du Chapitre de Bayeux. Il avait la première place au côté gauche du chœur. C'était lui qui entonnait les antiennes, psaumes, hymnes, surveillait l'office divin et présidait l'assemblée capitulaire en l'absence du doyen. Dans les grandes fêtes, il portait un bonnet rond et un bâton d'argent : *mitra rotunda cum duobus dependentibus cyrothecis et baculo sicut episcopus adornat.* L'inventaire de 1476 fait mention de ce bonnet en ces termes : *Item le bonnet du chantre desgarny de ses perles et autres ornements;* puis... *Après cestuy inventaire fait a esté mis en dit trésor ung bonnet neu, à usage du chantre et aux quatre quarres sont en broderie l'Annonciation, la Visitation Ste Elizabeth, la Nativité Notre S^r et la Corônation N^{re} Dame, enrichy de petites pierreries et en haut y a ung petit bouton de petites perles et en bout des deux bendes sont les ymages de St Pierre et St Johan. — Item le baston du chantre d'argent liay de bendes et le dessus doré où il y a ung petit léon liay de fil d'argent.*

Il était patron collateur de Neuilly-l'Evêque et des Aubeaux, et avait le droit de *visite* et de *déport* sur les cures vacantes.

Nous n'avons pu retrouver qu'un bien petit nombre de chantres.

Le premier dont nous ayons connaissance est :

1. Geoffroy, qui vivait au XIIe siècle. Il figure comme témoin d'une charte d'Henri, roi d'Angleterre, confirmant la fondation du prieuré du Plessis, et imposant 100 livres d'amende à ceux qui s'opposeraient à cette fondation. — Ev. de Bayeux, Plessis-Grimoult, n° 46.

2. Hébert, témoin d'une charte de Philippe d'Harcourt confirmant la donation des terres d'Agy, du patronage de St-Laurent-du-Mont et St-Aubin fait au prieuré de Ste-Barbe par Gillebert d'Evreux. —*Arch. du Calvados. Bayeux*, n° 2.

Herbert, témoin en 1153, du don fait par Philippe au Plessis, de la prébende de St-Jean-le-Blanc. — *Plessis-Grimoult, n°s 36 et 164.*

3. Henri, témoin d'une charte de l'évêque Henri, confirmant à Longues le don de Baudouin Wac, de toute sa terre sise devant l'abbaye. — *Charte 167 du Cartulaire de Longues, Bibliothèque du Chapitre.*

4. S. (probablement Etienne) figure comme témoin dans la nomination d'un curé à l'église de Courseulles en 1228.—*Arch. de la Manche. Savigny.*

5. Jean de JUSTICE, natif de Rouen, était chantre et chanoine de Bayeux quand il fonda, en 1353, le collége de son nom, sis à Paris, rue de la Harpe. Il devait y avoir 12 boursiers, 8 de l'archevêché de

Rouen, 4 de l'évêché de Bayeux; ses exécuteurs testamentaires remplirent à cet égard ses intentions; il mourut le 2 septembre 1353, et le jour anniversaire de sa mort le principal du collège et les 12 boursiers allaient chanter son obit « *dans le chœur de l'eglise cathédrale de Paris, assis dans les basses chaires.* »

6. Nicolas de CLÉMANGIS, homme érudit et très-savant, fut chantre de Bayeux, puis archidiacre de Bayeux. Il mourut au collège de Navarre en 1437 et fut inhumé dans le chœur, sous la lampe.

7. Bertrand de CASTIGLIONE, cardinal du titre de S. Clément, évêque de Lisieux en 1420, était chantre de Bayeux et chanoine de Bernescq quand il souscrivit à la donation de N. de Clémangis de la moitié du revenu de la prébende de Bernescq en faveur des enfants de chœur. Il fut aussi archidiacre des Vez et chanoine de Gavray. Il assista, en cette qualité, à l'assemblée ecclésiastique, que présidait, en 1429, Louis d'Harcourt, archevêque de Narbonne. Il mourut en Italie à l'âge de 93 ans. On faisait son obit à Bayeux le 28 janvier.

8. Robert LE SAGE, chantre de Bayeux, mourut le 9 juillet 1463.

9. Radulphe BOUVERY était chanoine d'Angers, de Narbonne, où il s'occupa de faire transcrire les ouvrages de *Nicolas de Lyra*, et de Bayeux; il y mourut chantre et vicaire général de Mgr d'Harcourt, le 9 juillet 1469, après avoir fait de grands dons à l'abbaye de Lyre, qui le considérait comme fondateur et lui faisait un service solennel.

10. Robert D'ARGOUGES figure avec la qualité de chantre sur la grosse cloche donnée par Ch. de Neuchatel et 21 des membres du Chapitre.

11. Jacques de SILLY, chantre de Bayeux en 1517, fut aussi abbé de Cerisy (nous donnerons son sceau), de St-Pierre-sur-Dives, évêque de Séez. Ce fut lui qui, en 1519, consacra l'église des religieuses d'Essay, fondée par Charles duc d'Alençon, et Marguerite de Valois, sa femme.

12. Nicolas DANGU, chantre en 1550, maître des requêtes, abbé de Foix, de Juilly, évêque de Séez, puis de Mende, fut un de ceux qui travaillèrent à la conversion de Henri IV. Il mourut en 1567 et fut inhumé à Juilly.

13. N. CABARD, conseiller au Parlement de Rouen, est le premier

chantre de Bayeux qui ait porté la robe rouge ; ses successeurs la gardèrent.

14. Bernard LE MAIGNAN, chantre de Bayeux en 1573, mourut en 1589 ; il fut enterré dans la chapelle St-Sébastien. Il avait fondé la messe de sainte Geneviève, qui se célébrait le 3 janvier, et son obit le 24 octobre. Il donna à la fabrique son bâton cantoral en argent massif.

15. Antoine de CRAMETOT, originaire de Bayeux, chantre en 1597, résigna à l'un de ses neveux quelques années après. Il affectionnait les Capucins et les établit à Bayeux, en 1612, en une maison qui lui appartenait. Il mourut en 1653, à l'âge de 91 ans.

CHANCELIER.

La troisième dignité de l'église de Bayeux est celle de chancelier. Celui qui en était revêtu n'était pas tenu à la résidence. Il occupait la première place à droite au chœur, après les chaires, contre le trône épiscopal. Il avait la garde des sceaux de l'évêque et percevait un byzantin d'or ou sept sols et quelquefois dix sols tournois pour toutes chartes ou confirmations de chartes scellées du sceau de l'évêque ; il avait, de plus, le droit de demeurer à l'évêché avec quatre chevaux, un clerc, un écuyer et deux domestiques, le tout aux frais de l'évêque qui lui devait encore à Pâques *clamidem varium*, et à Noël *vulpinas pelles et pelliceum griseum*. C'est du moins ce que l'on voit dans le *Cérémonial* de Langevin. Au XVIIIe siècle, il prélevait trente-deux marcs d'argent, à due destination, sur tout le revenu de l'évêché.

Voici ceux des chanceliers dont nous avons pu trouver les noms :

Ranulphe figure comme témoin dans un grand nombre de chartes des évêques Philippe et Henri.

Archives de la Manche. *Témoin du don de la terre de Bruyères fait par Radulphe Hurel Montmorel.*
Témoin du don des églises de Courseulles et Guilberville par Jean de Soligné vers 1163.

Bibliothèque du Chapitre. Cart. de Longues. *Témoin de la charte confirmative du don de l'église de Vierville faite par Guill. de Vierville, Rad. d'Agneaux et Rob. de Ver.*

Témoin de la charte confirmative du don de deux gerbes de la dîme de Rye par Guill. Le Forestier.

Archives du Calvados. Plessis-Grimoult. *Témoin id. des dons de Philippine du Rosel.*

Témoin de la donation par l'évêque Henri du patronage de Carville et deux gerbes de la dîme du consentement de Raoul de Carville chevalier et de Ranulphe son fils.

Témoin de la charte confirmative des dons faits par Roger d'Amondeville des églises et dîmes de St-Martin-de-Feugueray, St-Christophe-d'Enfernet et St-Pierre-de-Beauchesne.

Roger BOVET vivait à peu près à la même époque.

Archives de la Manche. *Roger* Boveth *témoin d'une nomination à Courseulles.*

Bibl. du Chapitre. Cart. de Lóngues. *Témoin de la confirmation du don d'André de Vitré de la moitié de l'église de Rye — de ceux de son père Robert.*

Id. du don de l'église de Campigny par Lesceia de Campigny (2 chartes).

Id. du don de la moitié de l'église de Castillon par Guill^e d'Arguerny et Aude Burgevin sa femme.

Id. du don de ses droits sur l'église de Vidouville par Thomas Malfillastre chevalier, fait aux moines de Longues du prieuré de Pontyouf.

Id. du don de la moitié de l'église de Ste-Croix-Grantonne par Thomas d'Agneaux chevalier fils de Herbert aussi chevalier.

Id. de la confirmation d'une foule de dons faite par l'évêque Henri avant 1186.

Id. du don de 2 gerbes de la dîme d'Etreham le Perreux (Oistreham le Perros) par Denise d'Agneaux, fille d'Adam et femme de Guillaume de Tor, chevalier.

Id. du don de Guill^e Niger d'une terre près le pont Ibert (ad pontem Ilberti).

Id. du don de Muriel, veuve de Osmond de Mercy, de 2 acres de terre sises à Agy.

Geoffroy de BEAUMONT, chancelier de Bayeux, fut aussi légat du pape Clément IV auprès des princes de Lombardie; il mourut en 1268.

Radulphe d'Harcourt était de l'illustre famille de ce nom ; il posséda successivement les dignités de chancelier de Bayeux, archidiacre de Rouen, chantre d'Évreux et archidiacre de Coutances. Charles de France, comte d'Alençon, le nomma son aumônier ; il fut aussi l'un des exécuteurs testamentaires de Jeanne de Chastillon, comtesse de Blois, et conseiller d'État. Il mourut dans les premières années du XIV° siècle.

Gervais CHRETIEN naquit dans la paroisse de Vendes, doyenné de Fontenay ; son mérite seul l'éleva, et après avoir été médecin du roi Charles V, il se consacra à l'Église et fut chanoine de Paris, archidiacre de Chartres, chanoine et chancelier de Bayeux. Il fonda avec ses revenus un collége à Paris, le 20 février 1370, qui devait se composer de 26 boursiers, originaires du diocèse de Bayeux, dont 12 étudiants aux humanités, 8 en théologie, 2 en médecine, 2 en mathématiques, 1 en droit canon. Il se montra aussi généreux envers l'église de Bayeux, fonda par son testament l'office de la Conception de la Vierge et mourut dans cette ville le 3 mai 1382, jour où l'on célébrait son obit. Les boursiers de son collége étaient tenus d'assister, avec l'habit de leur état, à celui qu'il avait fondé dans la cathédrale de Paris.

Thomas de SAINT-PIERRE figure dans un accord avec l'évêque de Bayeux au sujet d'une pension de 82 livres tournois qu'il réclamait ; il prend les qualités de *maître ès arts et médecine, chancelier de l'église de Bayeux.*

Léon CONSEIL, secrétaire de Louis de Canossa vint avec lui d'Italie et fut chanoine d'Arry et chancelier de Bayeux, vicaire général sous Mgr de Prie et doyen du St-Sépulcre de Caen. Ce fut lui qui donna la *tapisserie des mystères de la Vierge* dont il a déjà été parlé. Il donna, en outre, un coffre pour la renfermer, une rente de 20 livres pour ceux qui seraient chargés de la tendre et de veiller à sa conservation, puis une pomme d'argent pour chauffer, pendant l'hiver, les mains du célébrant. Son nom, *Leo Conseil cancellarius*, figure sur la cloche fondue en 1499, par ordre de Mgr de Neuchatel. En 1528, il donna une terre au chapitre pour assurer la célébration de la fête de l'Annonciation et de la Conception. On célébrait son obit la veille de l'Annonciation, il fut enterré dans la chapelle St-André et St-Léon, ainsi que le suivant.

Olivier CONSEIL, chanoine de Landes, était chancelier de Bayeux, en 1505.

N. Fabri, chancelier, mort au commencement du XVIᵉ siècle.

Guillaume Labbey fonda une messe tous les samedis en la chapelle St-Hilaire, où il fut inhumé. Son obit se célébrait le 13 octobre.

Jean Helys de Barbeville, chancelier de Bayeux, fut inhumé dans la chapelle St-Martin. Sa pierre tombale existe encore quoique effacée. On y lisait : *Icy repose le corps de N. et V. personne Mᵉ Jean Helyes, prêtre, docteur de Sorbonne, chancelier en cette esglise, promoteur de l'officialité de Bayeux, syndic du clergé, vicaire général de l'evesché, chanoine de céans, décédé le 1ᵉʳ d'aoust* 1660.

Jean-Baptiste Peschard, natif de Vire, chanoine de Sainte-Honorine en 1694, chancelier en 1699, fut l'un de ceux qui contribuèrent le plus à répandre le Jansénisme dans le diocèse. Il se trouva en désaccord avec le chapitre qui refusa d'assister à ses obsèques, qui furent célébrées sans pompe par les officiers du bas-chœur (1730).

TRÉSORIER.

Le trésorier était le 4ᵉ et dernier grand dignitaire du chapitre de Bayeux. Il avait la première place du côté gauche, au bas du chœur. Dans l'origine, l'évêque lui devait « *vestes virides et de escarleta prout sibi placebat gerere, in choro et extra canes et ancipites.* » Il avait la garde des reliques et du maître-autel, il était chargé d'allumer et d'éteindre les cierges de la grande couronne d'Odon de Conteville. Il se débarrassa de toutes ces charges par l'abandon du fief de la Couronne fait à un gentilhomme qui s'engagea, lui et ses descendants, à assister aux grandes fêtes, armé de toutes pièces. Cet usage existait encore au moment de la Révolution. Le trésorier était seigneur et patron collateur de Bernières-sur-Mer.

Parmi les trésoriers de Bayeux on trouve :

Arnoul fut d'abord trésorier de Bayeux, archidiacre de Sées et évêque de Lisieux à la mort de son oncle Jean. Il écrivit un grand nombre de lettres qui furent imprimées en 1585

Thomas signa une charte par laquelle Richard, évêque de Bayeux, donnait aux chanoines du Plessis le champ Osbert et le moulin d'Escures.

Conan et Guill⁰ de HARECOURT, trésoriers, sont nommés dans une charte de l'évêque Henri, par laquelle il donne aux doyen et chapître les maisons de Conan, jadis trésorier, dont Guill⁰ de Harecourt, également trésorier, avait joui, par la libéralité de l'évêque Philippe, à charge de 6 l. d'Anjou de rente.

Pierre des ABLÈGES, trésorier, avait donné au doyen des revenus en blé dans la paroisse de Douvres.

Pierre de SELVE de Montisac, chanoine et trésorier de Bayeux, fut fait cardinal, vice-chancelier de l'église romaine et évêque de Pampelune. Il mourut à Avignon en 1385.

Pierre du MOUTIER vivait au XIVᵉ siècle.

Ambroise LE GAUFRE fut official de Caen, vicaire g^{al} de Mgr d'Angennes, archidiacre des Vez en 1605, trésorier en 1609, mourut en 1635, et fut inhumé à l'entrée de la chapelle N.-Dame, du côté de l'évangile. On célébrait son obit le 23 novembre. Il fit peindre, par Hersant du Ronceray, peintre de Bayeux, les fresques qui surmontaient le lambris de la chapelle. Il paraît, dit M. L'abbé Laffetay, sans ajouter ce qu'elles sont devenues, « *que ce sont des copies du célèbre Callot.* » Elles représentaient la vie de la Sainte Vierge. Il fit également refaire à ses frais l'autel et les décorations de cette chapelle.

ARCHIDIACRES.

Les archidiacres, au nombre de quatre, étaient chargés de faire la visite des églises.

L'archidiacre de Bayeux, appelé communément *grand archidiacre de la chrétienté*, quoiqu'il n'eût aucune juridiction sur les églises de la ville, avait sa place au chœur, proche du doyen; il avait, comme les trois autres, le tiers des déports des cures vacantes de son district. Les doyennés, qui dépendaient de lui, étaient ceux de Fontenay-le-Paisnel, Villers-Bocage, Vire, Condé-sur-Noireau et Évrecy, en tout 210 paroisses.

L'archidiacre de Caen avait sa place immédiatement après le chantre. Les doyennés étaient ceux de la chrétienté de Bayeux, de la chrétienté de Caen, de Douvres, de Maltot et de Creully : en tout 109 paroisses.

L'archidiacre d'Hyesmes occupait la seconde place du côté droit du chœur, proche du chancelier. Les doyennés étaient ceux de Cinglais, Troarn et Vaucelles, en tout 134 paroisses.

L'archidiacre des Vez prenait place au chœur près du trésorier. Les doyennés étaient ceux de Campigny, Couvains, Thorigny et Trévières : en tout 154 paroisses.

Voici les noms de quelques-uns des archidiacres que nous avons pu rencontrer :

Rainaldus, témoin d'un don de la terre d'Escures, fait par l'évêque Richard, à Savigny, vers 1140. — *Arch. de la Manche.*

Richard, témoin de la confirmation par Henri, roi d'Angleterre, de la fondation du Plessis et des dons de l'évêque Richard, lors de la dédicace de l'église. — *Arch. du Calvados. Plessis-Grimould.*

Patrice et Roger, témoins, en 1153, du don de la prébende de St-Jean-le-Blanc, par l'évêque Philippe. — *Plessis-Grimould.*

Onfroy, témoin d'une charte de l'évêque Philippe, qui déclare avoir acheté le droit dit *doublellus*, de St-Germain de Bretteville, pour lequel il avait excommunié Richard de Chicheboville. — *St-Etienne.*

Roger du Hommet, de la famille du chancelier d'Angleterre, était archidiacre de Bayeux quand il fut élu, l'an 1160, évêque de Dol ; il mourut 4 ans après.

Thomas et Jean, archidiacres, témoins de l'accord fait entre Savigny et Geoffroy de Villers, au sujet de la dîme de Villers. — *Arch. de la Manche.*

Patrice, Valéran et Thomas, témoins de la confirmation du don de 2 gerbes de la dîme du fief de Donney, par Raoul de Clinchamp. — *Plessis-Grimould.*

Thomas, archidiacre de Bayeux, *tenant la place de Henri*, *évêque*, reçoit l'acte d'échange fait en 1271, par Robert de Seury, de tous ses droits au patronage de Bretteville-l'Orgueilleuse, en échange de la dîme de cette même paroisse, et l'abandon par Guillaume d'Aboville de la moitié de ce même droit de patronage. — *St-Etienne.*

Valéran, archidiacre de Bayeux, témoin de la confirmation, par le comte de Cestre, des terres, dîmes, etc., de Bretteville. — *St-Etienne.* Évêque de Rochester en 1181.

Valéran, archidiacre d'Hyesmes, reçoit lettres de Henri déclarant, après l'abandon de Jourdain Taisson, avoir nommé à l'église de Ste-Marie-d'Esson Me Ranulphe de Thury. — *Fontenay.*

Etienne, archidiacre de Bayeux, atteste que Henri, son évêque, a fait faire un cimetière à la chapelle Ste-Marie de Thury pour les lépreux, et figure comme témoin du don de Ste-Marie de Cernay, par Robert Fitz-Erneiz. — *Fontenay.*

Etienne, Jourdain et Robert, témoins du don de l'église d'Arromanches, par Guill^e, S^r du lieu, Guill^e et Henry de Graye. — *Longues.*

Jourdain, archidiacre de Bayeux, Robert BERNARD, Robert de MISTEN, témoins de la confirmation du don de Guillaume d'Anguerny de ses droits sur l'église de Castillon. — *Longues.* Jourdain et Robert, témoins de la confirmation du don de Philippine du Rosel. — *Plessis-Grimould.* Jourdain, témoin du don de 2 gerbes du fief de Donney. — *Id.* Jourdain et Robert, témoins de la confirmation du don de l'église d'Arromanches fait avant 1186. — *Longues.* Jourdain, id. du don de l'église de Marigny, par Réginald de Marigny. — *Longues.* Jourdain et Radulphe, témoins de l'accord fait en 1188 entre Odon et Raoul du Mesnil et l'abbaye au sujet du patronage de Marigny. — *Longues.* Jourdain appose son sceau sur l'acte d'abandon de l'église de Vaux-sur-Aure, par Cécile de La Ferrière. — *Longues.* Jourdain, Raoul et Robert, archidiacres, témoins du don de l'église de Campigny, par Lesceia de Campigny. — *Longues.* Jourdain, témoin du don de Ste-Croix-Grantonne, par Thomas d'Agneaux, fils d'Herbert. — *Longues.*

Raoul, archidiacre de Bayeux, témoin de la confirmation des dons de Philippine du Rosel. — *Plessis-Grimould.* Raoul, témoin du don de 2 gerbes de la dîme du fief de Ryé, par Guill^e Leforestier. — *Longues*, *après* 1186. Raoul, témoin du don du patronage de Vierville, par Guill^e de Vierville, Raoul d'Agneaux et Robert de Ver. — *Longues.* Raoul, témoin du don de l'église de Castillon, par Aude, veuve de Guill^e d'Anguerny. — *Longues.* Raoul, témoin du don de 2 gerbes du fief d'Etreham, par Denize d'Agneaux, femme de Guill^e de Tor, chevalier. —

Longues. Raoul, témoin du don de Beaudouin Wac, de la terre sise devant l'abbaye de Longues. Raoul, témoin du don des droits de l'église de St-Hilaire, par Guill⁰ de Port, prêtre. — *Longues.*

Hugues Boveth, Jourdain, Robert, Guillaume, archidiacres, témoins d'une nomination à l'église de Courseulles. — *Arch. de la Manche.* Hugues, témoin du don de l'église St-Pierre de Beauchesne, par Roger d'Amondeville. — *Plessis-Grimould.* Hugues, témoin du don de l'église de Marigny, par Alvérede de Soligné et Réginald de Marigny. — *Longues.*

Henri et Guillaume, archidiacres, témoins de la confirmation faite par l'évêque Henri, des dons faits à Longues avant 1186.

Gervais, archidiacre de Bayeux, témoin de la confirmation des droits de Fontenay aux églises de St-Martin et St-André de Fontenay.

Guillaume, témoin de l'accord fait avec St-Vigor au sujet de la chapelle de Fumichon. — *Longues.*

Lettres de Guill⁰ de Reviers annonçant à G., archidiacre de Bayeux, qu'il renonce à ses droits sur l'église de Fontenailles. — *Longues.* — Guillaume, témoin de la confirmation du don de Campigny. — *Longues.* — Témoin du don de l'église de Castillon par Aude, veuve de Guill⁰ d'Anguerny. — *Longues.* — Témoin du don de l'église de Vidouville par Thomas Malfilastre, chevalier. — *Longues*, et de la confirmation par l'évêque Henri.

Radulphe, archidiacre de Bayeux, entra à l'abbaye de Savigny dont il devint le 12ᵉ abbé, de 1207-1220.

Richard de Floriaco, témoin de la collation de l'église de Courseulles. *Arch. de la Manche.*

Raoul, archidiacre de Bayeux, confirme en 1239 la donation par Geoffroy de Rue, prêtre, de deux gerbes de la dîme de Vassy. — *Aunay.* Cette charte porte un fragment du sceau de ce Raoul; il est finement gravé et figure n° 12. Le prêtre debout, vêtu d'une chasuble à orfrois en forme de croix, tient le livre des évangiles. Dans le champ, à droite, une étoile à six pointes; à gauche, un croissant. De la légende on ne lit plus que ....BAIOCE. Ce qui n'a pas empêché M. Léchaudé d'Anisy de la donner en entier pl. XI, fig. 20 de son *Atlas.*

Pierre de Boissey, archidiacre de Bayeux, confirme en 1243 la donation faite et approuvée déjà par lui, en 1240, de deux gerbes de la dîme de Manvieux. — *Longues.*

Thomas d'Allemagne, près Caen, donne une rente sur son vignoble d'Oisy. — *Jumiéges.* Cet acte est encore muni de son sceau ogival en cire verte, fig. 13; un mouton placé à droite et passant sur une bande de terre; derrière lui, une croix haute garnie de son pennon; à droite; un croissant; à gauche, une étoile, la légende S. THOME ARCHI-DIACONI. AIGIE. Léchaudé d'Anisy le donne planche XX, fig. 7.

Raoul, archidiacre de Bayeux en 1258, règle un différend au sujet du patronage de Campigny. — *Longues.*

Jean Le Boucher, archidiacre d'Hyesmes, donne en 1263 à Robert de Foy, vicaire, une maison sise rue de Glatigny, moyennant 22 l. t. — *Bayeux.*

Cette charte est munie de son sceau et contre-sceau, ainsi que les lettres adressées au doyen de Lamberville, en 1276, au sujet de l'église de Guilberville. — *Arch. de la Manche.* Ce sceau, de forme ogivale, mesurait 0,040 sur 0,027. Il est figuré n°s 14 et 15. Il présente la Sainte Vierge tenant l'Enfant Jésus et lui offrant un fruit et placée sous une arcade trilobée; au-dessous et placé de même on voit, descendant jusqu'au bas de la légende, un prêtre à genoux, les mains jointes, vêtu d'une tunique à manches ornées. De la légende on lit encore : ... D . BAIOCEN . ECCE . IN .... (*sigillum Johannis archidiaconi Baiocensis ecclesiæ in oximis*). Le contre-sceau, de forme ronde, nous montre une colombe la tête contournée et tenant en son bec *une lettre.* La légende porte † SECRETVM.... Ces deux sceaux, comme on peut le voir, étaient très-bien gravés et offrent le type particulier aux archi-diacres, dont nous aurons plus tard occasion de reparler. M. Léchaudé a figuré, pl. XX, n° 23 de son *Atlas*, le sceau auquel il donne pour légende ... ARCHIDIACONI DE OXIMEN.

Jean de Tor, archidiacre de Bayeux, avait fondé pour son obit une rente d'orge que Henri de Grandval donna au Chapitre en 1264.

Henri de Vezelay, archidiacre de Bayeux, fut l'un des exécuteurs testamentaires du roi saint Louis, l'un des régents nommés par Phi-lippe, son fils, et enfin chancelier de France; il vivait encore en 1279.

Jean Boucher *(carnifex)*, archidiacre de Bayeux, reçut en 1271, notification de Guille de Ver de Nehou, qu'il avait cédé la présentation de l'église St-Rémi de Manvieux. — *Cordillon.*

Olivier, archidiacre de Bayeux, donne au Chapitre, en 1294 et en 1303, 100 sols de rente pour augmenter sa prébende de Ste-Honorine. — *Bayeux.*

Denis de LAVARDIN, archidiacre de Bayeux, donne en 1294 la même somme pour sa prébende de Castillon. — *Bayeux.*

Olivier de MAROLLES achète, en 1299, une rente de 5 sols pour 60 sols tournois. — *Bayeux.*

Pierre de Crèvecœur, archidiacre de Caen en 1316, ratifia l'accord fait par l'abbaye de Montmorel, au sujet de Courselles. — *Archives de la Manche.* Cette charte porte son sceau et contre-sceau, fig. 16 et 17. Le premier de forme ogivale, nous montre sous une arcade garnie de deux clochetons à étages, saint Pierre, debout, tenant de la main gauche le livre des évangiles, de la droite les deux clefs adossées, à ses pieds un prêtre à genoux, les mains jointes, implorant son patron. La légende porte : ... RI . P. . DE . GR .... ARCHI . CODO (sigillum magistri P de CREPICORDE, archidiaconi Cadomensis). Le contre-sceau, de forme hexagonale, contient, au centre, une tête de Christ, cheveux longs et barbe, dans des cercles décorés en haut et en bas. La légende, formant un jeu de mots, est très-curieuse ; on y lit : MES AIE SVI DAMOVR LEEL. Ces sceaux sont moins finement gravés que ceux de Jean Le Boucher.

Guillaume d'AIGREFEUILLE, prieur de St-Pierre d'Abbeville, cardinal en 1350, fut archidiacre des Vez en 1352, et chanoine de Gueron et d'Arry.

Nicolas ORESME, natif des environs de Caen, fut précepteur de Charles V, chanoine de la Ste-Chapelle, archidiacre de Bayeux, écrivit un grand nombre de *Sermons*, fut fait évêque de Lisieux en 1377, et mourut en 1382.

Jean MOLANDIN, général de l'Ordre des Dominicains, fut archidiacre d'Hyesmes en 1368.

Pierre de CHINAC, comte de Périgueux, était, en 1370, archidiacre des Vez ; il fut créé cardinal en 1368, et mourut à Avignon en 1370.

Jean de LA TOUR était archidiacre de Caen ; il fut fait cardinal en 1271 et mourut 3 ans après.

Jean de Boissy, chanoine de Merville, archidiacre de Bayeux, en 1376, devint abbé de Fécamp, évêque d'Amiens, puis cardinal, mourut en 1402.

Nicolas de Clémengis, archidiacre de Bayeux, composa un grand nombre d'ouvrages et mourut en 1437.

Sébastien Corbet, archidiacre de Bayeux, chanoine de Port, légua au chapitre un petit domaine à St-Exupère pour y établir une maison de santé en faveur des convalescents ; il mourut le 15 juillet 1616.

SOUS-DOYEN.

Le sous-doyen était chargé de garder les portes du chapitre assemblé, afin que personne ne pût y pénétrer. Il était patron collateur de *St-Manvieu*, de *La Folie*, collateur de l'*Epinay-Tesson* et avait droit de visite et de déport sur ces cures.

Guillaume, sous-doyen, témoin du don par l'évêque Richard du champ Osbert et du moulin d'Escures. — *Plessis-Grimould*.

Robert, témoin de la confirmation des donations faites au Plessis, par Philippe d'Harcourt, — de la donation faite, en 1153, de la prébende de St-Jean-le-Blanc, — de la donation de 2 gerbes des fiefs de Donnay. — *Plessis-Grimould*.

Patrice, témoin des donations de Philippine du Rosel. — *Plessis-Grimould*. De la donation du patronage de Campigny. — *Longues*. Id. de la moitié du patronage de Ste-Croix-Grantonne, par Thomas Malfillastre. — *Longues*. Id. du don de la terre située devant l'abbaye, par Baldouin Wac. — *Longues*. Id. de l'attribution du patronage de Marigny, contestée par Odon du Mesnil, en 1188. — *Longues*.

Guillaume de Tancarville nommé en 1231 au prieuré de St-Contest d'Athis. — Gosselin, prêtre, présenté par l'abbé d'Ardennes. —*Ardennes*. Odon de St-Lô donne, en 1250, quinze sols tournois pour l'obit de M⁰ Guill⁰ de Tancarville, à prendre sur une maison sise paroisse St-Vigor de Pont-Ste-Marie. —*Bayeux*.

Roland des Talents, originaire de Milan, fut chanoine du Locheur et sous-doyen. Il composa un grand nombre d'opuscules dont M. l'abbé Laffetay a rendu compte dans les *Mémoires de la Société des Arts et Belles-Lettres de Bayeux* 1852. Il fut inhumé avec son frère Antoine dans la chapelle de la Conception, sous une pierre commune d'une grande dimension. On y voit encore la trace de deux effigies encadrées dans des pinacles gothiques ornés de clochetons et de statuettes; on lit seulement quelques mots et la date. Voici l'inscription entière qu'Hermant avait lue de son temps : Hic jacent Magistri Rolandus Subdecanus et Antonius de Calentis, fratres Mediolanensis diocesis, canonici hujus venerabilis Ecclesiæ, qui dotaverunt et reparare fecerunt Capellam istam in honorem Conceptionis beatissimæ Virginis Mariæ; qui obierunt videlicet prefatus subdecanus anno domini millesimo CCCC L XXIII° septima feria mensis may, et prefatus Antonius anno domini millesimo CCCC L XXVIII°, die XV januarii. Oretis pro animabus illarum. On célébrait son obit le 3 mai.

Gervais de LARCHAMP, chanoine et sous-doyen, inhumé dans le crypte, XV siècle.

Charles TILLARD, sous-doyen, fut inhumé en 1595, dans la chapelle St-Sébastien.

Adjutor JOSSET, docteur en Sorbonne, chanoine de Barbières et sous-doyen de Bayeux. XVIII° siècle.

SOUS-CHANTRE.

Le sous-chantre, *succentor, precentor*, remplaçait le chantre en son absence, de plus il devait tenir et diriger les écoles de chant, désigner les maîtres, etc. Il était patron collateur de Hérils, de Sommervieu, alternativement avec l'évêque, avait droit de visite et de déport dans la première paroisse, et la moitié seulement dans la seconde.

Voici les noms de quelques sous-chantres de Bayeux :

Saffray, témoin du don du champ Osbert et du moulin d'Escures. — *Plessis-Grimould*.

Richard, témoin du don de Raoul de Clinchamp, de la dîme de Donney. — *Id.*

Henri, témoin du don de Philippine du Rosel. — *Id.* Témoin du don de la terre de Bruyère, par Rad. Hurel. — *Arch. de la Manche.* D'une nomination à la cure de Courseulles. — *Id.* Témoin, en 1168, de la fondation de l'abbaye de Longues, par Hugues Wac, de la confirmation, par Beaudouin, son fils, — témoin de la confirmation du patronage de Campigny, — de la donation de la moitié du patronage de St-Croix-Grantonne, par Thomas d'Agneaux. — *Longues.*

Raoul achète, en 1251, une rente de 10 sols à prendre sur une maison sise paroisse St-Jean.

Geoffroy de Loches achète de Gilles de Culy, clerc, une rente de 14 sols pour cent sols tournois. — *Bayeux.* Il fut inhumé dans la chapelle des Sts-Innocents, et son obit se célébrait le 20 juillet. En 1295, il avait cédé à M° Ferrières, chanoine, 222 pieds de terre pour augmenter sa prébende de May. — *Bayeux.*

Raymond de Canillac, chanoine de St-Germain-de-la-Lieue et sous-chantre, fut fait cardinal en 1343. Il mourut en 1373 et fut inhumé dans l'église des frères Mineurs d'Avignon.

Nicolas de Vère, d'abord sous-chantre de Bayeux, fut archidiacre de Sens, aumônier du pape Grégoire XI, secrétaire du roi Charles V, évêque de Châlons. Il mourut en 1386, avant d'avoir pris possession du siége archiépiscopal de Sens.

Guy de Malsec, sous-chantre de Bayeux, reçut, en 1387, une somme de 34 livres pour sa pension. Il avait été évêque de Lodève en 1371, puis de Poitiers, cardinal en 1375. Il fut légat en Angleterre et en France et mourut à Paris où il fut inhumé dans l'église des Dominicains. Son tombeau existait encore au XVIII° siècle.

Adam Castelin, chanoine de Cussy en 1398, sous-chantre de Bayeux, fut nommé évêque du Mans et y mourut en 1434, après un épiscopat de 41 années.

N. Olivier Conseil, chanoine de St-Patrice, sous-chantre, fut inhumé au bas de la nef de la cathédrale ; on célébrait son obit le 13 avril. Autrefois à la procession du mercredi après le dimanche de la Passion, qui se faisait à St-Patrice, on chantait pour le repos de son âme l'antienne *Alma redemptoris* suivie du *De profundis*. Il vivait au commencement du XVIᵉ siècle.

N. Fabri, sous-chantre.

Jean de Villays, chanoine de Thanis et sous-chantre, mourut en 1621 ; il fut enterré dans la chapelle du St-Sépulcre, où l'on voit encore sa tombe à demi effacée. On lit au bas : *Sola comes post funera virtus*.

SCOLASTIQUE.

Le scolastique, écolâtre ou maître-école était, dans l'origine, chargé d'instruire les clercs et les jeunes gens. Plus tard, il eut l'inspection de toutes les écoles du diocèse. Il occupait la troisième place au chœur après le chancelier et chantait la première leçon de la *Genèse* le dimanche de la Septuagésime. Il était collateur de St-Martin et de St-Ouen-des-Besaces avec droit de déport et de visite.

GRAND-COUSTEUR.

La dignité de grand-cousteur ou sacristain, qui était dès le XIIIᵉ siècle une servitude plutôt qu'une dignité, fut éteinte en 1751.

Caval, grand-cousteur de Bayeux, reçut du doyen une maison située proche l'église St-Étienne. — Fin du XIIᵉ siècle.

Girard du Puy, chanoine de Barbières, grand-cousteur en 1349, fut ensuite évêque de Saintes, cardinal et mourut à Avignon en 1389.

Jean des Biards, *grand-coustour*, achète en 1371 une rente sur une maison. — *Bayeux*.

Sébastien du Four, grand-cousteur en 1692, chanoine d'Arry en 1700, légua au Chapitre une nombreuse bibliothèque ; il mourut en 1700 et fut inhumé dans la nef près du pilier qui correspond à la porte du doyenné.

PÉNITENCIER.

Cet office fut créé par une bulle du pape Jean XXII, obtenue par Pierre de Levis en 1330. Le Chapitre y consentit à condition que ce ne serait qu'une simple charge, que le titulaire n'aurait droit aux distributions que s'il était chanoine, et qu'il ne pourrait exercer qu'avec le consentement de l'évêque. A lui appartenait d'absoudre des cas réservés à l'évêque. Il avait sa place au chœur, du côté droit, proche le scholastique, et voix délibérative avant les chanoines. Il payait, lors de sa réception, 50 l. de contribution. Ses revenus consistaient dans les grosses dîmes de Ste-Honorine-du-Pert.

Indépendamment des dignitaires du Chapitre, il y avait le chanoine *communier*, chargé d'administrer les revenus de la mense capitulaire; le *fabricier*, nommé chaque année pour régler les comptes de la fabrique; le *théologal*, dont l'office consistait dans la prédication et l'enseignement de la théologie.

Les prébendes de la cathédrale de Bayeux étaient au nombre de quarante-neuf, plus une attachée au doyenné. Au XI° siècle, il y en avait déjà trente-cinq : c'étaient celles d'Amayé, Arry, Audrieu, Barbières, Bernesq, Brécy, Bretteville, Cambremer, Cartigny, Castillon, Colombières, Cussy, Esquay, St-Jean-des-Essartiers, Feuguerolles, Gavray, Goupillières, Grisy, Gueron, la Haie-Picquenot, Ste-Honorine-du-Fay, St-Germain-de-la-Lieue, St-Laurent, Landes, La Mare, St-Martin de Bayeux, Merville, Monts, Moon, Missy, St-Patrice, Pézerolles, Thanis, Vaucelles et Vendes.

Sept furent fondées, en 1074, par Odon de Conteville avec les biens que Guillaume avait confisqués sur Grimould du Plessis, savoir : Albray ou Évrecy, Castillon, Damvou, La Ferrière-Duval, St-Jean-le-Blanc, Le Locheur et La Vieille.

Huit furent fondées plus récemment, savoir : St-Jean de Caen, St-Pierre-de-Caen, Cully, Froide-Rue, Gavrus, Mathieu, Port et Pouligny.

Voici les noms des chanoines que nous avons pu trouver antérieurement au XVII° siècle :

Turstin de Condé, chanoine de Bayeux, fut fait prêtre par Radulphe, évêque de Durham. En 1115, il fut nommé archidiacre d'Yorck et mourut en 1140.

Robert Wace, chanoine de 1141 à 1160, clerc de chapelle du roi Henri II, auquel il dédia son fameux *Roman du Rou et des Normans écrit en vers françois vers l'an* 1160 *par Wace, chanoine de Bayeux.*

Pierre de Blois, chanoine de La Mare, auteur de nombreux ouvrages imprimés en 1667 par Pierre de Goussainville, du diocèse de Chartres.

Ranulphe, Guill° Desbruel, Garin de Galardon et tout le Chapitre signèrent la donation par l'évêque Henri de la prébende de St-Jean-le-Blanc. — *Plessis-Grimould.*

Joscelin, Étienne d'Alberède, Thomas de Saint-Martin, témoins du don de Philippine du Rosel de 9 acres de terre. — *Id.* Jocelin et Gaufride, témoins du don de l'église de Marigny. — *Longues.*

Simon de Saganville occupait les maisons de Conan données par Henri au doyen. — *Bayeux.*

Guillebert, témoin du don d'André de Vitré de la moitié de l'église de Rye. — *Longues.*

Richard Boissart et Jean Le Rouge, témoins de la donation de la moitié du patronage de Vaux-sur-Aure, donné par Cécile de La Ferrière. — *Id.*

Turold, témoin du don de l'église de Vierville par Robert de Ver. — *Id.*

Jean de Beaumont, témoin du don de la moitié du patronage de Vaussieu par Simon Bacon, fils de Roger. — *Id.*

Étienne, chanoine de Gavray, cardinal en 1212, mort et enterré à Naples en 1254.

Guillaume Le Clerc, chanoine en 1214. Son sceau se trouve aux Archives nationales, fig. 18. Il est ogival et présente un type ordinaire, une sorte de fleur de lis fleuronnée, ornée de deux petites croisettes, que l'on retrouve en Normandie sur un grand nombre de sceaux laïques de cette époque. La légende porte .... DE VALENGEVIARTD.

Gillebert de Say et Guill° Bonnet, chanoine, achètent en 1232 une pièce de terre à Audrieu pour l'obit de Guill° Bonnet, ancien chanoine. — *Bayeux*. Les mêmes en achètent encore deux autres en 1235. — *Bayeux*. Guill° Le Truant donna en 1251 une maison paroisse St-Floxel, pour l'anniversaire de Gilbert de Say; en 1257, Guill° Hains devait sur cette maison 13 s. t. de rente. — *Bayeux*.

Gautier Pijon, chanoine de Bayeux, mort avant 1232. Thomas Loisel et Bertrand Le Métayer donnent pour célébrer une messe à son intention un tènement à Cerisy, un autre près le nouveau Moulin-Lévêque, 14 boisseaux et 3 quartiers de froment. — *Bayeux*.

Robert de Ver, chanoine, mort avant 1234, habitait une maison sise rue de Glatigny. — *Bayeux*.

Ranulphe de Martragny donne diverses pièces de terres à Audrieu contre des redevances en froment, orge, pain, poules et œufs. — *Id*.

Thomas d'Amfréville donne ses maisons à charge d'une rente de 15 sols et à condition que tous les revenus perçus le jour de sa mort seront distribués aux curé, chanoines et clercs du chœur qui feront ses obsèques et diront la messe au grand-autel de la cathédrale. — *Id*. Il donne ses maisons situées près les murs de la ville pour son obit. — *Cartul. de Bayeux*.

Jean d'Arry donne, en 1234, une somme de 12 l. t. pour deux maisons cédées au Chapitre par Gosselin Le Chauve, citoyen de Bayeux. — *Id*. Thomasse de Lousignan donne une rente de 7 sols à prendre sur une maison sise rue Bienvenu, pour l'obit de Jean d'Arry. — *Id*. Jean Hamon, chevalier, reconnait, en 1264, qu'il doit libérer le Chapitre *de uno niso* (prestation en argent) due par Jean d'Arry à Eudes d'Anisy. — *Id*.

Henri de Gamaches, chanoine en 1236. Son sceau, fig. 19, se trouve aux archives nationales. Il est ogival et fort bien gravé. On y voit un lion contourné et passant. Le champ est orné de deux côtés de légers rinceaux. La légende porte : † SIGILL' HENRICI DE GAMACHIIS.

Guillaume Arondel, témoin d'une nomination à l'église de Courseulles. — *Arch. de la Manche*. Guill° Moillepie et Marie La Bouvette donnent une pièce de terre, en 1251, pour célébrer une messe pour le repos de son âme. — *Bayeux*.

Robert de Cromelles, témoin pour Courseulles. — *Id*. Robert et Richard, témoins en 1207 de l'accord fait avec St-Vigor au sujet de la chapelle de Fumichon. — *Longues*.

Etienne de Grisetot, témoin pour Courseulles. — *Id.*

Martin de Ros déclare, en 1257, devoir à Jean Rustique une rente de 7 septiers de froment pour une maison sise rue Coupe-Pié, paroisse St-Patrice. — *Bayeux.* Celui-ci achète de Henri Guillebert ce même hommage et 4 septiers de froment pour une somme de 30 l. t. — *Id.*

Exupère du Bosc achète un ménage en 1255. — *Id.*

Garin Fleury achète, en 1255, diverses redevances sur une maison située paroisse Ste-Marie *de Capella-Fossata.* — *Id.*

Jean Barat donne à Aunay une terre qu'il avait affectée au mariage de Roberge, fille de Toustain d'Evrecy. — M. Léchaudé d'Anisy donne, pl. 20, fig. 18, le sceau de ce chanoine, qu'il nous a été impossible de retrouver. Il y a vu un ange tenant de la main gauche une tête coupée et monstrueuse, de la droite :...... au-dessous le chanoine, mains jointes La légende porte : S · IOHANNI : BARAT : CANO' BAIOCENIS. Ce sceau devait être ogival.

Guill⁰ Caruel et Richard Le Gay donnent, en 1251, une pièce de terre à Audrieu et une rente de 6 sols 6 deniers pour l'obit de Théobald de Bordel, chanoine. — *Bayeux.*

Pierre de Loucelles achète, en 1256, une rente de 2 septiers de froment. — *Id.*

Garin de Noray achète, en 1257, 3 sols de rente sur une maison rue du *Champfleuri.* — *Id.*

Guill⁰ Le François donne, en 1257, une rente de 36 sols pour l'obit de Robert Le Gamp. — *Id.*

Raoul de Karon achète, en 1258, une pièce de terre pour 8 l. t. — *Id.* Le chapitre lui donne, en 1259, une maison rue de Glatigny. — *Id.* Vivait encore en 1269.

Raoul de Grosparmi, chanoine de Bayeux, fut garde des sceaux de France, évêque d'Evreux, cardinal, se croisa avec St Louis et mourut de la peste à Tunis le 10 août 1270.

Philippe de Caturo, scolastique de Bayeux, évêque d'Evreux, y fut enterré dans le chœur de l'église des Cordeliers. On faisait son obit le 12 août, jour de sa mort (1281).

Anchère Pantaléon, chanoine de Bayeux, fut archidiacre de Laon, puis cardinal, et mourut en 1288.

Henri et Mathilde Thésart donnent, en 1261, quatre pièces de terre sises à Cahagnolles, pour le revenu en être distribué le jour de l'obit de Pierre GRENTE.

Théobald de VENIACO achète, en 1264, la moitié d'une maison rue *Porta-Arborea*, paroisse St-Sauveur. — *Id.*

Odon Coquère s'engage, en 1265, à continuer la rente qu'il devait à Robert des ABLÉGES, jadis chanoine. — *Bayeux*. Robert Bellenger vend, en 1273, une rente de 10 s. pour l'obit du même. — *Id.*

Foulque de Ponte-Roondi donne, en 1266, une maison rue de la Tannerie, pour l'obit de N. de SAINT-RÉMY, jadis chanoine. — *Id.*

Raoul LANGEVIN, chanoine de Bayeux, rédigea, en 1269, le coutumier de la cathédrale, dont il existe plusieurs exemplaires.

Nicolas Le François vend au Chapitre, en 1270, 12 s. t. pour l'obit de Rich. de CLERMONT. — *Id.*

Guerrier de VAUCELLES achète, en 1274, un manoir paroisse St-Etienne. — *Id.*

Le même donne, en 1279, à Réginald de Genneville, ce qu'il possédait à Fontenailles, Manvieux, Vaux-sur-Aure, Subles, Christot. — *Id.*

Landry de LORRIÈRES achète, en 1280, 1283 et 1285, diverses redevances à St-Floxel. — *Id.* En 1285, une rente sur une masure rue Sous-le-Château et une rente de 6 s. t.; en 1286, un ménage paroisse St-Sauveur pour 40 s. t.

Accord entre Soupir DUBOIS et Guill^e Le Coustelier, au sujet d'un hébergement donné par le premier à sa sœur Maheust, femme du second, en 1283. — *Id.*

Olivier de MOREL achète, en 1290, une maison paroisse St-Sauveur, pour une somme de 71 l. t. — *Id.*

Guill^e LE VOLEUR achète des maisons rue Glatigny pour 90 l. t. en 1292, un *cortil* près son manoir en 1293. — *Id.*

Guill^e Cordèle, chanoine, acquiert un ménage assis dans la Franche-Rue pour 4 l. de rente en 1298, reçoit l'année suivante 6 l. sur un manoir à St-Sauveur, un manoir à St-Sauveur en 1299, reçoit du Chapitre en 1300 des maisons à charge de 95 s. t. de rente, achète un manoir à St-Sauveur pour 100 l. t., en 1306, un ménage à St-Sauveur pour 6 l. t. — *Id.* Lettres de Guill^e Cordèle, commissaire de Pierre, év. de Bayeux, au doyen de Fresnay-la-Mère. *M. l'abbé Guérin.* Cette charte porte encore un petit fragment en cire brune de son sceau. On y voit une croix haute et fleurdelisée accostée à gauche d'une fleur de lis, à droite d'une rose. A la légende on lit : ✝ S' GVIL.....

Jean FAYE abandonne à St-Étienne ses droits sur divers héritages sis à Brouay. — *St-Étienne.*

Regnault fut l'un des exécuteurs testamentaires de Raoul de Grosparmi, évêque d'Orléans, mort en 1310.

Pierre de LA MONTRE, chanoine de Pezerolles, pénitencier de Bayeux, fut cardinal. Il mourut et fut enterré à Pise en 1376.

Pierre GIFFART, chanoine et curé de St-Germain de Courseulles, règle un différend au sujet des droits de l'abbaye de Montmorel en 1315. — *Arch. de la Manche.*

Jean de MONTESQUIOU prit possession, le 14 mai 1332, de la prébende de Colombières, fut évêque de Maguelone, puis cardinal, et mourut à Avignon en 1356.

Jean LE PRÉVOST, chanoine, achète en 1337 35 sols de rente pour 20 l. t. — *Bayeux.*

Girard du PUY, chanoine de Barbières, grand-cousteur de la cathédrale le 7 mai 1349, fut évêque de Saintes et cardinal; il mourut à Avignon en 1389.

Le Chapitre accepte, en 1340, une donation de 100 sols pour l'obit de Grimault de PALESTINE. — *Bayeux.*

Laurent de BELLEFAYE ou de la FAYE, chanoine de Cambremer, en 1374, fut évêque de St-Brieuc, puis d'Avranches en 1375, où il mourut en 1390. Nous donnerons aux évêques d'Avranches son contre-sceau et le sceau de son officialité.

Nicolas de BESSE, chanoine de Cartigny, s'en démit en 1351.

Jean ROGER de Beaufort, chanoine de Cartigny, fut archevêque d'Auch, puis de Narbonne où il mourut en 1391.

Hugues de la FAYE, chanoine de Cartigny en 1354.

Jean de PAVILLY, chanoine de Feuguerolles, donne en 1360 100 sols pour son obit. — *Bayeux.*

Jean des BIARDS, grand-coustour, achète une rente de 30 sols et une pièce de terre à Cussy en 1371 et 1372. — *Bayeux.*

Étienne ALBERTI, chanoine de Bernesq en 1361, cardinal de Carcassonne en 1367, mourut à Viterbe en 1369.

Bernard CARITI, chanoine d'Audrieu en 1363, évêque d'Évreux, mort en 1383.

Guill° NOUELLET, chanoine de Gavré. Cardinal en 1371.

Jean de MUROL, chanoine d'Amayé, céda sa prébende, en 1393, à Philippe LE GRAND quand il fut créé cardinal.

Jean de NEUCHATEL, chanoine de St-Jean de Caen, cardinal, mort en 1398.

Robert de la HOGUE, chanoine, achète en 1386 une rente de froment à Renchy.

Pierre-Aimeric CORSINI, chanoine de Gueron et archidiacre.

Gilles de BELLEMÈRE, chanoine de Cambremer, archevêque d'Avignon, mort en 1405.

Robert LIHUS possédait diverses rentes en 1404 et 1414. — *Bayeux.*

Richard de BEUSSEVILLE donne en fief des terres sises à Vaux-sur-Seulles, en 1406.

Michel GAULTIER, curé de St-Martin d'Épinay-sur-Odon, donne en 1426 une rente de 6 l. 5 s. et 12 boisseaux de froment pour célébrer une grande messe le jour de la fête de *Monsieur St-Loup*, le 25 octobre. — *Bayeux.*

Thomas HOBE donne une rente de 110 s. pour diverses fondations.—*Id.*

Jean d'ESQUAY, chanoine de Bayeux, réclamait des héritiers de Henry Oresme une somme de 294 l. 10 s. t.

Jean LOHIER, chanoine de Cussy en 1438.

Guill° SOHIER, grand-coustour, donna à la fabrique ce qui suit :

> Inventaire de Bayeux, 1476. — *Item une aultre chape de drap or fraiz et broderie parelz, de nouvel donnée par Maistre Guillaume Sohier, grand-coustour de l'église, parent et exécuteur de feu Mons' Guillaume Lecharetier, évesque de Paris. — Item ung aultre estieu (étui) couvert de velouæ vermeil semey de papillons de broderie, donné de nouvel par M. Guill° Sohier..., sans corporeaulx.*

Richard LE TAILLEUR acheste en 1456 une maison près St-Etienne. —

Bayeux, N. chanoine de Merville, auquel, dit Beziers, page 59, les chanoines firent payer, en 1460, une amende de cent sols pour « *être demeuré au lit pendant les matines des grandes fêtes.* »

Antoine des TALENTS, chanoine d'Arry, frère de Roland, dont nous avons parlé à l'article des sous-doyens.

Jean HEUZÉ, chanoine vers 1480.

Philippe de MONTMORENCY, chanoine de Cambremer en 1567, évêque de Limoges.

Laurent TRISTAN, chanoine de Cambremer.

Antoine SOHIER, chanoine de St-Germain-de-la-Lieue.

Robert CÉNALIS, chanoine, puis évêque d'Avranches, mort en 1560.

Jean du BELLAY, scholastique de Bayeux en 1556, évêque de Paris, puis cardinal.

Pierre GOUY, exécuteur testamentaire de Jeanne de Récusson, veuve d'Emery Conseil, citoyen de Bayeux, donne 25 l. t. pour leur obit en 1524.

Robert de PELLEVÉ, chanoine de Cartigny en 1552, mort en 1569, le 12 février, jour où l'on célébrait son obit.

Marguerin de LA BIGNE, scholastique.

Pierre CONSEIL, chanoine de St-Laurent; on célébrait son obit le 17 janvier.

Charles CONSEIL, chanoine d'Esquay, donna son missel manuscrit à la bibliothèque du Chapitre. Il porte son nom et ses armoiries : *de gueules à la croix fleurdelysée d'argent, cantonnée à dextre d'une rose, à senestre d'une coquille, le tout d'argent.*

Jean PATYE, chanoine de Cambremer, mort en 1540, inhumé dans la chapelle St-Eloi, où l'on voyait sur une plaque de cuivre le chanoine à genoux aux pieds de la Vierge et derrière lui saint Jean, son patron, revêtu d'un cilice de poil de chameau. Le fabricier la fit enlever en 1743, à cause de la croyance absurde répandue par les protestants qui voyait là le chanoine de Cambremer, traversant les airs sur le dos du diable pour aller à Rome faire la pénitence annuelle imposée par le pape Nicolas I, au chapitre de Bayeux, après le meurtre de l'évêque Baltfrid.

Ursin TYBOUT, chanoine Ecolâtre, dont on faisait l'obit le 29 juillet.

Réginald de MARMAIGNE, XVI s. ; on célébrait son obit le 3 mars.

Jean du CHATEL, chanoine d'Esquay, et Jean POTIER, son neveu, chanoine de Goupillières en 1581, inhumés dans la chapelle Ste-Marguerite. On vient de retrouver une fresque qu'ils firent faire. La voute porte leurs armoiries : *de gueules au chateau d'or et fascé de... et de..... de 6 pièces à la bande..., chargée de 3 pots d'étain de.....* Ce Jean Potier composa un manuscrit, conservé dans la bibliothèque du Chapitre, sur *les antiquités de la ville et église de Bayeux.*

François LÉONARD, chanoine de Vendes, fonda son obit en 1553.

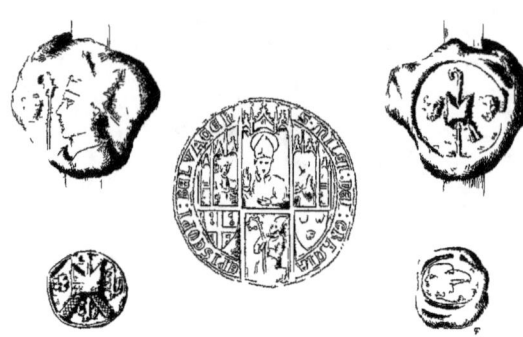

ADDITIONS ET CORRECTIONS.

Page II. Au lieu de : *Les uns, voulant relire méthodiquement les archives des abbayes*, lisez : *les uns voulant relier.....*

Page 47. Au lieu de : *Ce fut lui qui, en 1092, maria Philippe le Bel*, lisez *Philippe I.* — Nous avons été induits en erreur par Hermant. Voyez p. 147.

Ce fut Gillebert de Breteuil, évêque d'Évreux, et non Gillebert de Lisieux qui fit la cérémonie des funérailles d'Odon à Palerme, en 1097.

Page 124. On trouve dans un recueil de dessins de Gaignières, conservé à la Bibliothèque nationale sous le n° 17031, p. 119, le dessin fait à la plume du tombeau de Guillaume Bertrand, évêque de Beauvais. Cette plaque de cuivre était placée au milieu du chœur de l'église St-Pierre de Beauvais, elle fut détruite lors de la Révolution. Dans une niche ogivale surmontée de pinacles et de clochetons gothiques, soutenue de deux montants décorés d'arcades, de statuettes, de moulures, etc., la statue du prélat semble en relief. Il est représenté couché, les mains jointes et tenant une crosse fort simple. Sa tête est posée sur un riche coussin d'étoffe semée de rosettes ; elle porte une mitre garnie de pierreries et de perles. La figure respire le calme. Il est vêtu d'une ample chasuble d'étoffe décorée d'étoiles et de fleurons variés. Elle est bordée tout autour, mais on n'y voit pas trace d'orfrois. Les pieds, chaussés de brodequins, reposent sur deux chiens, symbole de fidélité. Le champ, semé de *besans*, porte deux écussons frustres, probablement les armoiries des Bertrand et celles de Clermont Neelle, comme sur son sceau épiscopal. Tout autour de cette plaque, terminée aux angles par un quatre-feuille et ornée au milieu de sa longueur de l'écu des Bertrand, on lit l'inscription, en caractères gothiques, qui doit être rétablie ainsi :

G. Bertrand natus jacet hic præses tumulatus
Montfort stirpe satus ac Nigella generatus
In Novio gratus, Baio post hic decoratus
Flos prelatorum, laus cleri, clavis honorum
Pax subjectorum, vis juris, dux miserorum
Et divinorum lux splendens officiorum
M. C. C. I. sena decies B carpit amena
Morte, die nona decima Maii sibi prona
In cœlis bona fungatur, Christe, corona.

Rien ne manque aux louanges qu'on lui adresse !

Page 135. Les Archives nationales possèdent un petit contre-sceau de 1364, de l'official de Bayeux. Il offre le type ordinaire : au centre, une mitre garnie de ses pendants décorés, surmontée de la crosse; autour, à gauche, un quintefeuille; à droite et en dessous, un petit lion. Ce contre-sceau, fort net, était gravé assez grossièrement.

Page 138. Le même volume de Gaignières renferme le dessin du sceau de Miles de Dormans comme évêque de Beauvais. Il était en cire rouge et apposé sur un reçu de 2,300 l. sur les 3,300 ordonnées par le roi, le 22 août 1376. Au centre, sous un dais gothique soutenu de doubles arcades où l'on voit des anges adorateurs, un saint évêque bénissant et n'ayant pas de crosse; puis au-dessous, le prélat à genoux; à droite, ses armoiries, *trois têtes de léopard*; à gauche, celles de l'église de Beauvais, *une croix et quatre clefs*. La légende porte : S : MILEI : DEI : GRACIA EPISCOPI : BELVACEN.

Les Archives nationales nous ont donné aussi, n° 16970, le sceau et contre-sceau de la cour épiscopale de Bayeux en 1376. Ils sont malheureusement fort accidentés et présentent le type *officiel* : un buste d'évêque mitré, près de lui sa crosse, à droite et à gauche une tête de léopard. Le contre-sceau est également décoré de la crosse passant au travers la mitre et de deux têtes de léopard.

Gaignières donne aussi le tombeau de Miles de Dormans et de son frère Guillaume, archevêque de Sens, inhumés tous les deux ensemble dans la chapelle du collége de Beauvais, fondé par leur oncle Jean, cardinal et chancelier de France. Ce tombeau était de marbre noir, élevé de 0,80° et portait deux statues en cuivre ciselé ; il avait 2,20 de longueur sur 1,40 de largeur. Les deux statues sont presque semblables. On reconnaît l'archevêque de Sens au *pallium* qu'il porte sur sa chasuble, leurs mitres sont fort simples. Tous deux ont la tête placée sur un coussin que soutient un ange placé à droite. Ils portent une banderolle où on lit en gothique : 𝔇𝔢𝔱 𝔫𝔞𝔟𝔦𝔰 𝔇𝔬𝔪𝔦𝔫𝔲𝔰 𝔦𝔫𝔳𝔢𝔫𝔦𝔯𝔢 𝔯𝔢𝔮𝔲𝔦𝔢𝔪 𝔢𝔱 𝔭𝔞𝔵 𝔣𝔯𝔞𝔱𝔯𝔦𝔟𝔲𝔰 𝔢𝔱 𝔠𝔥𝔞𝔯𝔦𝔱𝔞𝔰. Leurs chasubles sont d'étoffe unie ; l'orfroi seul est brodé ; on peut voir le manipule et l'étole. Le col de leur dalmatique est richement orné, ainsi que le bas. On y voit dans des rosaces les écussons aux armes de Dormans et la croix avec les quatre clefs de l'église de Beauvais, sans doute comme fondateurs du collége de ce nom. Les pieds reposaient sur un léopard. Tout autour était gravé dans le marbre cette inscription en caractères gothiques :

𝔥𝔦𝔠 𝔧𝔞𝔠𝔢𝔱 𝔡𝔬𝔪𝔦𝔫𝔲𝔰 𝔐𝔦𝔩𝔬 𝔡𝔢 𝔇𝔬𝔯𝔪𝔞𝔫𝔰 𝔢𝔭𝔦𝔰𝔠𝔬𝔭𝔲𝔰 𝔮𝔲𝔬𝔫𝔡𝔞𝔪 𝔄𝔫𝔡𝔢𝔤𝔞𝔳𝔢𝔫𝔰𝔦𝔰 𝔭𝔬𝔰𝔱 𝔅𝔞𝔦𝔬𝔠𝔢𝔫𝔰𝔦𝔰 𝔢𝔱 𝔡𝔢𝔪𝔲𝔪 𝔅𝔢𝔩𝔳𝔞𝔠𝔢𝔫𝔰𝔦𝔰 𝔠𝔞𝔫𝔠𝔢𝔩𝔩𝔞𝔯𝔦𝔲𝔰 𝔉𝔯𝔞𝔫𝔠𝔦𝔞𝔢 𝔮𝔲𝔦 𝔬𝔟𝔦𝔦𝔱 𝔛𝔙𝔍𝔍 𝔞𝔲𝔤𝔲𝔰𝔱𝔦 𝔞𝔫𝔫𝔬 𝔐 ℭℭℭ 𝔬𝔯𝔦𝔬𝔤. 𝔅𝔍𝔍. 𝔈𝔱 𝔊𝔲𝔦𝔩𝔩𝔢𝔩𝔪𝔲𝔰 𝔡𝔢 𝔇𝔬𝔯𝔪𝔞𝔫𝔰 𝔢𝔧𝔲𝔰 𝔤𝔢𝔯𝔪𝔞𝔫𝔲𝔰 𝔢𝔭𝔦𝔰𝔠𝔬𝔭𝔲𝔰 𝔮𝔲𝔬𝔫𝔡𝔞𝔪 𝔐𝔢𝔩𝔡𝔢𝔫𝔰𝔦𝔰 *(Meaux)* 𝔭𝔬𝔰𝔱 𝔞𝔯𝔠𝔥𝔦𝔢𝔭𝔦𝔰𝔠𝔬𝔭𝔲𝔰 𝔖𝔢𝔫𝔬𝔫𝔢𝔫𝔰𝔦𝔰 *(Sens)* 𝔯𝔢𝔤𝔦𝔰 𝔠𝔬𝔫𝔰𝔦𝔩𝔦𝔞𝔯𝔦𝔲𝔰 𝔮𝔲𝔦 𝔬𝔟𝔦𝔦𝔱 𝔞𝔫𝔫𝔬 𝔐 ℭℭℭ 𝔮𝔲𝔦𝔫𝔱𝔬 𝔰𝔢𝔠𝔲𝔫𝔡𝔞 𝔡𝔦𝔢 𝔬𝔠𝔱𝔬𝔟𝔯𝔦 𝔡𝔬𝔠𝔱𝔬𝔯𝔢𝔰 𝔩𝔢𝔤𝔲𝔪 𝔫𝔢𝔭𝔬𝔱𝔢𝔰 𝔡𝔬𝔪𝔦𝔫𝔦 𝔍𝔬𝔥𝔞𝔫𝔫𝔦𝔰 𝔠𝔞𝔯𝔡𝔦𝔫𝔞𝔩𝔦𝔰 𝔡𝔢 𝔇𝔬𝔯𝔪𝔞𝔫𝔰 𝔢𝔱 𝔣𝔦𝔩𝔦𝔦 𝔫𝔬𝔟𝔦𝔩𝔦𝔰𝔰𝔦𝔪𝔦 𝔳𝔦𝔯𝔦 𝔊𝔲𝔦𝔩𝔩𝔢𝔩𝔪𝔦 𝔡𝔢 𝔇𝔬𝔯𝔪𝔞𝔫𝔰 𝔣𝔯𝔞𝔱𝔯𝔲𝔪 𝔢𝔱 𝔉𝔯𝔞𝔫𝔠𝔦𝔢 𝔠𝔞𝔫𝔠𝔢𝔩𝔩𝔞𝔯𝔦𝔬𝔯𝔲𝔪, 𝔥𝔲𝔧𝔲𝔰 𝔠𝔬𝔩𝔩𝔢𝔤𝔦𝔦 𝔣𝔲𝔫𝔡𝔞𝔱𝔬𝔯𝔲𝔪 𝔮𝔲𝔬𝔯𝔲𝔪 𝔠𝔬𝔯𝔭𝔬𝔯𝔞 𝔧𝔞𝔠𝔢𝔫𝔱 𝔞𝔭𝔲𝔡 𝔠𝔞𝔯𝔱𝔲𝔰𝔦𝔢𝔫𝔰𝔢𝔰 𝔭𝔯𝔬𝔭𝔢 𝔓𝔞𝔯𝔦𝔰𝔦𝔦𝔰. 𝔒𝔯𝔞𝔱𝔢 𝔭𝔯𝔬 𝔢𝔦𝔰 𝔬𝔪𝔫𝔦𝔟𝔲𝔰.

Page 144. Bibliothèque du Chapitre. *Inventaire de* 1476. On trouve les objets suivants donnés par Mgr du Bosc :

> Deux paremens de lautel de satin pers semey a estelles de broderie et les bors de broderie et en meillieu de l'ung de eulx

a ung crucifiement et en l'aultre la representation de N^re S^r aussi de broderie du don de feu Mons. Nicole du Bosc eveque de Baieux. Et y sont ses armes en broderie.

Page 146. On trouve aux Archives nationales un petit signet fort curieux de l'official de Bayeux en 1411. Ce signet, qui était personnel, offre une pierre antique gravée très-habilement. Elle représente une tête d'aigle, oiseau consacré à Jupiter, dont on voit la tête barbue qui fait l'occiput de l'oiseau, tandis que le profil de la tête de Junon fait l'arrachement du cou. C'est un curieux symbolisme du roi de l'Olympe. Une légende, en caractères peut-être grecs, entourait la tête; mais elle est si frustre qu'on ne peut la déchiffrer. Cette pierre était sertie dans une bague.

Page 159. Bibliothèque du Chapitre. *Inventaire de 1476.*

> Item une aultre chape de drap d'or le chaperon et orfraiz de broderie d'or a ymaiges donc les dyademes sont enréchis de perles. Et en chaperon une Nostre Dame séante en une chaere et environ quatre angres. Du don de feu Monseigñe Zanon de Castillon evesque de Baieux.
>
> Item deux chapes blances de damas semées de florions et pommes de pin d'or, orfrais à ymages de broderie donc les dyademes sont environnés de perles les chaperons fermans à crochetz dont lung a houppe de saye par dessoubz et y est lystoire de la coronation Nṟe Dame. Et en laultre est lystoire de la Annonciation. Du don de Monsr Zanon de Castillon eveque de Baieux.
>
> Item une chape de veloux noir figuré, doublée de taffetas violet, orfrais de brouderie a ymages de lystoire de la Passion et en chaperon pendant à crochetz est lymage de Nṟe S^r issant dung tombel. Et est du don du dit feu Mons. Zanon de Castillion evesque de Baieux.
>
> Item ung casuble de drap dor à champ vermeil à grands orfrais portant au derrière au plus haut la représentation de la Trinité. Les dyademes des ymages anvironés de perles avec tunique et dalmatique fournis de estoles et fanons de semblable drap. Du don de feu de Monsr Zanon de Castillion evesque de Baieux, sans aulbes, amictz ni paremens de mesmes.
>
> Item ung casuble de drap blanc figuré semé de pom̄es de pin dor avec tunique, dalmatique, estoles, fanons, paremens de aulbes

et amitz de mesmes. Les orfrais du casuble a broderie a ymages donc les diadesmes sont enrichis de perles. Du don de feu Mons. Zanon de Castillion evesque de Baieux, fornis de trois aulbes et trois amictz.

Item ung casuble de veloux noir orfrais a ymages de broderie d'or derriere a ung crucifix avec tunique, dalmatique, estoles, fanons de mesmes, et les paremens des aulbes sont de damas noir fournis de trois aulbes et trois amictz. Du don de Mons. Zanon de Castillion eveque de Baieux.

Page 169. Nous donnons ici *in extenso* la liste des nombreux objets que Mgr d'Harcourt avait donnés à son église de Bayeux, d'après l'inventaire de 1476 :

Ung mitre a usaige devesque duquel le champ est de perles menues semey d'aultres perles plus grosses trois et trois ensemble. En devant a saize affiches dargent doré et derriere aultre saize les ungs esmaillies et les autres ennoblis de pierre et tout avironés de pierres et petites perles. En devant est la représentation de l'Annonciation et en derrière de la coronation N̄re Dame en ymages. A deux pendans derrière a chacun desquelz du long a sept affiches et a chacun des boutz en a trois qui sont les bords pareillement d'argent doré et ennoblis de pierres et de esmeaulx. Et à l'une des dites bendens au bout du bas a six feretz d'argent doré. Et en lautre en a cinq et le six^{me} est chaest pendens à petites chainetes d'argent doré et au dessus a deux saphirs faictz en manière de cueurs.

Item deux mytaines de laine à usaige de evesque à bors ennoblis de broderie et sur les mains a deux figures de Véroniques avironnées de perles.

Item ung anel d'or a usage episcopal enquel est enchassé ung très beau et très précieux saphir quarré.

Item ung baston pastoral en quatre parties tout dargent doré duquel la verge par les quarres est toute esmaillie en rondeaulx et entre les rondeaux a figures de branches. Et est ledit esmail démoly et cassé en plusieurs lieux. En la pome qui soutient la croce sont plusieurs tabernacles tous esmaillies et aux deux costes a deux ymages et dedens la rotondité de la croce a une ymage de N̄re Dame devant laquelle est la figure de ung evesque priant. Et est lad. croce sousteue de ung angle à ailles esmaillies — Et poise dix huit marcs six gros.

Lesquelx mytre, mitaines, croce et anel avec un très excellent missel pontifical ont été donnés au trésor de ceste église par le dessus très révérend père en Dieu Monsʳ Loys de Harecourt priarche de Ierl̄m, evesque de Bayeux. Avecque condicion que les doyen et chapitre de lad. église jamès, soubz quelque titre ou couleur, ne pourront vendre ou aliéner lesd. joyaulx, mès seront a tousiours réservés à l'église pour estre communiquez et prestés à ses successeurs evesques quand ils voudront en ceste eglise ou en ce diocese faire office pontifical. Pourveu que ilz se soubmettent et obligent incontinent après l'office célébré les rendre aud. tresor et les restituer en tel et aussi bon estat comme de lors qu'ils les prendront. Et avecque ce en devant que lesd. joyaulx leur soient prestés et communiquez ils seront tenus pour une fois en leur vie seulement pour le usage desd. joyaulx paier quarante libres tournois donc seront prinses dix libres pour estre distribuées en cueur en une messe solennele laquelle sera célébrée en l'église le lendemain que led. argent sera paié pour le salut de l'ame dud. Seigneur qui les a données et de tous trespassés. Et les aultres trente libres seront reservées au trésor pour estre emploiés à la reparation desd. joyaulx quand mestier en sera. Ainsi et en la forme que plus au long est contenu en la lettre sur ce faicte scellée des sceaux dud. sʳ et du chapitre.

Item cinq chapes neuves faictes en ce present an de damas blanc figuré toutes doublés de bougueran rouge a tres beaux orfrais de broderie a ymages tous battus de or de Cypre. En chaperon de la grande faicte a l'usage du prestre de laquelle les orfrais sont à doubles ymages est la représentation de la Trinité. En chaperon de la secunde est la coronation N̄re Dame. En chaperon de la tierce est la sépulture de N̄re Sʳ. En chaperon de la quarte est la Nativité de N̄re Sʳ. Et en celui de la quinte est l'apparition des trois rois. Et aux billes des dites chapes (*bande d'étoffe qui sert d'attache*) faictes de broderie sont les armes du dessubz dit sʳ Loys de Harecourt priarche de Jerl̄m evesque de Baieux. Lequel donna tous les orfrais et la façon desdit. chapes mès le drap fut prins en coffre de fabrique où il étoit depiéça. Et coustèrent les d'orfrais et façon aud. sʳ plus de trois cens libres tournoys. Et avecque lesdites chapes et du don dud. sʳ y a de pareil drap damas blanc quatre tuniques a lusage des enfans de aulbes pour servir en cueur avec lesd. chapes.

Item ung casuble de excellent drap dor a champ vermeil avecque tunique et dalmatique de mesmes sans estoles, fanons, paremens de aulbe a orfrais d'or fait a ymages de broderie du don de Mons. Loys de Harecourt patriarche de Jerlm evesque de Baieux.

Item ung casuble tunique dalmatique estole fanons parements de aulbes et amictz de drap damas blanc enrichy de plaisans florions d'or et de saye de diverses couleurs avecque les trois aulbes et amictz à orfrais d'or a ymages de broderie a histoire de Nre Dame au casuble et simples ymages aux tunique et dalmatique. Il est du don dud. seigneur priarche et evesque.

Item y a ung estieu *(étui)* de drap d'or à champ vermei et dedens a unze paremens de corporiaulx bien excellents et de très fine telle, du don du dit .....

Après cet inventaire fait ont esté faictz un parement pour mestre derrière lautel soubz le tref et ung aultre pour contrautel a mettre devant avec un frontel à frenges de saye le tout de damas blanc brochié dor et de florions de soye de diverses couleurs du don du dit ....

Item sept tentes de tapisserie faictes de laine toutes semées de branches et en meillieu et aux cornières en œuvre de broderie sont les armes de Mons. Loys de Harecourt... qui les a données à l'église pour parer le cueur.

Item ung long banchier plus etroit de facon et œuvre semblable donné par led. seigneur et y sont ses armes.

Item deux aultres tentes de laine batues a fil dor auxquelles en œuvre de broderie sont les ymages des douze sibilles avec leurs escrysteaulx du don du dit s^r.

Item ung grand chief de satin vermeil bordé de frenge de saye et par dessus doublé de satin jeaune semey pareillement de branches et en meillieu et ès cornières les armes dud. s^r en œuvre de broderie.

Item deux tentes servans de costé aud. ciel de satin pareil et pareillement enrichiz de broderie de branches et desd. armes doublés de bourgueran pers. Lesdits ciel et costés donnés par led. seigneur Loys de Harecourt evesque à la décoration de l'église et spécialement pour tendre le jour des reliques sur les précieuses reliques de lad. église.

Ung excellent missal portant tout loffice pontifical à lusage de léglise et diocèse de Narbonne du don de très révérend père en Dieu Mon. Loys .... avec les joyaulx pontificaux .... commençant en second fieullet après le Kalendrier *Jerusalem Gloria*

Patri..... Nota que led. s^r a retenu l'usage dudit messel sa vie durante. Après le deces de feu M^r le patriarche led. missel fut restitué à l'église et mis en garde en coffre du trésor.

Le 1er mai 1791, les *électeurs* du département du Calvados choisirent pour évêque constitutionnel Claude FAUCHER, né en 1744, à Dorn (Nièvre). Il fut député du département à l'Assemblée législative, puis à la Convention nationale, et décapité le 31 octobre 1793.

Son portrait, peint par Bonneville, a été gravé par Girardet.

Ses principaux ouvrages, outre un grand nombre de discours, motions, articles du journal *La bouche de fer*, sont :

Panégyrique de saint Louis, prononcé à l'Académie françoise, 1774, in-8°.

Oraison funèbre de Phelippeaux d'Herbant, archevêque de Bourges, 1784, in-8°.

Oraison funèbre de Louis-Philippe d'Orléans, 1786, in-4°.

Oraison funèbre de l'abbé de Lépée, 1790, in-4°.

Sermon sur l'accord de la religion et de la liberté prononcé en la métropole de Paris, le 4 fév. 1791. Paris, impr. du Cercle social, 1791, in-8°, *aux frais des amis de la Constitution de Caen*.

Lettre pastorale de M. l'Evêque du Calvados et la traduction de sa Lettre de communion adressée à N. S. Père le Pape. *Bayeux*, Ve Nicole, 1791, in-8°.

Discours prononcé à l'autel de la patrie pendant la cérémonie de la Fédération générale du département dans la plaine des Six-Districts, près Caen, le 14 juillet 1791. *Caen*, Chalopin, in-8°.

Lettre au Garde des sceaux (1791) et pétition à l'Assemblée nationale (1791), relative à la dénonciation de la municipalité de Bayeux.

Lettre pastorale de Cl. Fauchet, relative au mariage des prêtres. *Bayeux*, 1792, in-8°.

Cl. Fauchet à trente Jacobins qui s'intitulent *la Société*, 1792.

Lettre de Cl. Fauchet aux citoyens d'Orbec (2 janvier 1793), in-4°.

Cl. Fauchet au tribunal révolutionnaire et au public (1792), in-4°.

La bibliothèque de Bayeux possède une pièce revêtue du sceau de Claude Fauchet; il ne diffère de celui que nous publions, d'après une empreinte en notre possession, que par une légende où on lit : EPIS

COPUS PARTIUM CALVADOS. Au centre, un amalgame complet où l'on voit tout ensemble une base portant un calice avec une hostie rayonnante et le monogramme C. F., une croix épiscopale, une mitre, une crosse, un livre, un chapeau épiscopal et à la place d'honneur *un bonnet rouge*, bien digne de figurer là avec cette devise si *niaise* : CARITAS GENERIS HUMANI ; au-dessous, la marque du graveur, B.

Julien Duchemin, né à Tinchebray (Orne), en août 1742, doyen de Périers au diocèse de Coutances, fut installé, en février 1799, évêque constitutionnel du Calvados et mourut à Bayeux le 31 mars suivant.

Louis-Charles Bisson, né à Géfosses (Manche) le 10 octobre 1742, élu évêque constitutionnel en 1799, remplit les fonctions de son ministère jusqu'à l'arrivée de Mgr Brault, le 25 juin 1802 ; il abjura entre les mains du cardinal Caprara et mourut à Bayeux en 1820 :

On a de lui :

Almanach historique de Coutances, in-16, année 1770-1781.

Mémoire sur le patronage de la Chapelle-en-Juger, 1784, in-4°.

Lettres pastorales, mandements.

Préservatif contre la séduction. Bayeux, an IX, in-8°.

Avis important aux personnes pieuses dans les circonstances présentes. Bayeux, an X, in-12.

Instruction sur le Jubilé. Caen, 1802, in-18.

Annuaire du Calvados pour l'an XII (1803-1804). Caen, in-18.

Méditations sur les vérités fondamentales de la religion chrétienne. Caen, 1807, in-12.

Mémoire sur les changements que la mer a apportés sur le littoral du département du Calvados.

Il a laissé, de plus, une *Histoire ecclésiastique du diocèse de Bayeux pendant la Révolution. — Dictionnaire biographique des trois départements de l'Orne, Calvados, Manche.*

Pensées chrétiennes pour chaque jour de l'année, etc.

TABLE

DES

NOMS DES ÉVÊQUES DE BAYEUX.

Abléges, *Robert des.*	77	Conteville, *Odon de.*	43
Albert, *Paul d'.*	237	Daillon, *René de.*	201
Angennes, *Jacques d'*	209	Dancel, *J.-Ch.*	249
Angennes, *Jean d'*	209	Didiot, *Charles.*	253
Bain, *René du*	201	Dormans, *Miles de*	137
S. Baltfridus	34	Douvres, *Richard de.*	53
Bayeux, *Hugues de.*	41	Duperrier, *Charles*	247
Beaujeu, *Guillaume de*	119	*Erchambertus*	37
Beaulne, *René de.*	195	*S. Exupère.*	5
Benais, *Pierre de.*	99	*S. Frambold.*	27
Bertrand, *Guillaume.*	121	*S. Gerbold*	25
Boissay, *Jean de*	145	*Geretrannus.*	23
Bonnet, *Guillaume*	103	*Guy.*	89
Bosc, *Nicolas du.*	139	Habart, *Nicolas.*	151
Bourbon, *Charles de.*	201	Harcourt, *Louis d'.*	161
Bouquetot, *Jean de.*	147	Harcourt, *Philippe d'*	57
Brault, *Charles.*	245	*Harembertus.*	32
Brémoy, *Thurold de.*	51	*Henri I.*	38
Canossa, *Louis de.*	181	*Henri II.*	63
Careviltus.	31	*S. Hugues*	28
Castiglione, *Zanon de.*	153	Hugonin, *F.-A.*	255
Cheylus, *J.-D. de.*	243	Humières, *Charles d'*	189
Couasnon, *J.-C. de*	247	Langret, *Jean.*	149
S. Contest.	16	*Lauscius.*	21

Leodeningus.	29	S. Ragnebert	24
Leucadius.	20	S. Regnobert.	8
Leudovaldus.	22	Richard I.	39
Levis, *Pierre de*	115	Robin, *L.-F.*	251
Lorraine, *F.-A. de*	233	Rochechouart, *P.-J. de*.	241
Lorris, *Odon de*.	93	S. Rufinien.	11
S. Loup	12	Saint-François, *B. de*	195
S. Manvieu.	15	Savonnières, *M. de*	199
Martigny, *Pierre de*.	185	Servien, *François*.	217
Molé, *Edouard*.	213	S. Sulpice	33
Naples, *Grégoire de*.	97	Thézart, *Louis*.	133
Nesmond, *Fr. de*.	221	*Thiorus*	30
Neuchâtel, *Charles de*.	171	*Tortolidus*	36
Ossat, *Arnaut d'*.	205	Trémouille, *J.-F. de la*.	231
S. Patrice.	14	Trie, *Guill. de*.	109
Pierre I.	75	Trivulce, *Aug*.	187
Pradelles, *Jean de*.	247	Venois, *Pierre de*.	127
Prie, *René de*.	175	S. Vigor.	17
Radulphe.	40	Villaines, *Pierre de*	129

TABLE GÉNÉRALE

DES

NOMS DE PERSONNES

Abléges, *Pierre des*. . . 86. 289	Amboise, *cardinal d'* . 176. 278
Abléges, *Robert des*. . . . 302	Amboise, *Madeleine d'*. . . 175
Aboville, *Guillaume d'*. . . 290	Amboise, *Pierre d'* 169
Acarin, *Guillaume* 78	Amondeville, *Royer d'*. 70. 286. 291
Achard 268	Anfréville, *Thomas d'* . 270. 301
Adam. 86	Anisy, *Eudes d'*. 301
Ageteus 37	Apchon, *Antoine d'*. . . . 192
Agneaux, *Adam d'* 286	Arches, *Guillaume d'* . . . 267
Agneaux, *Denise d'*. . 286. 291	Argences, *Royer d'* 106
Agneaux, *Guillaume d'*. . 81. 83	Argenteuil, *Guillaume d'*. . 114
Agneaux, *Herbert d'*. . . 48. 286	Argouges, *d'* 57. 67
Agneaux, *Philippe d'*. . . . 81	Argouges, *Robert d'*. . . . 284
Agneaux, *Radulphe d'*. 69. 82. 286	Arguerny, *Guill. d'*. 286. 291. 292
Agneaux, *Raoul d'* 291	*Arnoul*. 288
Agneaux, *Thomas d'*. 69. 286. 291. 297	*Arnulphe*. 59
Aguerny, *Guillaume d'*. . . 69	Arundel, *Jean*. 83
Aigrefeuille, *Guillaume d'*. . 294	Arromanches, *Guillaume d'*. 69. 291
Aimeric 115	Arry, *Jean d'* 78. 301
Airan, *Robert d'* 71	*Asceline*. 271
Alberède, *Étienne* 300	Asnières, *Guillaume d'*. . . 91
Albert, *cardinal* 177	Astin, *Foulques d'* 92
Alberti, *Étienne* 305	Athis, *Guillaume d'* 87
Alençon, *Marie d'* 161	*Aude* 69. 291. 292
Allemagne, *Thomas d'*. . . 293	*Ausiac*. 12
Alloigny, *Jean d'* 182	Auvry, *Jacques* 222

Avenel, *Guillaume*	83	Beuzeville, *Nic. de*	305
Azon	71	Biards, *Jean des*	298. 304
Bacon, *Guillaume.*	67. 69. 82. 123	Biaudos, *Jean de*	282
Bacon, *Roger*	61. 122. 300	Bigne, *M. de La*	306
Bacon, *Simon*	82. 300	Bigotte, *Al. La.*	61
Bagnols, *Jean*	218	Bisson, *Louis*	317
Bailleul, *de*	252	Blaigny, *Rich. de.*	95
Bailleul, *Guillaume de*	277	Blainville, *le sire de.*	136
Baldon	22	Blois, *Pierre de*	300
Banast, *Rich.*	69	Bohon, *Rich. de*	267. 269
Banneville, *Rob. de*	71	Bois, *Jean du.*	136
Barat, *Jean.*	302	Bois, *Maheust du.*	303
Barbo, *Pierre*	276	Bois, *Soupir du*	303
Baron, *Paul de*	67	Boissart, *Rich.*	300
Barra, *Pierre de*	87	Boissey, *Jean de.*	121. 271. 295
Barthélemy.	275	Boissey, *Pierre de.*	271. 292
Bas, *Guillaume Le*	162	Bonnet, *Guillaume*	270. 300
Batarnay, *Jeanne de.*	202	Bonnet, *Rad.*	108
Baude, *Jean.*	137	Bonvalet, *Roger*	269
Bazenville, *Guy de*	91	Bordel, *Théo. de.*	302
Beaufou, *Henri de*	78	Borgia, *cardinal*	176
Beaumont, *Geoffroy de.*	286	Bosc, *du.*	190
Beaumont, *Jean de.*	300	Bosc, *Exup. du.*	302
Bec, *Charles du*	175	Boscq, *Marguerite du.*	214
Bellay, *Jean du*	306	Bosville, *Guy de.*	67
Bellefaye, *Laur. de*	304	Boucher, *Jean Le.*	272. 293
Bellemère, *Gilles de*	305	Bouchier, *Jean Le.*	292
Bellenger, *Rob.*	303	Bouillon, *le duc de*	190
Bellenguel, *Rich.*	106	Bourg, *Auda du*	67
Benais, *Pierre de.*	272	Bourges, *Jean de.*	190. 196. 199
Benoist, *Rob.*	108	Bouvery, *Rad.*	284
Berangerville, *Jean de.*	96	Bouvette, *M. la.*	301
Bernay, *Serlon de*	86	Bovet, *Hugues.*	292
Bernard, *Rob.*	291	Bovet, *Roger.*	269. 286
Bernières, *Jourdaine de.*	210	Bracheguerre, *Henri de.*	270
Berruyer, *Laur. Le*	276	Bras, *de.*	190
Berthemont, *Rob. de.*	273	Bray, *Raoul de.*	136
Bertrand, *Guill.*	309	Brecey, *Ph. de.*	114
Bertulphe.	17	Breteuil, *Gilb. de.*	267. 309
Besse, *Nic. de.*	364	Briçonnet, *cardinal.*	176

Brosse, *Pierre de*.	. . .	99. 272
Brucourt, *Jean de*.	. . .	83. 104
Budos, *Balth. de*.	. . . .	211
Buhot, *Gilles* .	. . . . .	223
Bullex, *Guillaume de*.	. . .	106
Bully, *Robert de*.	. . . . .	103
Burcy, *Zach. de*	. . . . .	61
Burgevin, *Aude*.	. . . . .	286
Cabart, *Nic*. .	. . . . .	284
Cahagnes, *Ph. de*.	. . . .	61
Campigny, *Lesceia de*.	. .	286. 291
Campion, *Raoul* .	. . . .	134
Canillac, *Jacques de*.	. . .	297
Canossa, *Jérôme de* .	. .	183. 278
Canossa, *Louis de*	. . . .	196
Capelier, *Lamb. Le*	. . . .	136
Capoue, *Arnoul de*	. . . .	271
Cariti, *Bernard*	. . . . .	305
Caruel, *Jean*. .	. . . . .	302
Carvajal, *cardinal de*.	. . .	177
Carville, *Ranulphe de*	. . .	280
Carville, *Raoul de*.	. . .	70. 286
Castille, *Jean de* .	. . . .	220
Castiglione, *Bert. de*.	. . .	284
Castro, *Marguerite de*	. . .	171
Caturo, *Ph. de* .	. . . .	302
Cauchon, *Pierre* .	. . . .	153
Caval. . .	. . . . .	268. 298
Caylus, *de* . .	. . . . .	10
Cenalis, *Robert*.	. . . . .	306
Cervelle, *Sylv. de La*.	. .	134. 140.
Cestre, *comte de* .	. . . .	291
Chaencé, *Jean de*.	. . . .	96
Challet, *Jean* .	. . . . .	106
Chalons, *Har. de* .	. . . .	281
Champernont, *R. de*	. . .	70
Charmont, *Her. de* .	. .	79. 270
Charmont, *Rad. de* .	. . .	270
Chateauneuf, *Et. de*.	. . .	106
Chatel, *Hugues du*.	. . . .	106
Chatel, *Jean du*.	. . .	196. 307
Chauve, *Gos Le*.	. . . . .	301
Chicheboville, *R. de*.	.	268. 290
Chinac, *Pierre de*.	. . . .	294
Choisi, *F.-T. de*	. . . .	281
Chouquet, *M*. .	. . . . .	106
Chrétien, *Gervais*.	. . . .	287
Cierray, *Rad. de*	. . . . .	86
Clémengis, *Nic. de* .	156. 284. 295
Clerc, *Jean Le*.	. . . . .	300
Clermont, *Rich. de*	. . . .	303
Clermont-Tonnerre, *de*.	. .	222
Clinchamp, *R. de*.	. . . .	61
Clinton, *Geoff. de*.	. . . .	61
Clutin, *Charles*.	. . . . .	279
Clutin, *René*. .	. . . . .	279
Coignères, *Rob. de*	. . . .	67
Coligni, *de* . .	. . . . .	191
Colmieu, *Pierre de*	. . . .	100
Colombières, *Guill. de*.	190. 191. 267
Colombières, *Henri de*	. . .	136
Colombières, *Ph. de*.	61. 62. 83
Colombières, *Rob. de*.	. . .	58
Comte, *Rob. Le*.	. . . . .	280
Conan. . .	. . . . .	67. 289
Condé, *Jean de*.	. . . . .	69
Condé, *Turstin de*.	. . . .	300
Conjon, *Pierre de*.	. . . .	270
Conseil, *Charles* .	. . . .	306
Conseil, *Emery*.	. . . . .	306
Conseil, *Léon* .	. .	172. 203. 287
Conseil, *Olivier*.	. . .	287. 297
Conseil, *Pierre*.	. . . . .	306
Coquère, *Odon*.	. . . . .	303
Corbel, *Sébastien*.	. . . .	295
Cordèle, *Guill*.	. . . . .	303
Corsini, *Pierre*.	. . . . .	305
Coulonces, *Hugues de*	. . .	70
Courcillon, *Marie de*.	. . .	237
Courcy, *Rich. de*	. .	153. 275

Courseulles, *Rob. de.*	. . .	72	Evrecy, *Toustain d'.*	302
Coustellier, *B. Le.*	. . . .	135	Evreux, *Gilbert d'.* .	47. 60. 283
Coustellier, *Guill. Le*	. .	303	Fabri.	288. 298
Couvin, *Guill. de.*	. . . .	270	Fargis, *Ray. de.*	274
Cremel, *Rich. de.*	. . . .	45	Farci, *Pierre de*	141
Creully, *Rad. de*	. . . .	96. 104	Farsi, *Raoul.*	83
Creully, *Rob. de*	. . . . .	51	*Fauchet, Claude.*	316
Creully, *Th. de.*	. . . . .	149	Faur, *du.*	231. 281
Crèvecœur, *Pierre de.*	114. 122. 294		Favaques, *Guill.*	271
Cromelle, *Rob. de.*	. . . .	301	Faye, *Jean*	304
Cugnac, *abbé de*	. . . .	242	Faye, *Hugues de La.* . . .	304
Cugnac, *Éliz. de.*	. . . .	241	Ferrechat, *Guill.*	149
Culy, *Gilles de.*	. . . . .	297	Ferrière, *Cécile de La.*	69. 82. 291
Cursandi, *Ar. de.*	. . . .	91	Ferrières.	297
Dangu, *Nic.*	. . . . . .	284	Feuardent, *le Père.*	191
Davy du Perron	. . . . .	206	Fitz Erneitz, *Rob.*	68
Denise.		69	Fitz Herbert, *E.*	267
Dépensier, *Ph. Le.*	. . . .	125	Flandrin, *Charles.*	274
Desbruel, *Guill.*	. . . .	300	Fleury, *Garin.*	302
Dieppe, *Gault. de.*	. . . .	72	Floisac, *Guy de.*	87
Donatasius, *M.*	. . . . .	188	Floriaco, *Rich. de.*	292
Dorlieux, *Adam*	. . . .	111	Floxel, *Guill. de.*	271
Dormans, *Miles de*	. . .	310	Foix, *de.*	205
Douvres, *Richard de*	. .	53	Forestier, *Guill. Le* .	69. 286. 291
Douvres, *Sanson de.*	. . .	53	Forges, *Et. de.*	90
Douvres, *Thomas de.*	. . .	53	Foulques, *Fr.*	91
Duchemin J.	. . . . . .	317	Four, *Seb. du.*	298
Durand		45	Foy, *R. de.*	293
Durand de Missy.	. . . .	281	François, *Jean Le.*	302
E., *év. de Sens.*	. . . . .	24	François, *Nic. Le.*	303
Ebramerus		48	Fréauville, *Drogon de* . . .	85
Ecoville, *d'.*	. . . . . .	211	Fréauville, *Nic. de*	85
Emme.		41	*Froger.*	268
Escrametot, *A. d'.*	. .	210. 285	Galardon, *Garin de.* . . .	300
Espée.		56	Gamaches, *Henri de.* . . .	301
Esquay, *Jean d'*	. . . . .	153	Gamp, *Rob. Le.*	302
Essarts, *Math. des.*	. . . .	106	Garcelles, *Guill. de.*	68
Estouteville, *cardinal d'*	156. 162		Gaufre, *Amb. Le.* . .	209. 289
Etienne. 267. 268. 273. 283. 291. 300			Gaucourt, *J. de.*	162
Eudes, *le Père.*	. . .	211. 214	*Gaufride.*	300

Gaultier	72. 77	Henri	292. 297
Gaultier, *Michel*	305	Herbert	58
Gay, *Rich. Le*	302	Hérichon, *Rob.*	106
Gayant, *Ant.*	189	Hermanville, *S. d'*	103
Genneville, *R. de*	303	Heroult, *Laur.*	111
Gefosses, *Ser. de.*	82	Hervieu, *Et.*	106
Geffroy	53. 283	Heuzé, *Jean.*	306
Georges	218	Hobe, *Thomas.*	305
Gervais	292	Hodenc, *Jeanne de.*	110
Gervais, *Denis.*	273	Hogue, *Rob. de La.*	305
Gilbert.	58. 70. 300	Hommet, *Guill. du.*	71
Giffart, *Pierre.*	304	Hommet, *Rich. du.*	62. 67
Godin, *Gilles*	182	Hommet, *Roger du*	290
Got, *Math.*	155	Hotot, *Louis de.*	115
Gouvitz, *R. de.*	67	Hubert, *Ant.*	211
Graffaye, *Th. Le*	134	*Hugues*	9. 10. 39. 53. 61.
Grand, *Ch. Le.*	305	Hunaudière, *de La*	211
Grandval, *Henri de.*	293	Hurel, *Rad.*	72. 297
Gras, *Guill. Le.*	62	Isigny, *Rob. d'.*	71
Graye, *Guill. de.*	69	Isles, *Guill. des.*	113
Graye, *Henri de.*	69. 291	Jean	71. 290
Graverend, *Rad.*	61	*Joscelin*	300
Grente, *Pierre.*	303	Josset, *Adj.*	296
Grimaldi, *Ch. de.*	238	*Jourdain.*	291
Grisetot, *Et. de*	302	Justice, *Jean de*	283
Grosparmi, *R. de.*	302	Juvigny, *Hugues de.*	255
Guilberville, *Guill. de*	87	Karon, *Raoul de*	302
Guillaume. 77. 266. 268. 269. 292. 295		Kent, *Rich. de.*	55
Guillebert, *Henri.*	302	Labbey, *Guill.*	288
Habart, *Rich.*	151	Lamoignon, *Anne de.*	221
Hains, *Guill.*	301	Lande-Patry, *Maud. de.*	82
Hamon, *Guill.*	78	*Lanfranc.*	48
Hamon, *Jean*	91. 301	Langevin, *Raoul.*	303
Harcourt, *Françoise d'.*	210	Langlois, *A.*	106
Harcourt, *Guill. d'*	122. 289	Languet de Gergy.	228
Harcourt, *Louis d'*	145	Larchamp, *G. de*	296
Harcourt, *Rad. d'*	287	Laubépine, *Séb. de*	278
Harlay, *Franç. de*	214. 222	*Laurent*	95
Hauteville, *Drogon de*	77	Lavardin, *D. de*	294
Helys, *Jean.*	288	Lefebvre, *Jacques.*	202

Léonard, *François*. 307
Lescot, *Gabriel*. 190
Lefevre, *Geoffroy*. . . . '. 270
Lihus, *Rob*. 305
Loches, *G. de* 297
Loges, *Jean des*. 188
Lohier, *Jean*. 307
Loisel, *Thomas*. 87. 301
Lombard, *Grég*. 78
Longaunay, *Ch. de*. . . 265. 280
Loraille, *Gilles de*. 270
Lorrières, *Landry de*. . . . 303
Lorris, *Gilles de*. 93
Lorris, *Guill. de* 93
Loucelles, *Pierre de*. . . . 302
Lousignan, *Th. de*. 301
Louvières, *Ch. de*. 106
Lupus, *Raoul* 72
Maignan, *Bern. Le*. 285
Magneville, *R. de*. 61
Magny, *Guerry de*. 276
Magny, *Jean de*. . . . 106. 271
Mahéas, *Rich. de*. 82
Malfilastre, *Eudes*. 67
Malfilastre, *Roger*. 67
Malfilastre,*Th*. 67.69.70.286.292.295
Malsec, *Guy de*. 297
Marca, *Th. de*. 205
Maresq, *Ewup*. 100
Marguerye, *de*. 282
Marigny, *Eng. de*. . . . 95. 98
Marigny, *Reg. de*. 69. 291. 292
Marmaigne, *Reg. de*. . . . 307
Marolles, *Ol. de*. 294
Martigny, *Ch. de*. . . 176. 185
Martin. 267
Martragny, *Rad. de*. . . 87. 301
Mathefélon, *Olive de*. . . . 199
Maudétour, *Hugues de*. . . 79
Mauvoisin, *Guill. de*. . . . 71

Meduana, *Rob. de*. 108
Meheudin, *Guill. de*. . . . 70
Menardière, *de La* 211
Méray, *Jean de*. 98
Mercy, *Orbert de*. . . . 69. 286
Merle, *Guill. du*. 94
Mesnil, *Guill. du*. 60
Mesnil, *Odon du*. . 69. 291. 295
Mesnil, *Raoul du*. 291
Métayer, *Bert. Le*. 301
Meulant, *Rad. de*. . . 91. 103
Misten, *Rob. de* 291
Moges, *Madeleine de*. . . . 244
Moillepie, *Guill*. 301
Moine, *André Le*. 277
Moine, *Jean Le*. 273
Molandin, *Jean*. 294
Monchal, *Charles de*. . . . 214
Mondre, *Hub. de*. 98
Montesquiou, *Jean de* . . . 304
Montmorency, *Ph. de* . . . 306
Montre, *Pierre de La*. . . 304
Morel, *Abbé*. 228
Morel, *Olivier*. 303
Morin. 214
Morissière, *Jacques de La*. 279. 280
Moulin, *Théo. du*. . . . 67. 68
Moulinet, *Louis du*. . . . 196
Moustier, *Pierre du*. . . . 289
Muriel 69. 286
Murol, *Jean de*. 305
Myre-Mory, *Cl. de La* . . . 247
Néel de Christot. . . 265. 282
Neuchâtel, *Henri de*. . . . 259
Neuchâtel, *Jean de*. . . . 305
Nicolaï, *Renée de*. 243
Nicolas 61. 94
Niger, *Guill*. 286
Noray, *Garin de*. 302
Noron, *Guill. de*. 87

Noron, *Jean de*.	87. 95		Pontcayer, *Garin de*.	103
Nouellet, *Guill*.	305		Ponthieu, *Guill. de*.	68
Noyers, *Rob. de*	70		Pontroond, *Foulg. de*	303
Oistreham, *B. d'*.	91		Port, *Guill. de*.	292
Olivier	294		Potier, *Jean*.	307
Ollivier, *Rich*.	178		Pouancé, *Th. de*.	272
Onfroy	290		*Prétextat*.	22
Oresme, *Henri*	44		Prevost, *Jean Le*.	304
Oresme, *Nicolas*	294		Prullay, *Marg. de*.	161
Ovène, *Jean*	176		Puy, *Guiard du*	298. 304
Paiart, *Rob*.	91		Quesnay, *Jean du*.	96
Paisnel, *Raoul*.	134		Quesnay, *Richard du*	115
Palestine, *Gr. de*.	304		Quesnay, *Rob. du*.	122
Pantaléon, *An*.	302		Quesnay, *Thomas du*.	98
Pasnay, *Guill*.	106		*Radulphe*	291. 292
S. Patern	21		*Rainaldus*	290
Patrice	290. 295		*Ranulphe*	285. 300
Patrix, *Rob*.	70		Raoul.	267. 291. 297
Patye, *Jean*.	306		Ratier, *Jean*.	222
Pavilly, *Jean de*.	304		Raure, *Jean Le*.	106
Paynel, *Foulques*.	268		Ravacheur, *Jean Le*.	196
Pechion, *Jean*.	188		Ravilio, *Jules*	191
Pellevé, *Jean de*.	190		Récusson, *Jeanne de*.	306
Pellevé, *Rob. de*.	306		*Regnault*.	304
Pellevé, *Simon de*.	67		Renault, *M*.	106
Percy, *Rich. de*	123		Répichon, *de*.	210
Pérouze, *Ra. de*.	106		Réviers, *Guill. de*.	82. 269. 292
Perrigny, *Rob. de*.	113		Réviers, *Roger de*.	98
Peschard, *Jean*.	134. 288		Richard.	60. 77. 82. 268. 290. 297. 301
Petite, *Jean*.	222. 224		Rigault, *Odon*.	94
Pethon, *Math*	95		*Robert*.	71. 75. 291. 295
Pie, *Th. La*.	270		Robert, *Henri*.	266
Pierre.	87		Rochetaisson, *J. de La*.	123
Pijon, *Gaut*.	87. 301		*Roger*.	290
Pilet, *Jean*	100		Roger, *Jean*.	304
Pinard, *M*.	276		Roger, *Pierre*	119. 274
Plessis, *G. du*.	42		Roloux, *Rich. de*.	56. 61
Poisson, *Guill*.	70		Ros, *Guill. de*.	265
Pommeraye, *G. de La*	71. 78		Ros, *Marin de*.	302
Pont-Audemer, *Jean de*.	129		Rosdoit, *R. de*.	72

42

Rosel, *Cl. de*	210	Soligny, *Alv. de*	69. 292
Rosel, *Ph. du*	70. 83. 286. 291. 295	Soligny, *Asc. de*	72. 83
Rotours, *Ph. des*	106	Soligny, *Jean de*	72. 83. 285
Rotrou	63	Suhard, *Ph.*	104
Roussel, *R.*	156	Surrain, *Guill. de*	96
Rouge, *Jean Le*	300	Surrain, *M. de*	97. 271
Rouvencestre, *R. de*	96. 104	*Sylvestre*	12
Roux, *Guill. Le*	70	Tailleur, *Michel Le*	305
Ruault, *Robert*	72	Taisson, *Jourdain*	291
Rue, *Geff. de*	292	Taisson, *Raoul.*	45. 68. 82. 96. 104
Rufus, *Jean*	72	Talents, *Ant. des*	296. 306
Rupaley, *God. de*	121	Talents, *Rob. des*	156. 295
Rupaley, *Jean de*	125	Tancarville, *de*	104. 295
Rustique, *Jean*	302	Tane, *Guill.*	106
Rye, *Rob. de*	68	Tavernier, *Phil.*	104
Sacanville, *de*	300	*Théodemir*	17
Saffray	296	*Théodore*	20
Sage, *Rob. Le*	284	Thiézard, *Henri*	303
Say, *Guill. de*	300. 301	Thieuville, *H. de*	136
Scacanville, *de*	161	*Thomas*	63. 289. 290
Saint-Amand, *R. de*	269. 271	*Thomasse*	274
Saint-Clair, *H. de*	106	Thury, *Rad. de*	68. 291
Saint-Lô, *Jean de*	81	Tillard, *Charles*	296
Saint-Lô, *Odon de*	295	Tombelaine, *Rob. de*	45
Saint-Martin, *Th. de*	300	Tor, *Jean de*	293
Saint-Pierre, *de*	287	Tor, *Guill. de*	69. 286. 291
Saint-Rémy, *Rob. de*	67. 303	Tort, *Jean Le*	94
Sainte-Marie, *de*	190	Tostes, *Rob. de*	54
Salusses, *A. de*	274	Tour, *Jean de La*	294
Saulx-Tavannes, *de*	282	Tournebu, *Guill. de*	267
Savoureux, *Rob. Le*	214	Toustain, *Guill.*	91
Ségni, *Guy de*	271	Trévières, *Guill. de*	98
Selve, *Pierre de*	289	Trimont, *Rob. de*	267
Semilly, *Guill. de*	267	Tristan, *Laurent*	306
Semilly, *Th. de*	96	Truant, *Guill. Le*	301
Servie, *Rob. de*	153	Turgot, *Jacques*	286
Seury, *Rob. de*	290	*Turold*	300
Silly, *Jacques de*	284	Tyboust, *Ursin*	307
Sohier, *Ant.*	183. 206	Vaillant *Le*	228
Sohier, *Guill.*	305	Val, *André du*	279

Val, *Germain du*	189. 279	Vierville, *G. de*	69. 82. 286. 291
Val, *Nic. du*	279	Vierville, *Rich. de*	72. 280
Valeran	290	Villais, *Jean de*	202. 298
Vaucelles, *G. de*	303	Villars, *Rob. de*	132
Vaux, *Jean de*	117	Villers, *G. de*	72. 272. 290
Veneur, *Le*	278	Villeterre, *Odon de*	270
Veniaco, *Th. de*	303	Villiers, *Eug. de*	106
Ver, *Rob. de*	82. 286. 291. 294. 300. 301	Villiers, *G. de*	67
Vère, *Nic. de*	297	Vitré, *André de*	69. 286. 300
Vergne, *L. de La*	237	Vitré, *Robert de*	69. 216
Vesc, *Jean du*	278	Voleur, *Guill. Le*	303
Vezelay, *H. de*	293	Wac, *Baudouin*	283. 292. 295. 297
Vienne, *H. de*	133	Wac, *Hugues*	68. 297
Vienne, *Jean de*	138	Wace, *Robert*	300
Villamodin, *J. de*	103		

Caen, Typ. F. Le Blanc-Hardel.